착각과 오해, 자기기만 뒤에 숨어 있는 비밀

지각 지능

브라이언 박서 와클러 지음 · 최호영 옮김

소소의책

PERCEPTUAL
INTELLIGENCE

우리의 지적 관심 분야는 과학, 심리학, 사회학, 스포츠, 종교, 예술, 섹스 등
다양하지만 이 책은 그와 상관없이 빛나는 통찰과 명쾌함으로 우리 자신을
더 잘 이해하고 우리의 지각이 언제 정확한지(또는 언제 잘못된 길로 빠지는지)를
알아차리도록 도와준다. 이 책은 오늘날과 같은 혼돈의 시대에 꼭 알맞은 책
이다. 우리는 과학기술 덕분에 서로 매우 밀접하게 연결되어 있지만, 다른
한편으로는 서로의 입장과 상이한 관점을 통해 서로 단절되어 있다. 그리고
연결이 실제로 중요한 지점은 바로 여기이다. 우리의 모든 지각에는 신념,
경험, 배경, 그리고 우리의 DNA가 스며들어 있다. 그렇다면 과연 어떤 지각
이 참이고 어떤 지각이 우리의 렌즈를 통해 왜곡되었는지 어떻게 알 수 있
을까? 이 책은 이 딜레마를 해결하면서 모든 페이지에서 당신에게 구체적인
길을 제시한다. 우리의 삶에 매우 중요한 이 문제를 명쾌하게 해명한 브라이
언 박사에게 축하의 말을 건넨다.

_ '닥터 필' 맥그로(토크쇼 「닥터 필」의 진행자이자 베스트셀러 『라이프 코드Life code』의 저자)

이 책은 어떻게 세계를 바라볼 것인지, 그리고 어떻게 결정을 내릴 것인지에

관해 다시 생각하게 만든다. 흥미진진하고 때로는 익살스러운 장면을 통해, 그리고 호기심이 있는 독자라면 누구나 공감할 수 있는 이야기를 통해 브라이언 박사는 지각지능 또는 PI의 근본적인 작동 방식을 파헤친다. 나는 PI에 대한 이 새로운 이해를 바탕으로 나의 직장, 가정, 재무 설계에서 다양한 방식으로 더 나은 결정을 내리게 되었다. ＿샤론 제지머(고프로 사의 고문변호사)

인생을 바꾸는 책이다! 브라이언 박사는 우리의 삶을 더 분명하고 더 자신 있게 바라보기 위한 '교정 렌즈'를 처방해줄 뿐만 아니라 어떻게 이 렌즈를 스스로 만들어낼 수 있는지를 알려준다. 몇십 년 전에 이 책을 알았다면 내 삶이 어떻게 바뀌었을까?

＿레일 라운즈(베스트셀러 『사람을 얻는 기술How to Talk to Anyone』의 저자)

지각이 모든 것이다. 이 책은 온갖 것에 관련된 우리의 마음속에서 현실이 어떻게 바뀔 수 있는지를 보여준다. 내가 트랜스젠더로서 세상에 나왔을 때, 나의 목적의식은 내가 운동선수였을 때와 다르지 않았다. 나는 나의 여행을 다른 사람들과 공유함으로써 트랜스젠더 형제들과 자매들이 겪는 고통을 조명하고, 트랜스젠더 집단에 관해 잘 모르는 사람들에게 우리의 정체성과 우리가 어떤 도전에 직면해 있는지를 알리며, 우리도 똑같은 인간이라는 사실을 환기시킬 수 있을 것이라고 확신했다. 이렇게 진실을 말함으로써 마음을 열 수 있는 능력은 높은 지각지능을 보여주는 분명한 사례이다.

＿케이틀린 제너(『내 삶의 비밀The Secrets of My Life』의 저자)

나는 지각지능을 믿어 의심치 않는다. 이것 없이 성공이란 있을 수 없다.

＿토미 팜(메이저리그 야구선수)

우리의 뇌를 이해하고 경기 중에도 그에 관해 생각할수록 자신의 능력이 향상된다는 것을 보여주는 이 책은 운동선수뿐 아니라 일반인에게도 스포츠와 삶에서 더 나은 성과를 거둘 수 있는 길을 제시한다.

_팸 슈라이버(복식 테니스 챔피언이자 ESPN 방송국 해설자)

제품 또는 서비스의 수요를 확충하기 위해 노력하는 모든 사업가와 판매자의 필독서다. _수잔 잘츠먼 기네스트로(캠벨수프컴퍼니의 캠벨 프레시 부서 최고마케팅경영자)

나는 특히 '사회적 영향력의 역동성'과 '지각지능을 장악하는 상호성'을 서술한 부분을 유용하고 인상 깊게 읽었다.

_로버트 치알디니(베스트셀러 『설득의 심리학Influence』의 저자)

지각의 힘과 함정을 매우 섬세하게 파헤친 이 책은 우리가 세계를 어떻게 바라보는지, 그리고 우리 삶의 모든 측면에 영향을 미치는 지각에 관해 더 잘 이해하고 싶어 하는 사람들에게 큰 기쁨을 선사한다. 동료들과 환자들 모두에게 이 책을 권하고 싶다.

_앤드류 오돈(미국의 '국민 성형외과의', 「닥터스」의 공동 진행자이자 『7일 만의 자기계발Better in 7』의 저자)

주의 집중과 PI 제고 방법에 대한 논의를 통해 브라이언 박사는 모든 사람이 그곳에 더 자주 도달하는 방법을 깨닫게 함으로써 더 나은 성과를 거둘 수 있도록 돕는다. _엘라나 테일러(미국 봅슬레이 국가대표팀의 올림픽 은메달 및 동메달 수상자)

한마디로 걸작이다! 엄청나게 흥미진진하고 적재적소에 유머가 넘치는 이 책은 삶의 향상을 위해 우리 모두에게 필요한 기술을 가르치는, 명쾌하고 기초가 탄탄하며 유용한 안내서다.

브라이언 박사는 인간 지각에 대한 우리의 견해를 확장한다. 외과 의사의 정밀함과, 재능 있는 작가의 달변과 필력이 결합된 이 책은 우리가 이지적으로 이해하는 것과 경험적으로 느끼는 것 사이의 공간을 탐색한다. 특히 후자는 과학적으로 깊이 분석하기 어렵지만 우리의 세계 경험에 큰 영향을 미친다.

매혹적이고 의미심장하다! 때때로 이해할 수 없는 일이 벌어진다. 최근에 당신에게 그런 일이 언제 일어났는가? 이 책을 읽어라!

브라이언 박사가 설명한 자기 시각화 방법을 사용해 경주를 정신적으로 준비함으로써 우리 봅슬레이 팀은 신체적인 운동 능력을 향상시켰을 뿐만 아니라 개인으로서, 그리고 팀으로서 우리의 궁극적인 잠재력에 도달할 수 있었다. 이 책을 읽기 전에는 삶의 다른 영역에 지각지능을 적용할 엄두도 내지 못했지만, 이제는 달라질 것이다.

브라이언 박사가 쓴 이 책은 성공을 원하는 모든 사람에게 많은 돌파구를 제시한다. 말콤 글래드웰의 작품을 좋아한다면, 또는 영화 「매트릭스」에서처럼 미래를 미리 알고 싶다면 반드시 이 책을 읽어라!

모든 생각과 공포와 원대한 포부와 의심을 있는 그대로 받아들이는 능력, 그러면서도 나아갈 길을 객관적으로 보고 선택할 수 있는 능력이야말로 성공의 열쇠다. 이 책은 그 과정을 미세하게 파헤친다.

_케이티 얼랜더 (스켈레톤 월드컵 챔피언이자 금메달 수상자)

지난 여러 해 동안 수많은 자료가 내 책상을 거쳐갔다. 그리고 이제 나는 이 책이야말로 모두를 위한 것이라고 기꺼이 말한다! 스포츠, 섹스, 직장, 일상생활의 모든 것이 담겨 있다. 매체에서 떠들어대는 마음챙김에 관한 책들을 읽느라 시간과 에너지를 낭비할 필요가 없다. 이 한 권의 책이 모든 것을 말해주며 당신을 한 단계 더 발전시킬 것이다.

_브루스 브라운 (연예기획사 윌리엄 모리스 에이전시의 전임 태평양 연안 문예부장)

브라이언 박사 덕분에 스티븐 홀컴의 유산이 탄탄해졌고, 우리 팀은 그의 놀라운 업적에 큰 빚을 졌다.　_스티브 메슬러 (미국 봅슬레이 국가대표팀의 올림픽 금메달 수상자)

다수의 기술회사를 설립해 성장시켰고 탁월한 재능을 지닌 사람들을 수차례 접했던 나로서는 여러 지도자가 똑같은 사태나 사실을 다르게 해석하는 것을 보면서 언제나 놀라움을 금치 못했다. 브라이언 박사가 쓴 이 책은 이 수수께끼의 조각들을 명쾌하게 끌어 모은다. 나는 이 책을 나의 동료인 최고경영자들에게 추천하고 싶다.

_알렉스 카제라니 (사업가이자 버라이즌 디지털미디어 서비스 사의 전임 최고기술경영자)

상식과 자각력을 제고시키는 브라이언 박사의 이 책은 매우 흥미진진하고 탁월한 역작이다.　_댄 루티어 (에어버스 사의 위성궤도 프로젝트 영업부장)

이 책은 『손자병법』과 함께 모든 군 장교의 필독서가 되어야 한다. 브라이언 박사는 모든 것을 지휘하는 마음의 잠재력을 깨닫는 길을 제시한다.

_앤디 휴이트(미국 해병대 예비역 중령)

우리의 지각에 영향을 미치는 요인들을 재미있고 솔직한 사례와 함께 설명하면서 지각지능을 향상시킬 실제적인 도구를 제공하는 이 책은 개인적으로나 직업적으로 매우 유용한 안내서다. _제레미 왁스먼(질로우 그룹 최고마케팅경영자)

인상적이다. 이 책은 통찰과 재미와 놀라움을 선사하는 유용한 기법과 이야기로 가득하다. 브라이언 박사는 지각지능에 관한 이론을 뒷받침하는 복잡한 의학적·과학적 증거들을 이해하기 쉽고 유익한 언어로 풀어내는 재능을 지닌 이야기꾼이다. _토머스 하인켈 밀러(UCLA 언론정보학과 교수)

세계를 새롭게 바라보도록 독자를 자극한다. 브라이언 박사가 쓴 이 멋진 책은 나의 친구이자 팀 동료였던 스티븐 홀컴에게 바치는 훌륭한 헌화다.

_스티브 랭튼(미국 봅슬레이 국가대표팀의 올림픽 동메달 수상자이자 세계 챔피언)

미국 봅슬레이 국가대표팀의 올림픽 금메달 수상자이자 신기록 갱신자인 스티븐 홀컴Steven Holcomb에게 이 책을 바친다. 그는 이 책이 제작되는 동안에 37세의 나이로(2017년) 수면 중 돌연 사망했다. 스티븐은 내가 그의 원추각막 질환을 치료해 시력을 회복시킨 뒤로 10여 년 동안 우리 가족의 친구였다. 그가 경주 유니폼 안에 즐겨 입었던 슈퍼맨 셔츠는 무척 잘 어울렸는데, 왜냐하면 그는 미국의 진정한 슈퍼히어로였기 때문이다. 그를 잃은 것은 내 가족과 다른 많은 사람의 삶에 커다란 구멍을 남겼다. 원추각막 질환을 이겨낸 스티븐의 사례는 수백만 명의 사람들에게 용기를 심어주었고 그의 유산을 통해 앞으로도 그러할 것이다. 비영리 단체인 '기빙 비전Giving Vision(www.GivingVision.org)'의 활동을 통해 나는 원추각막의 비침습성 치료법에 대한 인식을 제고한 그의 유산이 앞으로도 여러 세대에 걸쳐 이어지도록 노력할 것이다.

또한 나의 어머니 마샤 '보니' 와클러Marsha 'Bonnie' Wachler(1941~2015)와 아버지 스탠리 와클러Stanley Wachler(당년 85세)에게 이 책을 바친다. '믿고 노력하면 무엇이든 할 수 있다'는 신념을 내게 심어준 두 분의 사랑과 격려가 없었다면, 오늘날의 내가 없었을 것이다. 1993년의 내 결혼식 때 축사에 대한 감사의 인사를 잊은 점에 대해 다시 한 번 사과드리고, 그러나 늘 내 머리에 신경 써주신 것에 대해 감사한다!*

---

* 내 부모는 미용실을 운영했으며, 요즘도 아버지는 내 머리를 잘라주신다.

예쁜 것은 추하고, 추한 것은 예쁘다.

_윌리엄 셰익스피어, 『맥베스Macbeth』

때는 1980년이었다. 나는 스물두 살이었고 메릴랜드 주의 아나폴리스에 있는 미국 해군사관학교 졸업을 몇 주 앞두고 있었다. 나는 해냈다. 나는 4년 전에 체서피크 만과 세번 강이 만나는 둑에 위치한 이 일류 학교에 대부분 고등학교를 갓 졸업해 의욕이 왕성했던 1,246명의 아이들과 함께 입학한 첫날부터 먼 길을 달려왔다. 나는 조만간 미국 해군 장교가 될 수 있었다. 사관학교는 겁쟁이를 위한 곳이 아니었으며, 건전한 정신과 신체는 이곳에서 생존하고 번창하기 위한 최소한의 요건이었다. 모든 사관생도는 당연히 최고의 상태를 유지해야 했다.

그런데 졸업을 코앞에 둔 내게 그 증상이 시작되었다. 그것은 이후 20년 간 부침을 거듭했다. 나는 통증, 무기력, 경련, 시각 문제가 번갈아 일어나는 것을 경험했다. 나를 진찰한 의사는 신경 압박부터 귓병까지 온갖 것을 진단했다. 이런 증상에도 불구하고 나는 내가 원하는 것을 실천했으며, 특히 나는 22년 동안 해군 정보장교로 복무했다. 해군 복무를 마친 뒤 나는 10대 청소년들을 상대로 어떻게 하면 자신의 완전한 잠재력을 발휘할 수 있는지에 관해 강연했다. 나는 나 자신의 주간 토크쇼를 개시했으며, 「재그」나 「천사의 손길」 같은 TV 프로그램에 출연했고, 여러 회사의 대변인을 맡았다. 나의 신체적인 문제는 여전히 사라지지 않았다. 며칠 동안 한쪽 눈의 시각이 완전히 사라졌다가 다시 돌아오곤 했다. 때로는 마비 증세나 통증을 경험했다. 그러나 특히 왕성한 신체 활동을 하는 사람치고 가끔 이런 경험을 하지 않는 사람이 어디 있겠는가!

1999년에는 상황이 더욱 악화되었다. 당시에 내겐 네 아이가 있었으며, 또 다른 세 사람을 부양하고 있었다. 나는 다리와 발에 아주 화끈거리는 통증을 경험하기 시작했으며, 심한 경우에는 거의 걷지도 못했다. MRI 촬영 결과 마침내 나는 다발성 경화증이라는 진단을 받게 되었는데, 이것은 신경 섬유를 보호하는 물질인 미엘린초의 손상으로 인해 신경 전달이 느려지거나 완전히 막히게 되어 기능 저하 또는 상실을 초래하는 만성 자가면역질환이었다.

다발성 경화증은 예측이 불가능한 질병이다. 증상의 종류와 강도 및 지속 기간이 사람마다 다르다. 대다수 환자는 근력 저하 및 근육 통제력 상실, 피로, 시각 문제, 기억력과 집중력 저하 같은 인지 장애를 경험한다. 그 밖에도 통증, 떨림, 현기증, 방광 및 배변 장애, 우울증, 병적 행복감 같은 증상이 나타난다. 나는 이 질병의 가장 흔한 형태인 재발 완화형 다발성 경화증 진단을 받았는데, 이것은 증상이 재발했다가 다시 일정 기간 완화되기를 반복하는 것이다.

내가 이 진단을 받은 날은 내 인생에서 최악의 날이었다. 어쩌다 내가 이런 병에 걸리게 되었을까? 이 병은 여성이 남성보다 두 배나 더 잘 걸린다.

의사가 나를 정면으로 응시하면서 내 남은 인생 동안 닥칠 일을 이야기해주던 모습이 생생하게 기억난다. 그는 내가 3년 안에 휠체어를 타게 될 것이며 일과 운동을 그만두어야 할 것이고 무엇이든 스트레스를 받는 일은, 즉 사실상 거의 모든 것을 평생 삼가야 할 것이라고 말했다. 나는 다발성 경화증이 나의 군 복무와 관련되어 있을까, 또는 몇 년 전에 맞은 백신과 무슨 관계가 있을까 생각했다. 원인이 무엇이든 이 소식은 나를 망연자실하게 했고, 몇 개월 동안 나는 깊은 우울증에 빠졌다.

그러나 내가 중병에 걸렸다는 충격이 어느 정도 가라앉은 뒤에 나는 내 상황을 점검하기 시작했다. 내게는 선택권이 있었다. 즉 나는 신세를 한탄하며 여생을 보낼 수도 있고, 아니면 내 병을 행동 개시의 신호로 간주할 수도 있었다. 바로 그때부터, 다발성 경화증에 관해 가능한 한 모든 것을 배우는 것이 나의 사명이 되었다. 나는 세계적으로 명성 있는 의사들을 찾았고, 몇몇 대단한 의사를 발견했다. 그런데 내가 늘 이상하게 여긴 점은 의사들이 나를 전혀 알지도 못하면서 내 남은 인생의 계획을 쉽게 세울 수 있다고 가정하는 것이었다. 내 건강은 내가 책임져야 한다는 것을 나는 깨달았다. 오늘날 나는 다발성 경화증이 내 삶을 통제하도록 놔두는 대신에 건강한 식사, 운동, 그리고 약물 투여를 통해 이 질병을 통제하려고 노력한다.

내가 가장 크게 걱정한 다발성 경화증의 측면은 인지 기능 상실이었다.

다발성 경화증을 앓는 사람들 중 34~65퍼센트는 부분적인 인지 감퇴를 경험한다. 내가 인지 기능과 다발성 경화증에 관해 배운 소중한 교훈 중 하나는 자기 지각에 관한 것이었다. 다른 수백 명의 다발성 경화증 환자들도 마찬가지겠지만 내가 나 자신의 경험으로부터, 그리고 치료사와 대화하면서 알게 된 것은 지각된 인지 기능 장애가 객관적 감퇴와 거의 또는 전혀 관계없다는 사실이었다. 실제로 기억력 상실이나 집행 기능 상실 같은 인지적 결함은 우울증 같은 정서적 고통과 높은 상관관계가 있다. 나는 마음에 대해 어느 정도 통제력을 행사해 정서적 고통을 가라앉힐 수만 있다면 다발성 경화증이 있는 사람이 자신의 인지 기능을 더 정확히 평가하게 될 것이라고 확신했다. 내 경우에는 자기 지각을 향상시키는 것이 다발성 경화증이 있는 사람이면 거의 누구나 겪는 피로를 줄이는 데 특히 유용했다. 우리는 모두 때때로 피곤을 느낀다. 그러나 다발성 경화증이 있는 사람은 인지적 피로와 신체적 피로의 상태가 거의 변함없이 유지된다.

다발성 경화증 같은 질병에 긍정적인 빛을 비추려면 중단 없는 노력이 필요하다. 나는 매일 나의 스트레스 수준을 주의 깊게 살펴본다. 또한 나는 가족, 친구, 그 밖에 다발성 경화증이 제기하는 일상적인 도전을 처리하는 데 도움을 준 사람들을 포함하는 광대한 사회적 지원망을 구축했다.

그러나 최종 결과를 좌우하는 데 그만큼, 어쩌면 더 중요한 것은 자신의 질병을 어떻게 지각하는가이다. 이것은 나만의 신념이 아니다. 관련 연구에 따르면 개인의 질병 지각은 다양한 기능과 능력의 수준, 의료 서비스 활용, 치료 계획의 고수, 심지어 사망률 같은 여러 주요 건강지표와 직접적인 관계가 있다. 심지어 몇몇 연구에 따르면 자신의 질병을 어떻게 바라보는가가 질병의 실제 강도보다 결과를 더 크게 좌우한다고 한다.

일반적으로 우리의 질병 지각은 질병에 관한 우리의 믿음과 우리의 삶속에서 그것이 갖는 의미에 기초한다. 나의 다발성 경화증의 원인에 관해 이런저런 개인적인 믿음을 갖고 있었을 때만 해도, 아직 많은 불확실성이 존재했다. 이 투쟁은 평생 동안 계속될까? 과연 치료법이 발견될까? 내 질병이 가족과 친구에게 어떤 영향을 미칠까? 이런 물음에 대한 답변이 무엇이든, 다발성 경화증에 대한 내 지각에 따라 결과가 궁극적으로 좌우될 것이라는 점을 나는 알고 있다. 다행히 내게는 훌륭한 의사가 있고, 최선의 의료 서비스를 감당할 경제적 여력이 있다. 그러나 치료법 또는 처방이 질병에 대한 내 견해와 일치하지 않을 때면, 그것을 무시하곤 한다. 또는 한 의사가 내게 솔직하게 말한 것처럼, '환자의 견해를 고려하지 않는 치료법은 실패할 가능성이 높다'.

바로 이런 이유에서 나는 내 좋은 친구이자 의사인 브라이언 박서 와클러의 이 훌륭한 책에 서문을 쓸 기회를 마다하지 않았다. 브라이언 박사는 인간 지각의 기초를 탐구하면서 우리의 동기와 행동에 대한 이해를 돕는 작업을 대가다운 솜씨로 해냈다. 하루에도 몇 차례씩 시력 수술을 하는 일류 안과 의사인 브라이언 박사는 질병 지각에 관해, 그리고 긍정적인 전망을 견지하는 것이 어째서 효과적인 치료와 최종 결과에 결정적으로 중요한지에 관해 내게 많은 것을 가르쳐주었다. 그는 환자들과 많은 시간을 보내면서 환자들이 질병을 어떻게 바라보는지 이해하려고 애쓴다. 브라이언 박사는 내가 질병에 더 잘 대처하기 위해 신체적으로나 심리적으로 어떤 노력을 기울였는지 알고 있었다. 그는 내게 "몬텔 씨, 당신은 병에 무기력하게 반응하지 않는 것을 보니 지각지능이 매우 높군요. 선제적으로 대처할 줄 아는 사람은 아무리 파괴적인 질병이라도 관리할 수 있다고 지각하죠"라고 말했다.

이런 대화를 바탕으로 브라이언 박사는 질병의 도전에 적절히 대처하지 못하는 환자들을 찾아내고 그들의 부정확한 신념을 교정할 수 있었다. 환자의 질병 지각이 일단 분명하게 드러나면, 브라이언 박사는 치료 또는 더 나은 건강상의 결과에 부합하는 방향으로 환자의 신념을 조정한다.

질병 지각은 비교적 새로운 분야다. 과학자들은 아직 질병 지각이 어떻게 형성되는지조차 제대로 알지 못한다. 게다가 그러한 주제를 다룬 책을 읽는 것은 사태를 더 복잡하게 만들 수 있으며, 어쩌면 당사자의 자신감을 더 흔들리게 만들지도 모른다. 왜 그런지 한번 추측해보라.

내가 내 삶을 통해, 그리고 브라이언 박사의 이 중요한 책을 통해 배운 소중한 교훈 중 하나는 인간의 마음이 우리가 생각하는 것처럼 작동하지 않는다는 점이다. 우리 중에는 경직된 신념을 고집하는 사람이 너무 많다. 작동하지도 않는 낡은 패러다임에 얽매여 있는 것이다. 예컨대 우리는 기억이 객관적 사실이라고 여기지만, 실제로는 그렇지 않다. 모든 기억은 왜곡되었을 가능성이 높은데, 왜냐하면 기억은 우리의 지각에 의해 일부 규정되기 때문이다. 우리는 우연 또는 상관관계만 있는 곳에서도 원인과 결과를 지각한다. 우리는 자신과 세계를 특정한 방식으로 이해함으로써 실제로는 자기 성장의 기회를 포함해 많은 것을 잃고 있다.

평소에 우리는 세계를 있는 그대로 보고 이해한다고 생각하지만, 우리의 지각은 경험과 내면의 역동성으로부터 자유롭지 못하며, 따라서 일상적인 착각과 편향의 영향을 받는다. 우리의 지각은 무수한 방식으로 우리를 기만한다. 이 책은 단순히 인간의 결함을 열거하는 데 그치지 않는다. 이 책은 우리의 지각에 빛을 비춘다. 우리의 지각이 어디에서 발생하며, 어떻게 발달하는지, 왜 우리는 그렇게 자주 지각에 현혹되며, 또 지각지능을 높이려면 어떻게 해야 하는지에 대해 해답을 제시한다. 브라이언 박사가 이 책에서 분명히 밝히듯이, 우리의 지각이 아무리 결함투성이라도 이런 지각 자체에서 벗어날 수는 없다. 인류가 지각의 문제에 관해 완전한 깨달음에 도달할 수는 없을 것이다. 설령 그런 깨달음이 가능하더라도, '깨우친 지각'이 어떤 것인지에 대한 견해가 일치되기는 무척 어려울 것이다.

어쨌든 이 책을 통해 우리의 지각을 더 잘 이해하게 되면 자신과 다른 사람에 대한 우리의 사고방식도 바뀔 수 있다는 점을 모두가 깨닫게 되길 바란다. 궁극적으로 이 책은 우리의 마음에 드리운 지각의 베일을 꿰뚫어 우리의 의식을 들여다보고 이 세계를 다르게 바라볼 수 있는 기회를 제공한다. 근사하지 않은가?

2017년 뉴욕에서
몬텔 윌리엄스

실재는 착각에 불과하지만, 매우 집요한 착각이다.

_알베르트 아인슈타인

2009년에 수천 명의 방문객이 아일랜드 라스킬의 성모 마리아 대성당에 모여들었다. 그들은 교회 밖의 울퉁불퉁한 나무 그루터기에 성모 마리아의 얼굴 윤곽이 나타났다고 믿었다.[1]

여러 표본조사를 토대로 추산컨대 세계 인구의 10~25퍼센트는 유체 이탈 체험out-of-body experience, OBE을 했다고 주장한다.[2]

국립UFO보고센터에 따르면 전 세계적으로 매년 약 7,000건의 미확인 비행물체UFO가 보고되고 있다.[3]

당신이 회의론자이든 아니든 간에 위의 통계를 접할 때 가장 먼저 드는 의문은 이런 현상이 실재인지, 아니면 그저 착각인지에 대한 것일 것이다. 그렇게 많은 사람들이 정말로 직접 이런 진기한 경험을 했을까,

아니면 모두 그저 그렇게 믿을 뿐일까? 만약 이런 일이 정말로 일어났다면, 이것을 목격한 사람은 이것이 일어난 그대로 정확히 해석할까? 아니면 사람들이 집단적 환각에 빠져 있거나, 어쩌면 아예 그냥 미친 것은 아닐까?

나무 그루터기에서 성모 마리아를 목격했거나, 유체 이탈 체험을 했거나, UFO를 보았다고 증언하는 모든 사람에게 공통된 한 가지는 '자신이 경험한 실재가 참이라고 확고하게 믿는다'는 점이다. 그들은 자신이 본 것이 실재한다고 100퍼센트 확신하며, 과학적 설명과 논리를 제시해도 좀처럼 그런 신념을 바꾸지 않는다.

이 책을 쓴 목적은 종교, 영성, 뉴에이지 현상 등을 폭로하거나 의문시하려는 것이 아니다. 그것은 내게 너무 큰 주제이다. 나는 오히려 알베르트 아인슈타인Albert Einstein의 유명한 인용문에 초점을 맞출 것이다. 만약 실재가 정말로 착각에 불과하다면, 왜 그것은 그렇게 집요한가? 왜 우리의 마음은 그렇게 기꺼이 착각을 실재로 받아들일까? 나아가 착각을 넘어서는 더 분명한 실재를 찾을 수 있을까?

시력 교정에 일생을 바친 외과 의사이자 안과 의사인 나는 우리의 오감(시각·청각·후각·미각·촉각)이 서로 어떻게 관련되어 있으며, 우리의 뇌가 그것들을 어떻게 기록하고 해석해 실재와 착각을 구별하는지에 큰 관심을 가지고 있다.

이 주제에 대한 나의 관심은 어떤 강의를 들을지 한참 고민하던 UCLA 신입생 시절로 거슬러 올라간다. 내가 좋아한 여자아이로부터 퇴짜를 맞은 나는 내 방으로 돌아와 어떻게 하면 여자에게 데이트 신청을 더 잘할 수 있을지 궁리했다. 어릴 때부터 나는 뇌가 어떻게 작동하는지에 대해, 특히 이성의 뇌가 어떻게 작동하는지에 대해 큰 관심을 가지고 있었다. 초등학생 시절에는 도서관에서 『안녕하세요, 하느님? 저 마거릿 이에요Are You There God? It's Me, Margaret』를 몰래 빌리기도 했다. 대학에 입학한 뒤로는 특히 뇌에서 어떻게 정보가 수용되고 지각이 형성되는지에 흥미를 느꼈으며, 그래서 나는 심리학과 생물학을 공부하기로 결심했다. 그리고 심리생물학이 나의 전공이 되었다.

내가 안과 의사로 일하기 시작한 1999년으로 거슬러 올라가보자. 내환자들 중에 라식 수술을 받으려는 인명구조원이 있었다. 그를 검사해보니 시각 왜곡을 야기하는 각막 질환인 원추각막증을 앓고 있었으며 한쪽 눈이 다른 쪽 눈보다 더 심했다. 하지만 그는 두 눈 사이의 불일치를 눈치채지 못했다. 왜? 더 나은 쪽 눈이 시각 기능의 많은 부분을 떠맡아 시야를 흐릿하게 만드는 다른 쪽 눈의 영향력을 누그러뜨렸기 때문이다. 그는 자신의 시력에 무슨 일이 일어났는지를 의식하지 못했지만, 그의 뇌는 이 새로운 현실에 적응해 그렇지 않았다면 지속적이고 성가신 감각 과부하가 되었을 것을 이미 상쇄한 셈이었다.

만약 뇌가 시력에 대한 지각을 물리적으로 바꿀 수 있다면, 다른 경우에도 우리의 심리적 욕구에 맞추기 위해 실재를 변화시키지 않을까 하고 나는 생각했다. 예컨대 당신이 매우 고통스럽고 정서적으로 감당하기 힘든 사태를 목격한다면, 그것이 당신의 세계 해석에 가장 잘 부합하도록 당신의 마음이 그것을 변화시키려 하지 않을까? 매일 매순간 사실의 명암을 해독하는 우리의 뇌가 우리의 생존과 번창에 기여하기 위해 무엇이 '실재'인지를 결정하지 않을까?

우선 우리의 카드를 탁자 위에 놓아보자. 우리는 구체적인 실재가 실제로 존재한다고 확실하게 말할 수 있는가? 현재의 소파는 1년 후에, 특히 아이들과 애완동물 때문에, 그리고 당신이 피자를 좋아하기 때문에 지금보다 조금 더 낡더라도 여전히 소파일 것이다. 소파가 개로 탈바꿈하는 일은 결코 없을 것이다.

　그러나 몇몇 사람에게는 시각적 오인이 실제로 발생한다. 중심부 실명으로 이어질 수 있는 황반변성을 앓는 사람들은 비정신성 환각을 경험할 수 있는데, 왜냐하면 뇌의 시각피질이 눈에서 오는 신호를 적절히 해독하지 못해서 스스로 만들어낸 이미지로 대체하기 때문이다. 뇌는 눈으로 바라본 사물의 이미지를 그저 채워 넣기만 하는 것이 아니라 기존의 이미지를 새로운 이미지로 대체하기도 한다. 시각적 환각을 경험하며 종종 정신병으로 오해되는 질환인 샤를 보네 증후군이 있는 사람은 사물이 언제나 보이는 것과 같지는 않다는 격언의 살아 있는 증거다.[4] (이것에 관해서는 제7장에서 자세히 논의할 것이다.) 이 증후군이 있는 사람은 추상적인 패턴부터 새, 아기, 백사장 등등 온갖 것을 본다. 그렇지만 이런 환각을 경험하는 사람은 그것이 정신병적인 망상이 아니라 착각이라는 것을 안다.

　황반변성과 샤를 보네 증후군의 현실은 흥미로운 의문을 제기한다. 우리의 평소 시각도 일종의 환각적인 이미지인가? 만약 100명이 오리를 보는데 한 명만 게르빌루스쥐(모래쥐)를 본다면, 그 한 사람이 환상을 보는 것이라고(또는 그냥 완전히 미친 것이라고) 꽤 확실하게 말할 수 있다. 그런데 오리를 바라보는 사람들 중 50퍼센트가 게르빌루스쥐를 지각한다면 어떻겠는가? 그들이 모두 환상을 보는 것인가? 아니면 조현병 같은 정신병을 대규모로 야기한 전염병이라도 돌고 있는 것인가? 아니면 나무 그루터기에서 성모 마리아를 본 방문객들처럼 그것이 오리임을 증명하는 사진 같은 명백한 증거가 있는데도 그렇게 많은 사람들이 게르빌루스쥐를 보게 만드는 또 다른 무엇이 있는 것인가?

이 책에서 우리는 세계를 해석하고 이해하는 뇌의 능력을 탐구하면서 어째서 우리의 감각이 실재와 언제나 일치하지 않는지, 그리고 안팎의 지각을 통해 우리 주위의 세계에 어떤 영향을 미칠 수 있는지 살펴볼 것이다. 실제로 모든 것이 보이는 대로 존재하지는 않으며, 많은 요인이 우리의 지각에 영향을 미친다. 공감각synesthesia이라고 불리는 질환에 걸린 사람은 음악을 말 그대로 보거나 소리를 맛볼 수 있다.[5] (또 다른 형태의 공감각에서는 글자나 숫자 같은 물체가 색이나 맛 같은 감각 지각과 결부된다.) 심지어 보통 감기도 눈, 귀, 코, 목구멍 등에 영향을 미치고 점액으로 꽉 막힌 뇌에도 당연히 영향을 미쳐 일상적인 일들의 지각을 왜곡한다. 독감에 걸리면 주위 세계에 대한 지각이 희뿌옇게 흐려져서 평소 낙관적으로 보이던 사태가 비관적으로 보이곤 한다.

수면 박탈에 관해 말하자면, 불면증 환자나 갓난아기의 부모라면 누구나 밤잠을 설친 이후의 시간에 대한 기억이 왜곡되고 비현실인 것처럼 느껴지면서 세계에 대한 지각이 완전히 엉망이 되는 경험을 했을 것이다. 그리고 범죄 수사 기록, 법의학적 증거, '비어 고글beer goggle'(음주로 인해 상대방이 실제보다 더 매력적으로 보이는 상태 - 옮긴이) 연구 등을 굳이 들먹이지 않더라도 알코올이나 약물 때문에 감각이 둔화되고 판단이 흐려질 수 있다는 것은 누구나 아는 사실이다.

지각 대 실재의 문제를 둘러싼 논쟁은 매우 흥미롭다. 우리는 모두 우리의 지각 필터를 통해 실재를 감각한다. 똑같은 대화를 들은 두 사람이 무슨 일이 일어났는지에 대해 완전히 다른 해석을 하면서 둘 다 자신이 옳다는 똑같은 확신을 가질 수 있다. 경쟁 정당에 속한 사람들은 똑같은 정치 토론 방송을 시청한 다음에 결과에 대해 정반대되는 견해를 드러낼 수 있다. 몇 주 동안 형사재판에 참여한 10여 명의 배심원은 정확히 똑같은 증거와 증언을 보고 듣지만, 피의자가 유죄인지에 관해 판이한 결정을 내리곤 한다.

어떻게 이렇게 상반된 여러 실재가 공존하면서 동시에 '실재'로 간주될 수 있는가? 우리는 우리 자신의 특수한 체를 통해 실재를 창조한다. 다시 말해 우리는 '우리가 지각하는 세계 안에서 활동한다'.

송골매에게 실재인 것이 텍사스 도롱뇽에게는 허구이다. 붉은꼬리말똥가리가 살고 있는 세계는 별코두더지가 상상할 수 없는 세계이다. 인간은 인간의 양육 방식, 심리 구조, 생물학적 기제, 유전자, 습관, 기억 등에 의해 독특하게 규정된 실재를 살고 있다. 사후 세계에 대한 교황의 견해는 위대한 이론물리학자 로렌스 크라우스Lawrence Krauss의 견해와 정반대이다. 그러나 각자는 자신의 견해가 옳다고 확신한다. 그렇다면 교황이 믿음 때문에 눈이 먼 것인가? 아니면 크라우스 박사가 엄밀한 증거에 근거하지 않은 견해라면 무엇이든 외면하는 것인가? 우리는 모두 우리 자신의 세계를 창조한다. 그것은 다른 누구의 세계와도 같지 않다. 어떻게 그렇지 않을 수 있겠는가? 왜냐하면 그것은 우리의 지각을 통해 규정되기 때문이다. 우리는 대개 우리가 우리의 삶에 관해 창조하는 이야기에 맞게 우리의 지각을 점토처럼 이리저리 주무른다. 그러나 때때로 우리의 지각은 우리도 모르는 사이에 배후에서 작동하면서 우리의 사고와 행동을 좌우한다.

우리가 감각을 통해 세계와 연결되는 것은 분명하다. 그러나 만약 우리의 지각이 실재에 관한 우리의 견해를 좌우한다면, 우리는 가공된 세계에 연결된 셈이다. 과연 우리는 '실재하는 것'과 '실재하지 않는 것'을 분간할 수 있는가?

많은 동물종이 세계에 대해 품고 있는 견해는 우리에게 상상조차 할 수 없는 것이다. 인간의 각 눈에는 단일렌즈가 있는 반면에 곤충은 종에 따라 최대 2만 5,000개의 렌즈를 가질 수 있다.[6] (만약 우리에게 그렇게 많은 렌즈가 있다면 세상이 어떻게 보일까?) 2만 5,000개의 동시적인 이미지가 파리의 세계 지각에 어떤 영향을 미칠까? 이와 비슷하게 인간의 명멸 융합 역치flicker fusion threshold, 즉 단속적인 빛 자극이 연속적인 것처럼 보이게 되는 빈도는 초당 50개의 이미지이다. 이보다 느리면 한 번에 한 이미지씩 보이고, 이보다 빠르면 연속적인 운동으로 보인다. 반면에 닭은 초당 100회 명멸의 속도에 도달해야만 연속적인 운동을 보며, 파리는 초당 300회의 명멸에 도달해야만 연속적인 운동을 본다.[7] 이런 동물들에게는 우리가 이미 두 번째 봉지의 팝콘을 먹고 있을 때까지도 세상이 영화로 탈바꿈하지 않는 셈이다.

　　우리 인간은 우리의 경험을 어떻게 이해하는가? 인간의 마음은 자신이 접하는 것에 대해 어떻게 단순한 반응 이상의 것을 하게 되는가? 상어와 달리 우리는 멀리 떨어진 곳에서 죽어가는 물고기가 방출하는 미세한 전기 충격을 탐지하지도 못하고, 400미터 떨어진 곳에 있는 물 100만 방울에 포함된 피 한 방울의 냄새를 맡지도 못한다. 그러나 우리가 가진 장점은 사고하는 능력이다. 그것은 착각과 실재 사이에 놓여 있는 우리의 장벽이기도 하다.

지각지능이란 무엇인가?

　　지각지능Perceptual Intelligence, PI에 대한 여러 정의가 있지만, 나는 그것이 '환상과 실재를 구별하기 위해 우리의 경험을 해석하고 때로는 조작하는 방식'이라고 말하고 싶다. PI는 상당 부분 우리의 감각과 본능에 의존하지만, 때로는 우리의 감정과 기억에 의해 좌우되거나 왜곡된다. 다른 형태의 지능과 마찬가지로 PI도 비교적 높은 사람이 있고 비교적 낮은 사람이 있다. 그러나 PI는 획득된 기술이다. 그것은 자각과 함께 시작되고 연습을 거쳐 습관이 된다. 그래서 어떤 상황 또는 환경에 대해 처음에는 과잉 반응을 보이던 사람도 적절한 지식이나 다른 시각을 갖게 되면 '과연 내가 상황을 올바르게 해석하면서 최선의 선택을 하고 있는가?' 하는 의문을 품게 된다.

『뇌 사용 설명서 The User's Manual for the Brain』라는 탁월한 책을 쓴 L. 마이클 홀 L. Michael Hall과 밥 G. 보덴해머 Bob G. Bodenhamer는 다음과 같이 말한다.[8]

'문제는 결코 사람이 아니다. 문제는 결코 경험이 아니며, 우리가 거쳐온 것이 결코 아니다. 문제는 언제나 틀이다. 문제는 언제나 정신적 영화이며, 이 영화를 돌리는 고차적인 틀이 언제나 문제이다.'

이것은 우리에게 일어나는 일을 해석하는 우리의 방식이다. 만약 새 한 마리가 내 머리를 조준해 분비물을 '발사'한다면, 나는 화를 내거나 아니면 '운이 좋군!' 하며 미소 지을 것이다. (이런 태도는 브루클린에서 태어난 내 아버지로부터 배운 것이다.)

고통스러운 사건에 대한 어렴풋한 기억은 무엇을 위해 존재할까? 그런 기억을 바탕으로 더 좋은 것을 얻을 수 있다면, 틀릴 수도 있는 이런 지각을 군이 간직할 필요가 있을까? 바로 여기에서 지각지능의 저격수 능력이 발휘된다. 왜냐하면 잘 발달한 PI는 우리를 파괴하려는 잘못된 견해를 찾아내어 무찌를 수 있기 때문이다. PI가 높다는 것은 우리의 마음이 생각했던 것보다 유연하며 필요에 따라 조형되고 재가공될 수 있다는 사실을 인식하는 것이다. 자동차 운전, 스포츠, 악기 연주 같은 기술을 학습하듯 PI도 학습을 통해 향상될 수 있다.

많은 사람들은 충격적인 사건을 극복한 뒤에 그런 경험을 바탕으로 인생을 좌우하는 결정을 내린다. 그런 사태에 대한 시각에 따라 삶이 긍정적인 방향으로 바뀔 수도 있고 부정적인 방향으로 바뀔 수도 있다. 이때 결과를 결정하는 것은 사건 자체가 아니다. 미래를 결정하는 것은 사건에 대한 '지각'과 이후 그것에 어떻게 반응하는가이다. 우리가 TV에서 보거나 책에서 읽는 '영웅적인' 생존자는 PI의 원리를 적용한 사람들인 반면에 '희생자'는 굳어 있는 사람들이다.

지각지능 갈고닦기

앞서 말한 것처럼 PI는 학습된 기술이기 때문에 그것이 습관이 되려면 연습을 해야 한다. 당신이 어떤 상황에 대해 호의적이지 않은 초기 반응을 보일 때, 부정적인 해석으로 곧장 넘어가는 대신에 잠시 호흡을 가다듬으면서 다음과 같이 자문할 수 있다.

'이것이 최선의 선택인가?'

만약 그렇지 않다면, 당신의 PI를 활용해 당신의 시각을 바꾸고 더 나은 결과를 획득할 수 있다.

이 책을 쓴 나의 주요 목표는 당신이 내면으로부터 세계를 지각하고 세계에 반응하는 방식에 관해 깨달음의 순간을 경험하도록 돕는 것이다. 당신이 나와 함께 이 여행을 하면서 지각의 신비에 대해 더욱 고양되고 계몽된 이해에 도달할 수 있기를, 그래서 당신의 감각과 직관이 말하는 것을 바탕으로 더 나은 결정을 내릴 수 있게 되기를 진심으로 바란다. 이

어지는 내용들에서 나는 PI를 이해하고 극대화하는 것이 당신의 사고와 행동과 느낌 뒤에 숨어 있는 것을 드러내는 열쇠라는 점을 분명히 밝힐 것이다. 그것을 통해 당신은 다음과 같은 것을 배우게 될 것이다. (그러나 반드시 아래와 같은 순서이지는 않다.)

- 몇몇 사람은 왜 사향커피 한 잔에 100달러를 기꺼이 지불하는가?
- 뇌는 우리가 세계를 이해하는 데 어떤 도움을 주는가?
- 마음은 언제 우리를 치유하고, 언제 우리에게 오히려 해가 되는가?
- 우리는 왜 착각에 집착하는가?
- 우리는 왜 호의에 보답해야 한다고 느끼는가?
- 한밤중에 외계인을 볼 때 실제로 일어나는 일은 무엇인가?
- PI가 낮으면 어째서 예술 작품을 더 잘 감상할 수 있는가?
- 몇몇 사람은 왜 자신이 먹는 콘플레이크에서 예수를 보는가?
- 부풀려진 PI가 대중의 PI에 어떤 영향을 미칠 수 있는가?
- 왜 몇몇 운동선수와 팀은 늘 승자이고 다른 사람들은 만성적인 패자인가?
- 상호성이 지각을 어떻게 장악하는가?
- 유명 인사의 페르소나persona(타인의 눈에 비친 외적 인격 – 옮긴이)가 우리를 어떻게 조작하는가?
- 수음에 관한 마크 트웨인Mark Twain의 견해는 어째서 그의 높은 PI를 보여주는가?
- 어째서 킴 카다시안 웨스트Kim Kardashian West는 그렇게 강력한 사회적 영향력을 발휘하는가?
- 이교 집단은 PI가 낮은 사람들을 어떻게 세뇌시키는가?

- 우리의 시간 지각은 왜 그렇게 자주 왜곡되는가?
- 언제 자신의 직감에 귀를 기울여야 하는가?

이 책에 포함된 몇몇 예와 사례 연구는 비범한 PI를 지닌 사람들에 관한 것이고 다른 몇몇 예는 입에 머금은 커피를 내뱉게 만들 만한 것이다. 그리고 마지막 제16장에서는 당신의 PI가 얼마나 높은지 또는 낮은지를 판단하기 위한 평가법과 PI를 높이기 위한 간단한 방법을 몇 가지 소개할 것이다.

앞으로 100년 후에는 오늘날의 과학이 더 이상 과학으로 간주되지 않을 수도 있다. 그때가 되면 거의 틀림없이 뇌의 지도가 완성되겠지만, 그래도 우리가 세계를 지각하는 방식에 대한 이해는 결코 완성되지 않을 것이다. 오늘날처럼 미래에도 우리는 지각하기를 멈추지 않을 것이다. 우리는 매일, 살아 있는 모든 것이 흉내 낼 수 없는 자신만의 방식으로 매일 그렇게 하듯, 이해 불가능한 것을 이해 가능한 것으로 어떻게든 변화시킨다. 다음 장에서 보게 되겠지만, 이 모든 것은 인간의 뇌에서 비롯된다.

안전벨트를 단단히 매어 충격에 대비하기 바란다.

제1장

지각의 자리

지각지능의 신경적 기초

바람이 세차게 부는 어느 날 늦은 밤에 당신이 혼자 숲을 걷고 있다. 당신은 이전에도 이 숲을 여러 차례 지나다녀서 길을 잘 알고 있지만 혼자서, 그것도 해가 진 뒤에 이곳을 지나간 적은 없었다. 숲속의 공터에 도착하자 멀리서 뭔가 이상한 것이 보인다. 그것이 당신이 가려는 길을 가로막고 있다. 당신은 조심스럽게 나아가면서 어둠 속에서 눈을 가늘게 뜬 채거기에 도사리고 있는 것이 무엇인지 살핀다. 그러다 갑자기 커다란 동물의 모습이 눈에 들어오자 당신의 몸이 얼어붙는다. 그것의 피부가 달빛에 번쩍인다. 그것의 이글거리는 눈이 당신을 노려보면서 호시탐탐 공격할 기회를 엿보고 있는 것이 느껴진다. 아주 날카로운 송곳니가 튀어나온 그것이 당신에게 다가온다. 당신의 심장이 거세게 요동치고, 당신은 싸워야 할지 아니면 도망쳐야 할지 갈피를 잡지 못하고 있다. 당신이도망치려는 순간, 그 짐승이 당신을 향해 돌진해오고 당신은 반사적으로 얼굴을 보호하려는 동작을 취한다. 목이 터져라 비명을 지르는 순간, 당신은 나뭇잎과 잔가지로 가득 찬 비닐봉지가 바람에 날리는 것을 보고 혼비백산했다는 것을 깨닫는다. 옷에 묻은 먼지와 티끌을 훌훌 털어내면서 하찮은 쓰레기 봉지를 괴물로 오인한 당신 자신이 우습게 여겨진다. 당신은 가던 길을 다시 간다.

이 장면에서 당신의 동물 지각은 어느 단계에서 발생했는가? 당신은 처음으로 어두운 숲속에 홀로 있었기 때문에 위험한 무언가를 볼 것이라고 예상했는가? 그 물체가 시야에 처음 들어왔을 때 당신은 몸이 굳으면서 공포에 휩싸였는가?

봉지를 오인한 것은 그 상황에서 PI가 매우 열악했음을 의미한다. 해를 끼칠 듯한 물체는 애당초 나뭇잎과 잔가지로 가득 찬 비닐봉지에 불과했다. 그것은 전혀 해를 끼칠 만한 것이 아니었지만, 당신은 어두워서 그것이 무엇인지 분간할 수 없었다. 그러자 당신의 상상력이 작동해 빠진 부분을 채워 넣었다. 잠재의식적인 메시지를 전달하는 온갖 기억이 머릿속에 떠올랐을 것이다. 어쩌면 당신은 누가 숲속에서 무시무시한 동물의 습격을 받는 공포영화를 보았을지 모른다. 또는 우리에서 빠져나온 맹수가 숲으로 달아났다는 뉴스를 읽었을지 모른다. 또는 당신이 어릴 적에 어머니가 숲속에서 야생동물의 공격을 받은 친척 이야기를 하면서 결코 그 숲에 들어가지 말라고 경고했을지 모른다. 또는 흔히 그렇듯이 『빨간 모자Little Red Riding Hood』 같은 동화나 『슬리피 할로우Sleepy Hollow』 같은 고전문학에서처럼 숲이 당신에게 불길한 이미지를 불러일으켰을지 모른다.

사람마다 사물을 다르게 지각한다. 똑같은 상황도 개인의 PI에 따라 매우 다른 해석을 낳을 수 있다. 당신과 똑같은 상황에 처한 또 다른 사람은 봉지가 비록 동물의 모습을 띠긴 했지만 전혀 해롭지 않다는 것을 곧바로 알아차렸을 수도 있다. 반면에 또 다른 사람은 한술 더 떠서 극심한 공포 때문에 아예 눈을 감아버릴지도 모른다. 그래서 비닐봉지와 그 내용물이 무방비 상태인 그의 얼굴에 정면으로 날아들어 온갖 상처와 흉터를 남길지도 모른다. 그러면 겁에 질린 이 사람은 냅다 줄행랑을 친 다음에 불가사의한 괴물의 공격을 받았다는 이야기를 인터넷에 올릴 수도 있을 것이다.

이 장에서 우리는 인간 지각의 세계를 탐색할 것이다. 지각이란 무엇이며, 그것은 어디에서 어떻게 발생하는가? 그리고 그 모든 것에 의미를 부여하기 위해 뇌는 어떻게 작동하는가?

우리는 모두 매트릭스에 빠져 있는가?

1999년에 앤디Andy와 래리 워쇼스키Larry Wachowski가 감독을 맡아 큰 성공을 거둔 공상과학영화 「매트릭스The Matrix」에서 키아누 리브스Keanu Reeves가 연기한 주인공 네오는 우리가 살고 있는 세계가 실재하지 않는다는 사실을 알게 된다.[1] 인류는 실제로 거대한 컴퓨터 시뮬레이션의 일부이며, 그 안에서 사람들의 에너지는 '실재 세계'를 지배하는 기계의 동력으로 사용된다. 반면에 매트릭스 안에서 인간이 경험하는 모든 것은 실재처럼 느껴진다. 즉 그 안에서 인간은 온갖 것을 보고 느끼고 만지며 맛을 보고 냄새를 맡는다. 그들의 기억과 감정은 모두 매트릭스 안에서 일어난 것에서 비롯되며, 그것이 수년간 그들이 지각한 실재였다. 그러다 반란군에 가담한 네오는 인류의 정신과 신체를 해방시켜 실재 세계에 접근하기 위한 힘들고 위험천만한 전투를 벌인다.

이 영화의 제작 책임자인 앤드류 메이슨Andrew Mason은 이렇게 요약했다.[2]

'문제는 내가 바로 지금 경험하는 것이 실재하는가이다.'

「매트릭스」는 당연히 공상과학영화일 뿐이다. (과연 누가 그렇지 않다는 것을 증명할 수 있겠는가?) 그러나 우리가 우리 자신의 지각을 통제하지 못할지도 모른다는 생각, 또는 우리가 '진정한 실재' 안에서 살고 있지 않다는 생각은 매우 흥미롭다. 나뭇잎이 가득한 봉지의 경우처럼 우리는 너무 쉽게 속아 넘어가지 않는가!

우리의 뇌는 명백히 우리의 기본적인 '매트릭스'이며 주위 세계에 대한 우리의 지각에 언제나 필수적으로 관여한다. 고통부터 쾌락까지, 그리고 그 사이의 온갖 것에 관한 입력이 우리의 나머지 신체에서 뇌로 전달되면, 뇌에서는 그에 대한 해석이 이루어진다. 뇌는 우리가 어떻게 반응해야 하는지를 알려줄 뿐만 아니라 차후의 회복과 분석에 필요한 정보를 저장하기도 한다.

뇌는 기관이지만 종종 근육이라고 불리는데, 왜냐하면 두개골 안의 마부석에 앉아 다른 모든 근육을 지배하면서 작업을 수행하기 때문이다. 뇌는 절개해서 측정하고 연구할 수 있다. 그러나 뇌에는 또한 우리가 '마음'이라고 부르는, 우리 의식의 근원이 되는 무언가가 있다. 뇌와 달리 마음은 초월적이며 정량화할 수 없다. 신경과학자 샘 해리스Sam Harris는 그것을 '당신이 되는 것과 같은 것what it's like to be you'이라고 묘사한다.[3] 신장, 심장, 허파 등과 달리 의식은 한 사람으로부터 다른 사람에게 이식될 수 없다.

마음에 대해서는 다음과 같은 성가신 의문들이 제기되곤 한다. 지각과 PI에서 뇌의 역할과 구별되는 마음의 역할은 무엇인가? 마음은 뇌 안에 있는 지각의 자리인가? 마음은 뇌의 몇몇 엽lobe이나 시냅스에 위치한 아주 미세한, 또는 아예 볼 수 없는 어떤 것인가? 아니면 마음은 어딘가 다른 곳에 있는가?

이 방정식에 신체를 추가하면 더욱더 복잡해진다. 때때로 신체는 뇌가 고용한 개인 운전기사에 불과한 것처럼 보인다. 그러나 최근의 신경과학 연구에 따르면 뇌와 신경계는 상호 수용기들과 복잡한 망으로 매우 밀접하게 연결되어 있기 때문에 신체에 대한 데카르트의 견해처럼 이 둘을 별개의 실체로 간주하는 것은 말도 안 된다고 한다. 그러므로 지각지능에 대한 설명은 몸과 마음이 상호 의존적이지만 마음이 곧 뇌는 아니라는 신경생물학적 논증에 크게 의존할 수밖에 없다. 어쩌면 이 주장의 진실을 증명하는 것이 한편으로는 PI의 근원을 밝히고, 다른 한편으로는 우주 전체의 쇼를 관장하는 매트릭스에 빠져 있을지 모른다는 피해망상에서 벗어나는 길이 될 수 있을 것이다.

지각의 문을 열면서

머리말에서 나는 지각지능이 '환상과 실재를 구별하기 위해 우리의 경험을 해석하고 때로는 조작하는 방식'이라고 정의했다.

그런데 이 맥락에서 '지각'이라는 단어는 정확히 무엇을 의미하는가?

메리엄-웹스터 온라인 사전에서는 지각을 '누구 또는 무엇에 관해 생각하거나 그것을 이해하는 방식…… 무엇을 쉽게 이해하거나 알아차리는 능력······ 감각을 사용해 무엇을 알아차리거나 이해하는 방식'이라고 정의한다.[4] 이것은 기초적인 수준에서 지각을 설명해주지만, 감각 이외의 무수한 요인(직관 또는 직감, 개인적 경험, 적절한 시점 등)을 바탕으로 '해석'될 때 지각이 하는 역할을 설명해주지는 못한다.

그러므로 우리가 경험하는 것을 해석하기 위해서는 지각 자체보다 훨씬 더 큰 무언가가 필요하다. 우리가 무엇을 지각할 때(예컨대 슬리피 할로우 숲의 무시무시한 물체 같은 것을 지각할 때), 우리의 지각이 항상 정확한 것은 아니다. 왜냐하면 여과되지 않은 미가공의 직접적인 데이터가 우리의 마음속으로 들어와 사고와 행동을 통해 이러저러하게 처리되기 때문이다. 어떤 물체가 번득이는 피부, 이글거리는 눈, 날카로운 송곳니 등을 가진 것으로 해석될 때 우리의 마음속에서는 엄청난 도약이 일어난다. 다시 말해 지각은 우리가 내린 결론을 우리의 새로운 실재로 탈바꿈시킨다. 이 경우 우리의 지각지능 점수는 'F'인 셈이다.

『인간 마음에 관한 탐구An Inquiry into the Human Mind』를 쓴 18세기 스코틀랜드의 철학자 토머스 리드Thomas Reid는 '직접성immediacy'의 개념을 탐구하면서 지각 과정에는 지각된 대상에 대한 어떤 견해 또는 관념이 포함될 수밖에 없다고 주장했다.[5]

'그러므로 우리가 감각의 외적 대상에 대한 지각이라고 부르는 마음 작용에 주목하면, 다음 세 가지를 발견할 것이다. 첫째로 지각된 대상에 대한 몇몇 개념 또는 관념, 둘째로 이것이 현재 존재한다는 강력하고도 저항할 수 없는 확신 또는 신념, 셋째로 그 확신 또는 신념이 추론의 결과가 아니라 직접적이라는 점이다.'

심지어 아기도 물체를 직접적인 형태로 감각하고 인지하며, 이를 통해 우리의 직접적이고 매개되지 않은 경험이 창조된다. 이런 방식을 통해 우리는 지각된 대상이 실재한다는 확신을 가지게 된다. 그리고 이 지각이 뇌의 직접적인 기능인 감각 작용과 연결됨으로써 뇌에 있는 정신적 모형들이 감각 경험과 연결된다.

당신이 장미꽃의 향기를 맡는다고 상상해보라. 그 향기는 지각일 뿐이지만, 장미꽃이 향기롭다는 인식을 통해(물론 당신에게 장미 알레르기가 없다고 가정할 때) 그것은 감각이 된다. 냄새는 우리가 쾌감을 느끼는 매개체가 될 수도 있고 우리를 짜증나게 만드는 매개체가 될 수도 있다. 이때 감각은 그저 후각 작용에 기초하는 반면 지각은 그 향에 대한 해석에 기초한다. 만약 당신이 다음 주에 장미꽃을 볼 거라고 예상한다면, 이미 기분 좋은 냄새를 예감할 것이다. 또는 당신에게 장미 알레르기가 있다면, 알레르기 전문 의사를 찾아가는 일이 생기지 않도록 필요한 조치를 취할 것이다. 이 두 가지 반응은 PI가 작동하는 기본 원리이다.

나무 한 그루가 쓰러질 때,
또는 철학적 두통을 얻는 법

만약 나무 한 그루가 쓰러질 때 주위에서 아무도 그 소리를 듣지 못했다면, 그래도 소리가 났는가? 1710년에 아일랜드의 철학자 조지 버클리George Berkeley가 던진 이 물음은 몇백 년 동안 많은 철학자와 과학자에게 수수께끼와도 같았다. 이 물음에 대한 답은 명백히 '그렇다'이다. 여기에는 작은 속임수가 숨어 있다. 당신을 속인 것은 미안하지만, 요점은 다음과 같다. 이 물음에서 '아무도'는 인간을 시사한다. 그런데 동물들도 틀림없이 청각 능력을 지니고 있으며, 인간

이외의 동물이 가청 거리 안에 있었다면 나무가 쓰러지는 소리를 틀림없이 들었을 것이다. 그러나 어쨌든 '생명체'가 소리를 물리적으로 지각해야만 소리가 실재하는가?

이것은 철학자들 사이에서, 특히 우리의 감각이 우리의 마음속에만 존재한다고 믿는 철학자들 사이에서 여전히 논란이 되고 있다.[6] 많은 물리학자는 양자역학 이론에서 그 해답을 찾는다. 이들에게는 공기나 물 등과 같은 하나의 원천에서 다른 원천의 분자를 진동시켜 분자 파동이 일어나면 언제나 소리가 발생한다. 따라서 과학적 시각에서 본 전문적인 답변은 '그렇다'이다. 왜냐하면 쓰러지는 모든 나무는 우리가(또는 근처의 동물이) 그것을 탐지하든 탐지하지 않든 간에 언제나 분자 파동을 야기함으로써 소리를 산출할 것이기 때문이다.

이러한 과학적 시각에서 한 걸음 더 나아가보자. 우리는 나무 쓰러지는 소리가 어떠할지에 관해 일반적인 견해를 가지고 있다. 즉 나무는 '쿵' 하고 쓰러진다. 그래서 쿵 소리를 들을 인간이 주위에 없었더라도 우리는 그런 소리가 났을 것이라고 생각하는데, 왜냐하면 소리에 대한 우리의 기억이, 이전의 우리의 청각을 바탕으로, 그리고 어쩌면 그와 동시에 전달된 진동을 바탕으로 실재로서 지각된 소리에 대한 우리의 기억이 작동하기 시작했기 때문이다. 우리의 마음은 이 분자 파동을 쿵 소리로 해석하는데, 왜냐하면 나무가 지면에 부딪힐 때 나는 소리를 다양한 출처로부터(예컨대 숲속에서 직접 들은 적이 있거나 영화, TV, 라디오 등에서 흘러나오는 그런 소리의 녹음을 통해) 경

험해 알고 있기 때문이다. 우리는 나무가 쓰러지면서 쿵 소리를 내
지 않는 장면을 알지 못한다.

감각 과부하

시각, 청각, 후각, 미각, 촉각은 매우 중요하기 때문에 각각을 전담하
는 감각기관(눈, 귀, 코, 입, 피부)이 있다. 우리의 세계는 자극으로 가득하며,
우리의 감각은 그것들에 수의적으로 또는 불수의적으로 반응한다. 길을
가다 우연히 장미꽃 향기를 맡을 수도 있고, 장미꽃을 발견하고는 의도
적으로 그곳에 다가가 코를 들이밀며 꽃향기를 가슴속 깊이 들이마실 수
도 있다.

틀림없이 당신은 그런 과정이 실제로 어떻게 일어나는지 궁금할 것
이다. 무엇을 지각하기 위해서는 하나 또는 그 이상의 감각이 동시에 또
는 따로따로 작동하는 복잡한 상호작용이 필요하다. 우리의 감각기관에
는 물리적 감각 자극을 탐지하는 수용기 세포들이 있다.[7] 신체 곳곳에는
일반 수용기들이 있는 반면 코와 입의 화학수용기, 눈의 광수용기, 귀의
기계수용기 같은 특수 수용기들도 있다. 이런 수용기 세포들이 들어오는
자극의 에너지를 전기화학적 신호로 변환하면, 그 신호가 신경계를 통해
뇌로 자극에 관한 정보를 전달한다.

여기에서 그런 전기신호는 근처의 1차 처리 영역으로 전달되고 그
곳에서 원자극의 성질에 따라 정보의 기본 특성, 즉 그것의 냄새, 맛, 느
낌 등이 파악된다. 그런 다음 이미 변형된 정보는 뇌 깊숙이 위치한 시

상thalamus이라는 구조물로 전달되는데, 그곳은 감각 신호와 운동 신호의 중계 및 의식과 수면의 조절에 관여하는 곳이다.[8]

시상은 어떤 신호가 대뇌피질로 전달될지를 결정함으로써 우리 감각의 1차 문지기 역할을 하는 중요한 곳이다. 예컨대 우리가 무언가를 보려면 망막으로 들어온 입력이 시신경을 거쳐 시상으로 전송되어야 하고, 그곳에서 오래된 데이터가 새 정보와 만나 메시지를 형성한 다음 그것이 뇌의 시각피질로 전송된다.

이때 대뇌 신피질을 빼놓을 수 없는데 이곳은 감각 지각, 운동 명령, 공간 추론, 의식적 사고, 그리고 인간의 경우에는 언어 같은 기능의 통제에 관여하는 대뇌피질의 아주 중요한 부분이다.[9] 몇몇 연구에 따르면 우리가 주위 세계를 어떻게 경험하는가를 좌우하는 것은 바로 이 신피질이라고 한다.

지금까지는 그래도 꽤 간단해 보이지 않는가? 그러나 우리의 뇌에는 이보다 훨씬 더 많은 사연이 담겨 있다.

뇌가 지각을 만드는가, 지각이 뇌를 만드는가?

다음과 같은 점을 생각해보자. 어찌 보면 우리가 지각하는 거의 모든 것은 우리의 감각을 통해 추려진 데이터를 때때로 수집해 얻은 정보를 바탕으로 외부 세계를 정신적으로 시뮬레이션한 것에 지나지 않을 것이다. 당신은 이에 대해 의심의 눈초리를 치켜뜨기 전에, 이것이 그저 유행하는 어떤 뉴에이지 이론이 아니라 널리 공유되는 과학적 견해라는 사실을 되새길 필요가 있다.

다시 말해 우리는 매트릭스의 바로 한가운데에 있는 듯하다. (물론 기계가 우리에게 거짓된 실재를 제공하지 않음에도 불구하고 그러하다.) 실재는 실재한다. 그러나 우리가 보고 듣고 느끼고 만지고 냄새 맡는 것은 모두 우리의 머릿속에 있다.[10] 그것은 'BrainDecoder.com'의 전무이사 바하르 골리푸르Bahar Gholipour의 말처럼 우리 뇌의 '내장된 가상현실 기계'가 만들어낸 것이다. 물론 이런 생각에 동의하지 않는 신경과학자도 많을 것이다.

어쨌든 뇌과학자들은 우리가 세계를 이해하는 데 감각 정보와 우리의 정신적 모형이 모두 결정적으로 중요한 역할을 한다는 데 동의하는 듯하다. 삶의 첫 순간부터 우리의 뇌는 경험을 바탕으로 학습하고 환경과의 미래 상호작용을 예측하면서 심상을 구성한다.

이것은 원초적인 생존 게임이다. 우리의 뇌가 수십억 개의 감각 입력을 일일이 처리할 수는 없기 때문에 우리는 우리의 이전 경험을 활용해 빈칸을 채우면서 처리 속도를 높이거나 성급히 감정에 휩쓸린 결론에 도달하곤 한다. 백미러에서 빨간 불빛이 번쩍이면, 당신은 방금 정지신호를 위반했으므로 그것이 경찰차의 불빛일 것이라고 가정한다. 두 달 전에도 딱지를 떼였기 때문에 또 떼이면 보험료가 크게 오를 것이라는 생각이 들자 심장이 쿵쾅거리기 시작한다. 이 장면의 모든 감각 입력을 분석하려면 아주 오랜 시간이 걸리겠지만, 지금은 당신의 마음이 당신을 잘못된 길로 이끌어 PI가 감소되었다는 점만 지적해두자. 번쩍이는 빨간 불빛은 구급차였다. 당신의 PI는 결코 그렇게 튼튼한 것이 아니다.

우리는 의식적으로 또는 잠재의식적으로 엄청나게 많은 데이터를 판단하기 때문에(게다가 많은 경우에는 데이터를 새로 또는 철저히 조사했다는 자각도 없기 때문에) 인간 지각의 약 90퍼센트는 정신적인 날조이며 어쩌다 운 좋게 정확한 결론(또는 근접한 결론)에 도달하는 것이라고 말해도 지나치지 않을 것이다. 우리의 뇌가 어디에서 어떻게 우리의 지각을 가지고 장난치는지를 아는 것은 우리의 PI를 이용하고 우리의 현실감을 통제하기 위한 출발점이 된다.

뇌와 뇌 : 뇌란 무엇인가?

당신은 우리가 인간의 뇌에 관해 많은 것을 알고 있다고 생각할지 모른다. 어쨌든 뇌 연구가 활발해지고 있다. 지난 2년 동안 미국과 유럽 연합에서는 뇌를 더 잘 이해하기 위한 새로운 연구 프로그램들이 개시되었다. 뇌 활동을 기록하는 기술은 혁명적인 속도로 발전해왔다. 과학자들은 뇌에 나쁜 영향을 미치는 질병들의 복잡한 메커니즘과 치료법을 마침내 이해하기 시작했다. 오하이오 주립대학의 과학자들은 피부 세포를 이용해 '소형 뇌'를 발육시켰는데, 인간 태아의 뇌와 유전적으로 동일한 특성을 지닌 이 유사장기organoid는 암과 자폐증, 파킨슨병과 알츠하이머병 및 그 외에도 심신을 쇠약하게 만드는 여러 신경 질환을 퇴치하기 위한 연구에 사용될 수 있다.[11] 이 모든 것은 야심찬 브레인BRAIN(혁신 신경공학 개발을 통한 뇌 연구Brain Research through Advancing Innovative Neurotechnologies) 선도 사업에서 주도하고 있는데, 이 사업의 목표는 '뇌에 대한 신경회로 수준의 이해'

를 가속화하고 '뇌에 대한 근본적 이해를 발전시키는' 것이다.[12]

그러나 2014년 〈뉴욕 타임스〉에서 보도한 것처럼 점점 늘어나는 뇌에 관한 정보에서 우리는 발전의 역설에 직면하게 된다.[13] 즉 이 모든 위대한 발전을 통해 오히려 우리가 실제로 얼마나 적게 아는지가 분명하게 드러나고 있다. 아리스토텔레스의 말처럼 '우리는 더 많이 알수록 우리가 모른다는 것을 더 잘 알게 된다'. 이것은 뇌의 복잡성을 아주 절제된 표현으로 선언한 것과 다를 바 없다. 인간의 뇌에는 평균적으로 약 900억 개의 뉴런이 있으며, 이것들 사이에 약 100조 개의 연결 또는 시냅스가 있다. 이렇게 복잡한 것에는 언제나 해결되지 않은 의문이 있게 마련이다.

내가 이 장의 앞머리에서 언급한 신경학적 오작동은 전문적인 관점에서 뇌 지각이 A, B, C 등으로 축소되는 현상을 설명해주며 의학적 관점에서 우리의 이해를 발전시키는 데 크게 기여한다. 보건 종사자들은 매일 이런 체계에 영향을 미치는 질병을 확인하고 치료하기 위해 애쓰고 있다. 그러나 뇌 지각과 A, B, C 사이의 정거장들이 '어떻게', 그리고 '왜' 그렇게 작동하는지는 우리가 알지 못하거나 이해하지 못하는 것이 여전히 매우 많다. 뇌는 신경학적 '까꿍 놀이'와도 같다.

비록 우리의 뇌가 끊임없이 입력을 해석하고 있지만, 그렇다고 해서 우리가 컴퓨터나 로봇은 아니다.[14] 우리의 뇌가 메시지의 끊임없는 흐름을 어떻게 처리하는지에 관해 구체적으로 알려진 것은 거의 없다. 뇌는 전자파를 실제 파동으로 경험하는 것이 아니라 이미지나 빛깔로 경험한다. 당신이 휴대전화를 바라볼 때, 당신의 망막에 와닿는 온갖 빛깔의 파장을 의식적으로 지각하지는 않는다. (또는 적어도 희망컨대 그렇지 않을 것이다. 만약 당신이 그렇게 지각한다면, 틀림없이 어느 군부대에서 당신을 데려다 심층 연구를 하려 할 것이다.) 당신이 무슨 노래를 들을 때, 그 소리의 진폭과 주파수가 기분을 좋게 만들기 때문에 미소 짓는 것은 아니다. 당신이 식당에 들어가는 순간 주방장이 준비하는 음식 냄새가 살짝 코를 찔렀을 때, 당신은 다음과 같이 생각하는가?

'와! 공기 중에 용해되어 내 후각에 도달한 이 화학 성분은 느낌이 아주 좋네!'

당연히 아니다. 그 대신에 당신은 맛있는 식사 시간에 대한 기대로 마음이 부풀 것이다. 이렇게 우리의 지각은 기꺼이 지름길을 택하는데, 왜냐하면 그것이 더 효율적이기 때문이다. 빛깔, 소리, 냄새, 맛 등은 우리의 감각 경험이 만들어낸 최종 산물이다.

우리의 뇌는 외부 자극을 스스로 만들어낸 것과 하나로 결합하는 거의 불가능해 보이는 작업을 수행한다. 이것이 대수롭지 않게 보일지 모르지만, 실제로는 우리가 세계와 우리 자신을 어떻게 구별하는지를 이해하는 데 큰 도움을 준다. 이것은 뇌가 외부 세계에서 밀려드는 데이터 쓰나미를 어떻게 분류하고, 그것에 어떤 의미를 부여하는지를 이해하기 위한 출발점이다.

어쨌든 자극을 바탕으로 세계에 대한 이미지를 형성하고 그것을 우리의 기억, 욕구, 소망 등과 연결하는 것은 뇌가 수행하는 기본 작업 중 하나다. 감각 자극이 신경계를 통해 뇌로 흘러 들어가고 거기서 이런저런 행동이 개시되는 과정을 살펴보면, 어떤 종류의 지능이 이 모든 작용의 한가운데서 일을 처리하는 듯한 인상을 지울 수 없다. 그러나 이렇게 일견 논리적인 듯한 기관은 어째서 그렇게 자주 PI에 곤란을 겪고, 실재하는 것과 그렇지 않은 것을 구별하는 데 어려움을 겪을까?

다음 장에서는 우리가 올바른 지각과 사고에 초점을 맞추면 뇌가 우리를 치유하는 놀라운 힘을 발휘한다는 사실을 살펴볼 것이다. 그리고 우리의 공포가 몸과 마음의 복잡한 연관 관계를 휘어잡을 때 어떻게 우리가 절망적인 신경증 환자로 전락할 수 있는지도 살펴볼 것이다.

제2장

물질 위의(또는 아래의) 정신

자기 치유와 자기 파괴

　　만약 당신이 요통이나 그와 비슷한 만성질환에 시달리는 수백만 명 중 한 사람이라면 수많은 친구, 가족, 동료 등으로부터 '모든 것이 네 마음에 달렸다'는 얘기를 수없이 들었을 것이다. 그리고 그것이 실제로 많은 도움이 되지 않았는가? 그러나 다른 한편으로는 이 성가신 허리 통증 때문에 제대로 앉거나 서지도 못하고 몸을 움직일 수도 없으며 잠도 제대로 잘 수가 없다. 이 모든 것은 틀림없이 당신의 신체에서 일어나는 일처럼 느껴진다.

　　2008년의 한 조사에 따르면 만성 요통이나 경부통을 치료하기 위해 일반 의약품이나 수술에 들어간 돈이, 그리고 척추 지압사, 정형외과 의사, 물리치료사, 접골사, 침술사, 요가 지도자, 기치료사, 스웨덴식 마사지사 등 온갖 전문가를 무수히 방문하느라 들어간 돈이 매년 약 860억 달러에 이른다.[1] 물론 많은 경우 이런 처치를 통해 일시적으로 통증이 상당히 완화되며, 그런 건강 전문가의 훌륭한 치료를 깎아내릴 마음은 전혀 없다. 그러나 요통 또는 경부통 환자 중 대다수가 실제로 더 나아졌을까? 그저 '마음속에서 떨쳐냄'으로써 정말로 아픔과 고통을 사라지게 할 수 있을까?

몬텔의 이야기

서문에서 몬텔 윌리엄스Montel Williams는 수년에 걸쳐 다발성 경화증과 싸웠던 이야기를 했다. 미국에서만 40만 명이, 전 세계적으로는 250만 명이 이 질병에 시달리고 있지만 치료가 매우 까다롭다.[2] 유명 인사들 중에 다발성 경화증 때문에 치료를 받은 사람은 몬텔 말고도 많다. 작고한 코미디언 리처드 프라이어Richard Pryor, 배우 테리 가Teri Garr, 작가 조안 디디온Joan Didion, 컨트리 뮤직 가수 클레이 워커Clay Walker, 배우 데이비드 랜더David Lander(1970년대의 TV 시청자들은 그를 「라번과 셜리Laverne & Shirley」에 나온 '스퀴기'로 기억한다) 등이 이 질병에 시달렸다.[3] 그러나 당신이 유명 인사든 아니든 간에 다발성 경화증의 증상은 매우 실재적이며, 그 치료는 매우 지난한 과정일 수 있다.

몬텔의 이야기가 사람들에게 용기를 줄 수 있다면 나는 더없이 기쁠 것이다. 확실히 그의 설명처럼 그는 일정한 양생법을 실천했으며 스트레스 감소를 위해 끊임없이 노력했다(스트레스 감소는 다발성 경화증의 증상 완화에 결정적으로 중요하며, 대다수 다른 질환에도 어느 정도 효과가 있다). 또한 그에게는 다행스럽게도 친구와 가족으로 이루어진 훌륭한 지원망이 있었다. 그런데 내가 관찰한 바에 따르면 이 끔찍한 질병을 이겨낸 가장 중요한 측면은 그의 '지각'이었다. 이 질병에 대한 지각 덕분에 그는 긍정적인 태도를 유지하면서 건강관리에 선제적으로 대처할 수 있었다. 몬텔은 높은 PI 덕분에 자신의 질병을 정면으로 마주했고 삶의 우선순위를 똑바로 정했으며 자신의 건강 문제에 주의를 기울였고 마음챙김being mindful을 실천했으며 특히 '거짓된 실재'(암울한 부정적 사고와 불필요하고 위험한 의료 처치)에 굴복하지 않았다.('mindful' 또는 'mindfulness'라는 단어는 팔리어 불교 용어 '사티sati'를 영역한 것이다. 한국에서 '사티'는 과거에 '염念' 등의 한자어로 번역되었고, 요즘은 '기억, 생각, 주시, 관찰, 각성, 마음집중, 알아차림, 마음챙김, 주의깊음, 수동적 주의 집중, 마음지킴, 마음새김' 등으로 번역된다. 저자가 말하는 'mindfulness'는 주로 존 카밧진Jon Kabat-Zinn이 개발한 '마음챙김 기반 스트레스 감소법Mindfulness-Based Stress Reduction'에 의거하며, 이 명상치료법은 한국에서 주로 마음챙김 명상으로 불리므로, 이를 따라서 'mindful' 또는 'mindfulness'를 '마음챙김'으로 옮겼다. 『존 카밧진의 처음 만나는 마음챙김 명상Mindfulness for Beginners』에서 카밧진은 'mindfulness'를 '엄밀히 말해 마음챙김은 의도적이고 비판단적으로 현재 순간에 마치 여기에 자신의 삶이 걸린 것처럼 주의를 기울일 때 생긴다. 그리고 이때 생기는 것은 바로 각성awareness 자체이다'라고 정의한다 – 옮긴이)

자신의 지각에 주의를 기울이는 마음챙김을 통해 각종 의료적 문제를 완화할 수 있다는 신념은 그저 헛소리가 아니다. 인간의 뇌가 깜짝 놀랄 만한 기적을 일으킬 수 있다는 사실은 무수한 연구를 통해 증명되었으며, 다양한 분야에서 활동하는 세계 일류의 몇몇 의사는 전통 의학과 치료법 외에 마음챙김 철학을 의술의 일부로 받아들였다. 그렇다면 이러한 몸과 마음의 연관은 정확히 어떻게 작동하는가? 그리고 어떻게 해야 PI를 높여서 건강을 증진하고 건강에 해로운 착각을 피할 수 있는가?

크레이지 섹시하게!

당신은 배우이자 사진작가인 크리스 카Kris Carr가 2003년 밸런타인 데이 때 자신의 간에 암 병변이 가득하다는 사실을 알게 되었다는 이야기를 들은 적이 있을 것이다.[4] 의사는 그녀에게 이 드문 유형의 암('상피모 양혈관내피종epithelioid hemangioendothelioma'이라는 긴 학명을 가지고 있다)을 치료하는 방법이 없으며 기껏해야 진행 속도를 늦출 수 있을 뿐이라고 말했다. 비록 치료가 불가능하고 수술조차 할 수 없는 병이었지만, 크리스는 운명적인 이날 이후로도 10년 이상 행복하고 건강하게 살았다. 어떻게 그럴 수 있었을까? 이것은 그녀가 자신의 베스트셀러 『크레이지 섹시 암 묘책Crazy Sexy Cancer Tips』을 비롯해 여러 책에서 자세히 설명했고 동명의 자작 다큐멘터리에서 보여준 것과 같이 삶에 대해 크레이지 섹시한 태도를 취한 덕분이었다.[5]

특별한 종류의 마음챙김을 실천한 크리스는 암이 자신을 이기도록 놔두지 않았으며 암을 변화의 촉매제로 삼았다. '크레이지 섹시 암'에서 '섹시'란 스스로 힘을 갖기, 매순간을 최대한 값지게 살기, 그리고 질병이 자신을 규정하게 놔두지 않기를 가리킨다. 그녀는 삶을 다시 시작했을 뿐만 아니라(즉 연기 생활에서 건강한 생활양식의 혜택에 관해 글을 쓰고 강연하기로 전환했을 뿐만 아니라) 그녀가 '패거리'라고 부른 '크레이지 섹시 암' 지원단을 결성했고 서양의학과 대체의학이 혼합된 자신만의 웰빙 철학을 펼쳤다. 〈사이언티픽 아메리칸〉에서 설명한 것처럼 '종양학 분야에서 의학의 발전 및 과거의 잘못된 과잉 치료를 반성하고 대체의학을 치유 과정의 동반자로 기꺼이 받아들이는 진취적인 철학을 바탕으로 암을 떠안은 채 활기차게 살아가는 사람이 늘어나고 있으며, 카도 그런 이들 중 한 명이다'.

존스홉킨스 대학의 리사 야네크Lisa R. Yanek 교수가 수행한 최근 연구에 따르면 긍정적인 인생관이 심혈관 질환의 가족력이 있는 사람들의 심장마비 발생 확률을 낮추는 데 기여할 수 있다고 한다.[6] 하버드 의과대학에서 주목한 연구들에 따르면 낙관주의는 스트레스와 심장 질환의 위험을 줄이는 데 기여할 뿐만 아니라 심장 수술의 회복력을 향상시키고 혈압을 낮추며 추가 발병을 예방하는 효과가 있다고 한다. 매일 '더 많이 미소 짓고 웃기만 해도' 더 건강해지고 병을 예방할 수 있다는 것을 보여주는 증거가 적지 않다.[7] 미소 짓고 웃으며 삶을 즐기고 문제를 대수롭지 않게 여길 줄 아는 사람들은 종종 자신도 깨닫지 못하지만 높은 PI를 지니고 있다. 나아가 마음챙김 명상은 수많은 혜택이 있고 이를 통해 요통, 마른버짐, 불면증부터 정신병까지 각종 질환의 증상을 완화할 수 있다는 것을 보여주는 많은 증거가 있다. 마음챙김 기반 스트레스 감소법MBSR을 개발한 존 카밧진의 유명한 연구에서 자외선요법을 받는 동안 명상을 수행한 마른버짐 환자들이 광선요법만 받은 환자들보다 치유 속도가 네 배나 빨랐다.[8] 당신이 뇌를 사용해 무엇을 하느냐에 따라 질병에 막대한 영향을 미칠 수 있다.

질병에 대한 지각은 인생 초기부터 우리의 뇌에 배선된다. 암 혹은 그 외의 생명을 위협하는 질병 때문에 세상을 뜬 조부모, 부모, 형제자매, 가까운 친구 등의 기나긴 고통과 괴로움을 직접 목격한 경우, 그런 기억은 좀처럼 사라지지 않으며 우리 자신이 비슷한 처지에 놓일 때 극도의 공포와 스트레스를 야기할 수 있다. 강력한 감정 자체가 반드시 병을 낳지는 않지만, 일단 몸에서 병이 나타나면 거의 틀림없이 해로운 작용을 한다. 최악의 상황은 공포와 스트레스로 인해 부정적 태도(낮은 PI)가 촉진되고, 그래서 다시 질병 또는 그것의 증상이 악화되거나 가속화되고 면역력이 낮아져 다른 합병증이 찾아오는 것이다.

『마음을 여는 기술Mindsight』이라는 획기적인 책을 쓴 대니얼 시겔Daniel Siegel 박사는 부정적 사고의 해로움을 다음과 같이 설명한다.[9]

'공포, 적개심, 배신감, 슬픔 같은 부정적 사고를 마음속에 품는 것은 기초적인 건강의 문제인데, 왜냐하면 우리 분야에서는 통합되지 않은 신경 과정이라고 부르는 이런 사고는 기본적으로 블랙홀과 같기 때문이다. 이것들은 엄청난 중력으로 삶의 에너지를 빨아들인다. 이것들은 마음의 건강에, 마음의 유연성과 탄력성 및 기뻐하고 감사하는 능력에 나쁜 영향을 끼친다. 또한 대인관계에도 영향을 미쳐, 경직된 행동방식 또는 폭발적인 상호작용 행태를 초래한다. 그리고 신경계와 면역계를 포함해 신체 자체에도 나쁜 영향을 끼친다.'

그러므로 당신에게 가해진 지난 잘못을 용서하는 일은 부정적 태도에서 자유로워지고 당신의 PI를 개선하기 위한 훌륭한 출발점이다.

명상과 기타 마음챙김 수행을 통해 모든 질병을 치유할 수 있을까? 꼭 그렇지는 않다. 그러나 할머니가 닭고기 수프에 관해 늘 말하듯이, '손해 볼 건 전혀 없다'. 긴장 완화와 긍정적 태도의 치유력 뒤에는 상당한 과학적 진실이 숨어 있다. 아무리 못해도, 병에 걸린 시기 동안 긍정적인 태도를 유지하면 더 즐겁게 지낼 수 있을 뿐만 아니라 당신에게 정말로 도움이 필요할 때 다른 사람들이 당신을 더 잘 돕도록 고무할 것이다. 페이스북 친구가 아니라 실제 사람들로 이루어진 강력한 사회적 연결망 속에서 치료를 받으면 긍정적인 태도가 지속적으로 강화되어 당신 본연의 모습을 유지하는 데 크게 기여할 것이다.

긍정적인 인생관은 주류 의학계에서는 받아들이지 않는 치료 효과를 낳을 수도 있다. 나는 의료 활동을 펼치면서 환자가 성공적인 결과를 경험하는 데 낙관주의가 어떤 역할을 할 수 있는지를 직접 확인한 적이 있다. 미국에서 수백만 명의 여성이 앓고 있는 건조성 각막염은 종종 만성질환의 형태를 띤다. 십몇 년 전에 나는 특별한 아이크림을 개발했는데, 이것은 건조성 각막염의 증상을 95퍼센트 없애주고, 특히 난치성 환자에게 효과적이다. 여러 해에 걸쳐 나는 건조성 각막염에 대한 나의 연구와 치료법을 수천 명의 안과 의사에게 강연했고 안과 학술지 등에도 발표했다. 그러나 대형 제약회사에서 이 크림을 공급하지 않고(이것은 약국에서 조제해야 한다) 많은 안과 의사는 약국 조제약 처방을 펀치 않게 여기기 때문에 건조성 각막염을 앓고 있는 많은 여성들이 효과적인 치료도 받지 못한 채 몇 년 동안, 심지어 수십 년 동안 고생하고 있다. 반면에 '건조성 각막염 징역형'을 받아들이지 않고 자신의 미래를 스스로 결정하려는 낙관적인 태도를 가진 여성들은 대체요법을 검색해내어 치료법을 발견한다.

배우에서 사업가로 변신한 내 환자 빅토리아 프린시펄Victoria Principal이 대표적인 예이다. 그녀는 건조성 각막염 때문에 수년간 고생했는데, 통상적인 요법으로는 치료할 수 없었다. 그러나 높은 PI를 지닌 빅토리아는 이전에 상담한 안과 의사들도 모르는 효과적인 치료법이 있을 것이라는 희망을 버리지 않았다. 이런 긍정적인 마음가짐 덕분에 그녀는 자신이 직접 조사하기 시작했고, 결국 나를 찾아와 성공적인 치료를 받을 수 있었다. 이런 마음가짐을 갖는다면 당신도 주류 의학계에서는 불가능하다고 생각하는 치료법을 찾아낼 수 있다.

PI가 높은 또 다른 나의 환자를 예로 들자면, 전미농구협회NBA 농구 선수인 자말 크로포드Jamal Crawford는 수년간 눈의 흰자위에 갈색 색소 또는 '반점'을 여러 개 가지고 있었다. 그는 사진에서, 또는 가끔씩 녹화 경기를 다시 볼 때마다 그것이 눈에 띄어 무척 마음이 상해 있었다. 의사들은 이 질환을 앓는 환자에게 보통 이렇게 말한다.

"안타깝게도 치료법이 없습니다. 그냥 그대로 사는 수밖에는……."

그러나 자말은 자신이 직접 조사해서 내가 이런 갈색 '눈 반점'을 어떻게 치료하는지를 알아냈고, 마침내 그것을 제거할 수 있었다.

긍정적이고 낙관적인 태도를 유지하는 것은 높은 PI를 반영하며, 그런 태도를 유지하면 평소에 절망적으로 보이던 것도 치료할 수 있는 돌파구를 찾게 된다.

건강이 문제가 될 때, 당신은 당신 자신의 PI에 영향을 미칠 수 있다. 몬텔 윌리엄스와 크리스 카가 그랬던 것처럼, 긍정적인 태도는 긍정적인 결과를 낳는다. 만약 당신이 온몸이 쑤시고 아픈 것에 대해 '아, 슬프다'라는 식으로 부정적인 태도와 행동을 취한다면, 당신 뒤에 남는 사람들(배우자, 자녀, 손자 등)에게 그 여파가 미쳐 훗날 그들이 불필요한 공포와 괴로움에 시달릴 수도 있다. 당신에게 혹시 우려할 만한 증상이 있는지 전문 의료진의 검사를 받는 것은 중요하지만, 그런 증상에 관해 끊임없이 불평을 늘어놓는 것은 대개 생산적이지 않다. 오히려 고질병 때문에 좌절감이 든다면, 이따금 이해심 많은 친구나 치료사를 찾아가 모든 것을 털어놓고 풀어버리는 것이 훨씬 더 건강에 효과적이다. 물론 친구, 가족, 동료 등에게 불평을 너무 많이 늘어놓으면 늘 투덜거리기만 하는 인간으로 지각될 수 있다. 따라서 길고 사연 많은 길을 내려가기 전에 과연 그것이 내가 기억되고 싶은 모습인지 자문할 필요가 있다.

우리의 몸과 마음 : 커다란 착각

착각이란 무엇인가? 착각이란 기본적으로 무수한 형태와 방식으로 우리의 감각에 영향을 미치는 지각의 왜곡이다. 착각은 흔히 시지각에서 나타난다. 할리우드 영화에 나오는 전형적인 예는 황량한 사막 한가운데서 길을 잃고 목말라 죽어가다가 갑자기 신기루를 보게 되는 영웅의 모습이다. 이것은 노골적인 환각이라고 부를 만한 것이다.

착각은 늘 일어나는데, 왜냐하면 뇌는 우리의 모든 감각을 속여서 우리로 하여금 불가능한 것이 실재하는 것처럼 믿게 만들 수 있기 때문이다. 사지절단 수술을 받아서 팔 또는 다리가 없는 사람이 수술 후에도 오랫동안 사라진 팔 또는 다리 부위에서 통증을 느낀다는 것을 보여주는 수많은 사례 연구가 있다. 몇몇 과학자는 이런 헛통증이 남아 있는 부상 부위 끝의 신경종말 때문이라고 추측하는 반면, 사라진 사지에 대한 기억이 아직도 뇌에 남아 있기 때문이라고 믿는 사람들도 있다.[10] 나는 중간 입장이다. 사지와 통증의 느낌에 대한 이전 지각의 기억이 발동해 이런 감각 자극이 실재하는 것처럼 느껴질 수도 있고, 신경종말에서 통증이 전달될 경우에는 뇌가 현재 있는 사지의 익숙한 기억에 의존하는 것 외에 그것을 달리 해석할 방도가 없을 것이다.

특히 건강염려증이라고도 불리는 심기증 환자들은 자신의 PI를 왜곡하고 낮추는 커다란 착각 속에서 살고 있다. 물론 그렇다고 해서 심한 통증이나 병에 대한 지각이 그들에게 실재하지 않는다는 것은 아니다. 만약 그렇지 않다면, 쓸데없이 의사를 찾아가고 그 후 공상에 빠지는, 전체 인구의 약 5퍼센트에 해당하는 이런 사람들은 그렇게 많은 시간을 낭비하면서 대기실에서 어슬렁거리고 진료비로 돈을 허비하면서 만성적인 근심 걱정에 정서적 에너지를 소모하지 않을 것이다.

「정신질환 진단 및 통계 편람Diagnostic and Statistical Manual of Mental Disorders, DSM」에 따라 심기증hypochondriasis('질병불안장애Illness Anxiety Disorder'라고도 불린다)으로 정식 진단을 받으려면, 의학적 증거가 없는데도 자신이 병에 걸렸다는 확신을 최소 6개월 동안 가지고 있어야 한다.[11] 심기증 환자들은 자신이 병에 걸렸다고 믿어 의심치 않으며 진심으로 괴로워한다. 그리고 그들 중 많은 사람은 깊은 우울증에 빠진다. 어째서 그들의 지각은 이렇게 끔찍하게 잘못된 길로 빠졌을까?

동화와 거짓 만성병

만약 당신이 심기증 환자라면 테네시 윌리엄스Tennessee Williams, 마르셀 프루스트Marcel Proust, 앤디 워홀Andy Warhol 같은 창조적 재능을 가진 사람들도 당신과 다르지 않았다는 사실이 조금은 위안이 될 수도 있겠다.[12] 또한 19세기 덴마크의 동화 작가 한스 크리스티안 안데르센Hans Christian Andersen도 유명한 심기증 환자였다. 그는 눈동자에 있는 아주 작고 무해한 점 하나가 얼굴 전체로 퍼질 것이라고 굳게 믿었을 뿐만 아니라 산 채로 매장될지 모른다는 공포에 평생 시달려서 '나는 죽은 것처럼 보일 뿐입니다'라고 쓴 메모를 갖고 다닐 정도였다. 안데르센은 아동문학사에 시대를 초월한 유산을 남겼다. 그런 고전 작품들 중 「벌거숭이 임금님」은 대중이 PI에 미치는 영향력을 잘 보여준다. 이 이야기에서는 임금이 자신의 보이지 않는 의상이 실재한다고 믿자 그의 백성도 그것이 보인다고 덩달아

심기증 환자들도 '모든 게 생각하기 나름'이라는 상투적인 이야기를
수없이 들었겠지만, 그들을 괴롭히는 것은 불안 장애라는 매우 실재하는
의학적 문제이다. 그리고 그것의 근저에는 낮은 PI가 존재한다. 즉 그런
사람들의 마음은 (적어도 처음에는 아무런 문제가 없는 상황에서) 무언
가 크게 잘못되었다고 끊임없이 경고하는 신호에 사로잡힌다. 그런 착각
이 너무 강력한 나머지 마음이 그런 신호를 정말로 실재하는 것처럼 느
껴지는 통증의 지각으로 변환시킨다. 심리학자들은 심기증의 잠재적 원
인으로 여러 가지를 언급하는데 심기증 환자였던 부모의 불안하고 억압
적인 태도(신경증과 공포의 대물림), 가족의 죽음이나 질병에 대한 반응, 과거
의 정신적 충격, 어릴 적에 겪은 신체적 또는 정서적 학대 등이다.

지금은 구글 같은 검색엔진으로 온갖 증상과 진단을 쉽게 찾을 수
있고 그런 것들이 온라인 조사에 널려 있어서 순전히 그러한 암시의 힘
만으로도 심기증이 촉발될 수 있을 것이라고 일부 전문가들은 추측한
다.[13] 아이러니하게도 현대인에게 무료로 연중무휴 제공되는 의학 정보
의 범람 때문에 쓸데없는 불안(다시 말해 실제 질병)이 인터넷이 없던 시절에
는 상상도 할 수 없을 만큼 엄청난 규모로 야기되고 있는 듯하다. 이처럼
과학기술은 양면적이다.

건강에 대한 불안감을 조성하는 글들이 의학 정보를 전하는 웹사
이트와 블로그, 뉴스 웹사이트 등에 매일 대량으로 유포되면서 우리의

PI는 지속적인 과부하 상태에 놓여 있다. 소셜 미디어 네트워크 덕분에 그런 기사는 타당하든 타당하지 않든 상관없이 우리의 친구와 가족에게 로 바이러스처럼 퍼져나간다. (최근에 바이러스처럼 퍼진 한 게시글에 서는 질병관리본부가 백신의 효과를 높이기 위해 모유 수유 중단을 권고 했다는 잘못된 정보가 유포되기도 했다.[14]) 페이스북에서 보았던 어떤 질 병에 관한 기사를 형제자매, 사촌, 절친한 친구, 직장 동료 등의 이메일을 통해 다시 전달받으면, 우리의 지각이 왜곡되어 무언가 심각하게 잘못된 일이 실제로 우리 안에서 일어나고 있다고 생각할 수 있다. 그러면 질병 에 대한 상습적인 근심과 추가 구글 검색으로 인해 불면증부터 우울증까 지 온갖 것에 시달릴 수 있다. 인터넷은 무한정의, 그러나 반드시 정확하 지는 않은 데이터가 넘치는 세계이며, 우리 모두를 심기증 환자로 만들 수 있는 잠재력을 지니고 있다. 때문에 우리는 무엇이 실재이고 무엇이 실재가 아닌지를 판단하기 위해 우리의 PI를 갈고닦을 필요가 있다. 심기 증이 있는 사람들도 통찰과 치료를 통해 지각지능을 향상시키면 자신의 건강 착각을 더 잘 깨달을 수 있다.

그런가 하면 침대 아래에 레이저 총을 가진 작은 외계인이 있을지 모른다고 걱정하는 사람들도 있는데, 그것은 우리가 다음 장에서 살펴볼 전혀 다른 유형의 착각이다.

제3장

보이는 것이
모두 실재는 아니다

마음의 속임수와 착각

20세기 초의, 그리고 어쩌면 모든 시대를 통틀어 가장 유명한 마술 사이자 탈출 곡예사였던 해리 후디니Harry Houdini는 다음과 같이 말했다.

'마음은 눈으로 보고 귀로 듣는 대로 믿는다.'

인간은 신비한 것을 무척 좋아한다. 우리는 착각과 마술에 매료되어 실재와 환상을 구별하는 우리의 계량기를 잠시 내려놓고 기꺼이 지각 지능을 낮춘 채 우리의 상상력이 쇼에 현혹되도록 방치한다. 그래서 사람들은 펜Penn과 텔러Teller, 데이비드 블레인David Blaine, 데이비드 코퍼필드David Copperfield 같은 재능 있는 엔터테이너를 보려고 구름처럼 몰려든다. 그런가 하면 데렌 브라운Derren Brown과 맥스 메이븐Max Maven 같은 연기자가 선보이는 심리마술mentalism이라는 장르에서는 능숙한 속임수를 사용해 마치 다른 사람의 마음을 읽거나 통제할 수 있는 것 같은 인상을 자아낸다.[1] (나의 열한 살배기 쌍둥이 두 딸은 이런 유형의 마술을 익히고 있음이 틀림없다.)

몇몇 능숙한 마술사와 심리마술사는 자신이 하는 일의 배후에 심령현상 같은 것은 존재하지 않는다고 관객들 앞에서 떳떳이 말한다. 특히 펜과 텔러는 속임수의 작동 방식을 알려주는 것으로 유명한데, 그래도 관객들은 많은 연습과 훈련을 거친 그들의 현란한 손놀림과 전문적인 술책을 따라잡지 못하기 때문에 여전히 환호한다.

그런가 하면 심령현상을 불러일으키는 재주가 있다고 보고된 사람들도 있었다.[2] 1970년대 말엽에 미국 국방정보국에서는 스타게이트 프로젝트라는 특수부대를 창설해 심령현상을 연구하고 특정한 심령 능력을 군사 목적으로 측정하고 개발할 수 있는지 조사했다.[3] TV 시리즈 「엑스파일X-Files」 같지 않은가? 당시 정부에서는 이 프로젝트의 잠재력이 충분하다고 판단해 우리의 세금을 들여 유리 겔러Uri Geller나 잉고 스완Ingo Swann 같은 유명한 사람들의 능력을 시험했다.[4] 그들은 다른 장소에 있는 물체를(스완의 경우에는 목성 같은 다른 행성의 보이지 않는 면까지) 그곳에 가지 않고도 볼 수 있는 원격 시력을 가졌다고 알려져 있었지만, 당시에 그런 재주 중 많은 부분은 과학적으로 제대로 설명되지 않았다.

물론 제임스 랜디James Randi 같은 회의론자도 있었다.[5] 그 자신이 숙달된 마술사였던 '경이로운 랜디'는 심령현상의 허구를 폭로하는 데 평생을 바쳤는데, 그는 다음과 같이 지적했다.

'유리 겔러는 숟가락을 구부리는 심령 능력을 가지고 있을지 모른다. 그러나 만약 그렇다면, 그는 괜히 힘들여서 그렇게 하는 듯하다.'

내 생각으로는 랜디가 질투를 하는 것 같다. 마거릿 대처Margaret Thatcher는 자신을 비방하는 사람들에게 이렇게 말한 적이 있다.[6]

'만약 내가 템스 강 위를 걷는 모습을 비평가들이 목격한다면, 그들은 내가 수영을 못해서 그런다고 말할 것이다.'

마술과 착각을 액면 그대로 받아들이고 그런 공연 형식을 문제 삼지 않는다면, 전혀 문제 될 것이 없다. 그것은 오락일 뿐이며, 더도 덜도 아니다. 관객이라면 다음과 같이 말할 수 있다.

'나는 그가 어떻게 하는지 전혀 감을 잡을 수 없지만, 그래도 이 속임수는 환상적이다.'

마술사는 속임수가 속임수라는 것을 인정한다. 반면에 낮은 PI로 휘는 변곡점은 무대 위에서 벌어진 것이 아무리 얼토당토않아도 100퍼센트 실재라고 확신하는 순간 발생한다.

이 스펙트럼의 다른 쪽 끝에는 요지부동의 회의론자가 있다. 그들의 사고는 매우 구체적이어서 자신이 직접 보고 듣거나 만지고 느끼지 않으면, 또는 논리로 설명되지 않으면 아무것도 받아들이려 하지 않는다. 착각의 세계와 관련하여 우리의 PI는 사람마다 다양하며, 이 두 극단 사이의 어딘가에 위치한다.

그러나 우리 중 대부분은 착각에 아무런 근거가 없다는 사실이 증명되어도 좀처럼 자신의 착각을 버리지 못하는 사람들의 입장을 이해하기 어렵다. 우리의 '현실적인' PI는 그런 착각을 기록하거나 받아들이지 않기 때문에 우리는 그런 신봉자들을 업신여기고 그들이 다른 면에서 아무리 똑똑해도 귀가 얇은 사람이라고, 또는 더 노골적인 용어로 그들을 멸시한다. 어째서 그들의 'PI 수용기'는 그들이 착각을 실재하는 것으로 기꺼이 받아들이도록 만드는 것일까?

많은 경우에 신봉자들은 '믿고 싶어 한다'. 그들은 착각을 즐기고 의식적으로든 잠재의식적으로든 그것이 참이길 바라기 때문에 그들의 PI가 그것을 진짜로 받아들이도록 놓아둔다. 그들이 마술과 착각을 믿고 싶어 하는 이유는 '특별한 능력'으로 놀라운 일을 하는 사람을 상상하는 것이 즐겁기 때문이다. (「원더우먼」, 「어벤져스」, 「슈퍼맨」, 「배트맨」, 「디펜더스」, 「엑스맨」 등등 끝없이 쏟아지는 슈퍼히어로 영화와 TV 프로그램을 생각해보라.)

좋든 싫든 우리가 두개골 안에 있는 1.3킬로그램 정도의 민감한 생체 조직 덩어리에 의지해 실재와 착각을 구별할 수밖에 없다는 사실에는 변함이 없다. 이 장에서 당신은 우리의 마음을 통해 착각이 눈앞에 실재하는 것처럼 영구화될 수 있다는 사실을 알게 될 것이다.

어두운 자각몽의 구성 요소

내가 알고 있는 한 사람은 언젠가 내게 자신이 퀸즈의 어느 이층집에 살던 다섯 살 때 2층 침실 창문 밖에서 맴돌고 있는 외계인을 보았다고 말했다. 그로부터 40년도 더 지난 오늘날 그는 그 일을 농담처럼 이야기하며 외계인이 그의 집 창문 밖에 나타났을 리가 없다는 것을 논리적으로 알고 있다. 그것은 모두 착각이었다. 그는 외계인이 존재할 것이라고 결코 주장하지 않지만, 오늘날까지도 그는 녹색 얼굴과 유리 헬멧에 달린 안테나와 그를 똑바로 응시하던 툭 튀어나온 눈을 생생하게 기억하고 있다. 이 착각에 대한 기억은 여전히 그에게 놀라울 정도로 실재한다. 그렇게 오랜 세월이 흘렀는데도 어째서 그 기억은 그의 마음에 생생하게 남아 있는 것일까?

외계인을 보았다고 주장하는 사람은 수백만 명에 이르며, 그들 중 다수는 외계인이 자신을 납치한 적이 있다고 확신한다. 그러나 음모론, 기상관측기구를 UFO로 착각했다는 가설, (뉴멕시코 주 로즈웰의 경우처럼) 기이한 사태를 은폐했다는 의혹, '목격자'의 이야기 등등 외에도 외계인이 지구를 정기적으로 방문한다는 신념을 뒷받침하는 확실한 증거는 존재하지 않는다. 외계인이 존재하느냐는 질문에 천문학자 칼 세이건Carl Sagan은 다음과 같이 답했다.[7]

"표준 논증을 제시하자면 다음과 같습니다. 우주에는 수많은 장소가 있고 생명의 분자는 도처에, 말하자면 수십억 개의 장소에 있습니다. 이렇게 볼 때 만약 외계 지능이 없다면, 그것이 더 놀라운 일일 것입니다. 그러나 당연히 이런 것이 있다는 강력한 증거는 아직 없습니다."

그렇다면 어째서 그렇게 많은 사람들은 「엑스파일」의 주인공 폭스 멀더의 표현처럼 '진실이 저 밖에 있다'고 믿는 것일까? 다른 증거가 나올 때까지 과학자들은 앞으로도 외계인 경험이나 그 밖의 많은 현상이 그저 우리가 잠자는 동안 우리의 상상력이 불러일으킨 생생한 착각일 뿐이라고 주장할 것이다. '그러나 어떻게 그런 착각이 실재하는 것처럼 느껴질 수 있을까?' 아마도 그런 착각을 경험하는 사람들은 '수면 마비'라는 장애를 앓고 있을 가능성이 높은데, 그것은 열 명 중 네 명에게서 나타난다고 알려져 있을 정도로 흔한 장애이다.

수면 마비 증상이 있는 사람들은 실제로 잠에 빠져드는 상태인데도, 또는 잠에서 깨어나는 중인데도 정신이 아주 말똥말똥한 것처럼 느낀다.[8] 그들은 의식적 상태와 무의식적 상태 사이에 있으면서 뇌의 속임수에 의해 그런 순간의 모든 것이 실제로 일어나는 사태라고 생각한다. 그럴 때는 '어두운 자각몽dark lucid dream'(프레데릭 반 에덴Frederik van Eeden이 1911년에 처음으로 명명한 '자각몽'의 극단적 형태이다.[9])이 뇌와 감각을 통제해 그들의 상상력이 미친 듯이 날뛰도록 만든다.[10] 수면 마비 상태인 사람들은 의식적 세계와 잠재의식적 세계 사이를 떠다니면서 아무리 애써도 몸을 움직일 수 없다. 몸이 얼어붙은 그들은 외계인이나 낯선 자가 침대 곁에 나타나도 속수무책이다. 또는 눈부신 불빛에 매혹되거나, 배를 타고 어디론가 실려가거나, 금속판 위에 누워 작은 녹색 생명체들의 실험 대상이 되는 것과 같은 경험을 한다. 그런 상태에서 실제로 깨어났을 때 그들은 공포 때문에 온몸이 마비된 상태이며, 때로는 그들이 어두운 자각몽 상태일 때 땅속에 매장되면서 겪은 신체적 고통과 공포가 되살아난다.

그런데 어째서 사람들은 하필 외계인을 만나는 경험을 그렇게 자주 할까? 수면 마비 상태인 사람들의 마음은 그런 착각을 어떻게 해석해야 할지 몰라 당황하면서 그것의 의미를 찾아 헤맨다. 그리고 그런 사람들의 몽롱한 감각에서 뇌로 전달되는 신호는 상상 속에서 친숙한 어떤 것으로 해석된다. 그런 사람들의 마음속 깊은 어딘가에는 공상과학영화, TV 프로그램, 책 또는 그림 등에서 본 외계인의 기억이 이식되어 있을 것이다. 물론 그런 이미지를 촉발하는 계기는 깊은 심리학적 뿌리를 가지고 있을 수 있지만(예컨대 어린 시절 겪은 정신적 충격에 따른 무기력감), 그런 착각은 자각몽 상태의 마음속에서 실재하는 외계인에 대한 믿음으로 변환된다.

우리가 매일 여기저기서 접하는 이미지들은 우리의 기억장치 어딘가에 저장된다. 실제로 내가 앞에서 언급한 지인도 어릴 때부터 「스타트렉Star Trek」이나 그 밖의 공상과학물을 아버지와 함께 즐겨 보았다고 한다. 외계인에 대한 환상이 어두운 자각몽의 전면에 등장한 까닭은 TV에서 본 화려한 이미지가 감수성이 예민하던 어린 시절 그의 마음속에서 인상 깊게 처리되었기 때문이 아닐까?

어두운 자각몽 상태처럼 뇌가 착각을 분별하지 못할 때 우리의 마음은 그것이 실재라고 믿게 되는데, 왜냐하면 실재로 느껴질 만큼 인상적인 감정이나 감각이 거짓일 리 없다고 생각하기 때문이다. 나도 그런 경험을 한 적이 있다. 이 장을 집필하기 전날 밤에 나는 수면 마비 상태에 빠졌다. 당시에 나는 단체 조정경기에 참가하기 위해 테네시 주 채터누가의 한 호텔에 혼자 머물고 있었다. 나는 잠을 자다가 깨어났다고 생각했는데, 한 남자가 침대 옆에 서서 내 팔과 어깨를 잡고 침대에서 일어나지 못하도록 꽉 누르는 것 같았다. 나는 몸을 전혀 움직일 수 없었고, 도움을 청하기 위해 소리를 지를 수도 없었다. 그러다 마침내 잠에서 깨어나 내가 수면 마비라고도 불리는 어두운 자각몽을 체험했다는 것을 깨달았다.

수면 마비 상태에서 머릿속에 떠오르는 이미지는 마치 그것을 눈으로 직접 보는 것처럼 느껴진다. 그런 일을 경험하면 한참 뒤에도 그것의 강력한 인상을 세세하게 기술할 수 있다. 외계인이 내 팔에 놓은 주삿바늘의 따끔한 느낌, 외계인의 우주선에 있는 실험실의 기묘하게 낯선 냄새 등등이 머릿속에 생생하게 떠오른다. 그것은 무시무시한 경험이지만, 실제로는 우리의 낮아진 PI 때문에 애를 먹고 있는 우리 마음의 작용일 뿐이다.

물론 외계인이 등장하는 모든 광경이 어두운 자각몽 때문이라거나, 그런 모든 경험이 낮은 PI 탓이라고 주장할 수는 없다. 왜냐하면 대낮에 '집단'이(여러 사람이 동시에) 불가사의한 물체를 목격했다는 기록도 적지 않기 때문이다. 그런 물체는 사진이나 영상으로 촬영되기도 하는데, 물론 그중 적어도 몇몇(또는 다수)은 기상관측기구였거나 오늘날에는 아무나 만들어낼 수 있는 조작된 이미지일 것이다. 그러나 여전히 설명할 수 없는 사건들도 있다.

23년간 여행 가이드로 일한 교양 있고 점잖은 페루인인 애나 자말로아Ana Zamalloa는 최근에 나와 아내가 1주일 동안 페루를 여행할 때 안내를 해주면서 우리와 무척 친해졌다. 우리가 마추픽추 지역을 찾아갔을 때,

애나는 그곳이 잉카족에게 신성하고 불가사의한 장소라고 일러주었다. 그녀는 자신의 친구를 포함해 많은 사람이 그곳에서 밤에 유령 또는 귀신을 보았다고 설명했다. (실제로 그곳은 더 이상 밤에 개장하지 않는다.)

애나는 1999년에 제리 윌스Jerry Wills라는 애리조나 출신의 기치료사가 휴가차 페루를 방문했을 때 그를 안내하면서 겪은 일을 이야기해주었다. 제리는 애나에게 자신이 아기였을 때 다른 행성에서 지구로 오게 되었다고 말했다. 그러자 애나는 웃음을 터뜨리면서 그를 조롱하듯이 쳐다보았다. 그러나 제리는 전혀 화를 내지 않으면서 태연하게 말했다.

"내일 내 친구들이 올 거예요."

다음 날 아침 애나는 제리를 후야나픽추로 안내했다. 그런데 제리가 애나를 부르더니 마추픽추 오른쪽에 위치한 산의 협곡을 손으로 가리켰다. 망원경을 통해 제리는 등산객이 접근할 수 없는 산꼭대기 바로 아래에 직경이 4~5미터쯤 되는 물체가 있는 것을 보았다. 그것은 몸체가 회색이고 꼭대기는 검은색인 커다랗고 둥근 금속성 물체였으며, 전혀 기상관측기구처럼(또는 다른 종류의 기구처럼) 보이지 않았다. 그 둥근 물체는 앞뒤로 움직였다. 애나는 자신도 모르게 "어머나!"라고 외치면서 다른 관광객들과 함께 그 물체를 15분 정도 관찰한 뒤 다시 길을 나섰다. 그녀는 그 뒤로 그것과 비슷한 것을 본 적이 없다고 내게 말했다. 그것은 꿈이나 환각이 아니었는데, 왜냐하면 다른 관광객들도 놀라운 표정으로 그 둥근 물체를 똑똑히 보았기 때문이다. 실제로 그 장면을 영상으로 촬영해 나중에 재생한 관광객도 있었다. 그리고 애나는 어두운 자각몽 또는 수면마비의 전형적인 증상인 마비나 공포를 경험하지도 않았다.

도대체 무슨 일이 일어난 것일까? 이것도 낮은 PI의 사례인가? 나는 그렇게 생각하지 않는데, 그 이유는 다음과 같다. 애나는 믿을 만한 사람이었고 거짓말을 하는 것 같지도 않았으며, 그녀가 본 것을 특별한 외계 현상이나 초자연적인 현상 탓으로 돌리거나 어떤 식으로든 과장하지도 않았다. 그녀는 그저 '자신이 본 것을 보고' 했을 뿐이며, 때문에 나는 그녀가 실제로 외부 세계에 존재하는 무언가 이상한 것을 보았다고 결론 내렸다. 과학을 통해 구체적으로 증명될 때까지 이 문제는 미해결 상태로 남을 수밖에 없으며, 우리는 그저 추측할 뿐이다. 어느 정도 과학적 회의를 품은 채 설명되지 않은 신비를 그대로 인정하는 것은 우리의 상상력을 자극하고 경이로 가득 찬 세계를 경험하게 만드는 원천이다.

검게 물들이기 : 예술은 착각인가, 거짓말인가?

파블로 피카소Pablo Picasso는 다음과 같이 말했다.[11]

'우리는 모두 예술이 진실이 아니라는 것을 알고 있다. 예술은 진실을, 적어도 우리가 이해할 수 있는 진실을 깨닫게 만드는 거짓말이다. 예술가는 자신의 거짓말에 담긴 진실을 다른 사람에게 확신시키는 방법을 알아야 한다.'

피카소는 무엇을 말한 것일까? 꽃병에 담긴 화려한 꽃들의 말 없는 생명 속 어디에 '거짓말'이 있단 말인가? 그리고 만약 모든 예술이 거짓말이라면, 미술관과 전시회와 전시품은 왜 필요한가? 왜 우리에게는 피카소 같은 예술가가 필요한가? 선의의 거짓말을 지어내는 사람들이 주변에 널려 있다면, 도대체 그런 거짓말에 속고 싶어 하는 사람은 또 누구인가?

어째서 우리에게 그런 욕구가 있는지를 설명하려면, 우리가 예술로 간주하는 선과 빛깔과 패턴과 이미지의 조합을 이해하는 데 관여하는 우리의 뇌를 살펴볼 필요가 있다. 인간에게 신경과학적 지식이 있기 훨씬 전부터 예술가들은 실재하지 않지만 매우 실재하는 것처럼 보이는 사람, 장소, 사물 등에 대한 착각을 흥미롭고도 도발적인 방식으로 만들어왔다. 예술가들은 우리의 지각지능을 끊임없이 왜곡하고 도발하면서 그들의 작품에 주목하고 그것을 해석하도록 자극한다.

수백 년 동안 예술가들은 특정한 색들을 사용해 회화에서 깊이의 인상을 만들어냈는데, 그런 효과를 가리켜 색입체시chromostereopsis라고 부른다.[12] 예컨대 빨간색은 앞으로 튀어나온 것처럼 보이고 파란색은 뒤로 물러난 것처럼 보이는데, 그래서 파란색이나 그 밖의 서늘한 색조는 멀리 있는 물체의 인상을 전달할 때 사용된다.

색과 휘도는 예술가의 필수 소재이다. 대다수 인간의 망막에는 각각 빨강, 파랑, 녹색에 민감하게 반응하는 세 종류의 추상체가 있다. 당신이 무슨 색을 바라보고 있는지 아는 까닭은 뇌에서 두세 종류의 추상체 활동이 비교되기 때문이다. '휘도'라는 현상은 어떤 물체에서 특정 방향으로 방출 또는 반사되는 빛 에너지의 양에 해당하는데, 이때는 여러 추상체에서 전달되는 활동이 모두 합산되어 얼마나 많은 빛이 특정 영역을 통과하는지를 판단하는 척도로 사용된다.

어떤 것을 실물처럼 3차원으로 묘사하기 위해 예술가는 밝기와 그림자 같은 요소를 추가하는데, 그런 것은 실제로 존재하지 않을 경우에도 '있어야 할 것'에 대한 우리의 예상을 바탕으로 뇌를 속이는 작용을 한다.

우리의 뇌는 예술 작품에 표현된 얼굴도 어렵지 않게 인식한다.[13] 심지어 얼굴 이미지가 여러 색의 선들, 색 조각들 또는 이질적인 이미지들로 조합된 경우에도 그러하다(포토리얼리즘 작가 척 클로즈Chuck Close의 작품을 생각해보라). 연구자들은 투쟁-도피 반응이나 감정에 관여하는 뇌 부위인 편도체가 공포를 표현하는 얼굴의 원본 사진 또는 세부 사항이 선명하게 강조된 사진보다 그런 얼굴의 흐릿한 사진에 더 잘 반응한다는 사실을 발견했다. 이때 얼굴을 인식하는 뇌 부위는 흐릿한 얼굴에 덜 반응하는데, 어쩌면 그것은 시각 체계에서 세부 사항에 초점을 맞추는 부위가 방해를 받을 경우(얼굴을 비현실적인 여러 색으로 표현했거나 조각들로 누덕누덕 기운 것처럼 표현한 인상파 작품을 볼 때처럼) 감정의 개입이 더 적극적으로 일어난다는 것을 의미할지 모른다.

요소들의 결합 : 연극, 음악, 미술과 착각

화가만 우리의 PI를 농락할 수 있는 능력을 지닌 것은 아니므로,[14] 유명한 현대 종합 예술을 통해 어떻게 연극과 음악과 미술이 한데 어우러져 창조적 과정이 전개되며 실재의 착각이 발생하는지 살펴보자. 퓰리처상을 받은 뮤지컬 「조지와 함께한 일요일 공원에서Sunday in the Park with George」(스티븐 손드하임 작사·작곡, 제임스 라파인 각본)는 예술이 창조되는 과정을 다양한 각도에서 조명한다. 이 뮤지컬의 제1막에서는 19세기 인상파 화가 조르주 피에르 쇠라Georges-Pierre Seurat의 걸작 「그랑드자트섬의 일요일 오후A Sunday Afternoon on the Island of La Grande Jatte」의 창작 과정이 허구화된 형태로 무대 위에 펼쳐진다. 이때 쇠라는 먼저 공원에서 스케치를 그린 다음 화실로 돌아와 그것을 실물보다 더 큰 그림으로 옮기는 작업을 한다. 그러면서 그는 사람들을 새로 그려 넣고 여기저기에 배치한다. 그는 주위 환경을 정비하고(어느 지점에 나무 한 그루를 그렸다가 그것이 한 인물을 우스꽝스럽게 가리자 다시 지운다), 노래를 흥얼거리면서 등장인물들과 개 한 마리를 둘러보며, 그의 모델이자 연인인 도트Dot를 향한 연정을 뿜어낸다. 이 장면에서 음악과 가사, 그리고 그림을 그리는 쇠라의 동작이 한데 어우러져 아주 작은 점들dots(우연찮게도 그의 연인과 이름이 같은)을 사용하는 이 예술가의 혁명적인 점묘법 스타일을 묘사하고 있다.

현실 속의 예술가 쇠라는 점묘법을 사용해(파란색과 노란색을 나란히 배치해 녹색의 착각을 만들어내는 식으로) 색과 빛을 처리했는데, 여기서 우리는 이 놀라운 예술 기법의 작동 방식과 그렇게 혼합된 색들이 빚어내는 착시 효과(감소된 PI)를 동시에 확인하게 된다. 실물 자체였던 그림이 특정한 포즈를 취한 채 미동도 않는 배우들과 하나로 융합되는 순간, 관객은 마치 바로 눈앞의 무대 위에서 예술이 창조되는 과정을 목격한 것 같은 느낌을 받게 된다. 이처럼 훌륭한 연극은 관객의 PI를 자극하고 조작함으로써 배우와 관객의 관계를 심화시킨다. 이런 연극은 또 다른 실재의 착각을 실시간으로 만들어내며, 관객은 이 즐거운 일탈에 기꺼이 동참한다.

우리의 마음을 파고드는 대표적인 그림 중 하나는 에드바르 뭉크Edvard Munch가 1893년에 발표한 표현주의 회화의 걸작 「절규The Scream」이다.[15] 이 그림을 머릿속에 떠올리는 순간, 그림 전면에 있는 인물의 고통이 자연스럽게 전달되고 성별이 불분명한 그 인물 뒤로 소용돌이치는 색상들까지 기억나는 듯하다. 뭉크는 이 작품을 통해 강력한 착각을 만들어냈다. 그는 절규 소리를 난간 건너편의 소용돌이치는 물결로 '시각화'했다. 절규는 그림에 묘사된 인물을 거의 액체로 변화시킬 만큼 강력하다. 이 그림이 여러모로 감동을 주는 까닭은 한편으로 이것이 관찰자에게 불러일으키는 정서적 반응 때문이고, 다른 한편으로는 이 그림이 자서전적 사태를 묘사했다고 여겨지기 때문이다. 이 작품의 구상은 그림 배경에 보이는 두 사람이 떠나간 뒤 뭉크가 보인 폭발적 반응에서 비롯되었다고 한다. 뭉크가 의도했든 의도하지 않았든 간에, 이 작품은 우리의 마음을 효과적으로 왜곡함으로써 마치 그림에서 울려 퍼지는 소리가 주위 환경과 전면 인물의 모습을 일그러뜨릴 정도로 물리적 영향력을 가하는 것 같은 인상을 자아낸다. 그것은 매우 기초적인 수준에서 관찰자의 PI를 낮추는 효과를 낳는다.

또 다른 표현주의 화가인 빈센트 반 고흐Vincent van Gogh는 자신의 지각이 너무 생생해서 큰 고통을 겪었으며, 그것을 캔버스 위의 왜곡된 환상과 꿈으로 변환시켰다.[16] 그의 지각지능은 전혀 정상이 아니었다. 들판의 건초 더미는 그에게 그냥 건초 더미가 아니라 살아 숨 쉬는 물체로 해석되었다. 그가 건초 더미를 찬찬히 뜯어보며 그림으로 옮겼을 때, 그의 머릿속에 떠오른 건초 더미의 모습은 어쩌면 그의 그림과 정확히 일치했을 것이다.

고흐만큼 그 삶과 작품이(그리고 이 둘의 관계가) 다양한 분석의 대상이 된 화가도 드물다. 많은 사람이 주장한 것처럼 과연 그가 실제로 미확진 측두엽 간질, 납 중독, 양극성 장애, 우울증 또는 조현병에 시달렸는지는 결코 확실히 밝혀지지 않을 것이다. 그러나 그의 비정상적인 PI의 원인이 무엇이든, 우리는 그의 뇌가 그를 끊임없이 속였을 것이라고 추론할 수 있다. 왜냐하면 그는 자신의 착각을 강력하게 믿은 나머지 그것을 화폭에 담지 않을 수 없었기 때문이다.

과학에 눈이 멀다 : 착각으로 증명될 수 있는 착각

이 장에서 우리는 지금까지 마술, 질병의 지각, 꿈, 예술 등에 나타나는 다양한 착각 때문에 우리의 PI가 어떻게 왜곡될 수 있는지 살펴보았다. 이처럼 우리가 착각의 세계를 즐기는 '이유'에 관해 엄밀하고 객관적인 과학의 세계는 무엇이라고 말할까? 플라톤은 『파이돈Phaedo』에서 다음과 같이 썼다.[17]

'과연 인간의 시각과 청각은 확실한가? 아니면 정말로…… 우리는 어떤 것도 정확히 듣거나 보지 못하는 것인가?'

이에 대해 훗날 그는 이렇게 덧붙였다.

'눈과 귀와 다른 모든 감각을 통한 관찰은 완전히 기만적이다.'

의료 전문가인 나는 과학의 특정한 진실들을 결코 부정하지 않을 것이다. 눈이 빛을 어떻게 탐지하는지, 소리가 이도耳道를 통해 어떻게 전달되는지, 우리의 피부가 자극을 어떻게 느끼는지 등등에 관한 과학적 진실은 부정할 수 없을 것이다. 그러나 과학자들은 여전히 기존 과학에 도전장을 내미느라 여념이 없는데, 왜냐하면 아직도 설명되지 않은 것이 수없이 많을 뿐만 아니라 더 많은 데이터의 발견은 더 나은 치료법으로 이어질 수 있기 때문이다. 우리는 당연히 과학의 현 상태를 그대로 받아들여서는 안 되며, 우리의 과학적 이해를 향상시키기 위해 언제나 노력해야 할 것이다. 만약 내가 많은 동료 안과 전문의와 외과 의사의 신념에 도전해 홀컴 C3-R(미국 봅슬레이 국가대표이자 올림픽 금메달 수상자인 스티븐 홀컴의 이름을 따서 명명했다)이라는 비침습성 원추각막증 치료제를 개발하지 않았다면, 수천 명의 환자가 침습성의 고통스러운 각막 이식수술을 받아야 했을 것이다.*

착각은 우리 주변에 늘 존재한다. 그리고 우리의 지각지능이 얼마나 높은지는 우리가 착각을 실재로 받아들이느냐 그러지 않느냐에 달렸다. 밤늦게 홀로 칠흑같이 깜깜한 거실에 있으면, 옷걸이에 걸린 코트가 사람처럼 보이기 시작하지 않는가? 그럴 때 사람들은 흔히 자신이 보고 있는 것이 코트임이 틀림없다고 논리적으로 생각하면서도 결국은 전등을 켜서 자신의 PI가 속아 넘어가지 않았음을 확인하려 든다. 한 걸음 더 나아가보자. 만약 한밤중에 정전이 되었는데 양초나 손전등이 없다면, 그 코트가 무기를 든 도둑처럼 보이기 시작하지 않겠는가? 나아가 그날이 하필 핼러윈데이였고 당신이 그날 핼러윈 사탕을 너무 많이 먹었으며 밖에서는 천둥과 번개가 요란하다고 가정해보자.(당분 과다 섭취로 인한 고혈당 상태는 주의력과 기억을 방해하는 효과가 있는 것으로 알려져 있다 – 옮긴이) 그러면 십중팔구 당신의 PI가 갑자기 통제력을 상실해 그 코트가 무시무시한 귀신이나 괴물처럼 보일 것이다.

착각은 여러 수준에서 지각될 수 있으며 뇌의 해부학적 특성에 따라 다양한 양상을 띨 수 있다. 한 연구에서는 멀어져가는 기차선로에 두 개의 노란색 수평 막대가 놓여 있는 폰조Ponzo 착시도형을 사람들에게 보여주었다.[18] 이 도형을 만든 이탈리아 심리학자 마리오 폰조Mario Ponzo는 사

---

* 내가 원추각막증 환자들의 시력 회복을 위해 의학계의 권위자들에 맞서 어떻게 싸웠는지에 관해서는 나의 테드엑스TEDx 강연 유튜브(www.youtube.com/watch?v=7RUN9wK0uPA)를 참조하라. 또는 타이핑하기가 번거로우면, 유튜브에서 'boxer wachler tedx'를 검색하라.

람들이 물체의 배경을 근거로 물체의 크기를 판단한다고 주장했다. 연구자들은 고해상도의 fMRI(기능성 자기공명영상 functional magnetic resonance imagining) 기술을 사용해 피험자들이 이 도형을 보는 동안에 그들의 뇌를 촬영했다. 착각의 크기를 확인하기 위해 연구자들은 아래 막대가 위 막대와 같은 크기로 보이려면 얼마나 더 커야 하겠냐고 피험자들에게 물었다. 이때 모든 피험자는 위 막대가 아래 막대보다 더 크다고 지각했지만, 착시 효과의 정도는 개인에 따라 상당히 달랐다. 그리고 그런 차이는 뇌 뒤쪽에 있는 1차 시각피질의 표면 부위와 관련된 것으로 확인되었다. 즉 연구 결과 피험자의 1차 시각피질이 작을수록 착각을 더 강력하게 경험했다. 이처럼 1차 시각피질은 착각의 정도에 영향을 미치지만, 그 착각이 실재인지를 판단하는 과정에서 영향을 받는 것은 그 사람의 PI이다.

내가 UCLA 신입생 시절에 심리학 개론 수업에서 들은 한 연구에서는 대학생들에게 위아래가 뒤집혀 보이는 프리즘 안경을 착용토록 했는데, 그것은 지각의 순응성을 잘 보여주는 연구이다. 지각은 근육처럼 훈련될 수 있으며, 특히 이를 통해 지각의 혼란을 피할 수 있다. 대학생들은 며칠 동안 깨어 있을 때는 언제나 이 안경을 끼고 있어야 했다. 이 특수 프리즘 안경은 피험자들의 시각과 지각을 엉망진창으로 만들었다. 세상의 모든 것이 거꾸로 보이는 상황에서 운전을 하면 어떻게 될지 상상해보라.[19] 그런데 안경을 착용하고 1주일이 지나자 피험자들의 시각이 순응해서 세계가 다시 정상으로 보이기 시작했다. 오히려 그들은 안경을 벗었을 때, 시각의 재순응이 일어나기까지 잠시 동안 다시 갈피를 잡지 못했다. 이것은 뇌가 근육과 비슷하게 작동하며 (아주 새로운 착각을 만들어냄으로써) 이미 알려진 착각을 수정하는 능력이 있음을 보여주는 강력한 과학적 증거이다.

빙 휴먼 2012 학술대회에서 발표한 신경과학자이자 예술가인 보 로토Beau Lotto는 다음과 같이 결론지었다.[20]

"착각이 아예 존재하지 않거나, 아니면 모든 것이 착각입니다. 그리고 우리 모두가 망상적 성향을 꽤 가지고 있다는 점을 고려할 때, 당신 역시 당신의 망상을 선택할 것입니다."

이 말은 이 장에서 지금까지 살펴본 유형의 착각에 잘 적용될 것이다. 그러나 다음 장에서 우리는 지각지능이 우리의 궁극적 착각인 죽음 자체에 직면할 때도 예외가 아니라는 사실을 보게 될 것이다.

제4장

유체 이탈 또는 땅속에서

PI와 죽음의 경험

'나는 내세를 믿지 않지만, 그래도 갈아입을 속옷은 챙길 것이다.'[1]

이것은 우디 앨런Woody Allen의 익살스러운 단편소설 「헬름홀츠와의 대화Conversations with Helmholtz」에 등장하는 주인공이 재치 있게 내뱉은 말이다.

우리의 모든 과학적 연구와 탐구에도 불구하고 우리는 사후에 무엇이 있는지에 관해, 특히 무엇이 있기는 한 것인지에 관해 아무것도 모른다. 오늘날까지도 생의 저편에 무엇이 있는지에 관해 구체적인 어떤 것을 과학적으로 증명한 사람은 아무도 없다. 제1장에서 언급한 것처럼 우리는 뇌의 온갖 복잡한 관계에 관해 겉핥기식으로 알고 있을 뿐이다. 우리의 그런 지적 공백에 거의 수천억을 곱하면, 죽음과 내세에 관해 우리가 얼마나 알고 있는지 짐작할 수 있을 것이다.

이렇게 증거도 없는 상황에서 어떻게 우리는 무엇이 실재이고 무엇이 환상인지를 100퍼센트 확신할 수 있으며, 그리하여 PI 스펙트럼의 어느 쪽 끝에 우리가 있는지를 알 수 있겠는가? 신앙심이 강한 사람들을 포함해 많은 과학자와 철학자는 내세나 영혼의 존재 가능성을 부정하지 않을 것이다. 신도에게는 굳이 죽은 사람이 다시 돌아와 '천국의 문' 도장이 찍힌 여권을 보여줄 필요도 없을 것이다. 내세의 존재를 믿으면서 그에 관해 적극적으로 의견을 개진한 의사로는 『삶 이후의 삶 Life after Life』의 저자 레이몬드 무디 Raymond Moody,[2] 『신은 뇌 속에 갇히지 않는다 The Spiritual Brain』의 공저자 마리오 뷰리가드 Mario Beauregard,[3] 『천국에서 돌아오다 To Heaven and Back』의 저자 메리 닐 Mary Neal,[4] 『내세의 증거 Evidence of the Afterlife』의 저자 제프리 롱 Jeffrey Long 등이 있다.[5] 롱 박사는 4,000개 이상의 임사체험 NDE 사례를 수집해 웹사이트에 공개한 임사체험연구재단 Near Death Experience Research Foundation, NDERF의 설립자이기도 하다.[6] 그런데 과연 우리가 아는 식의 과학에 근거하지 않은 이들의 주장이 옳다고 할 수 있을까? 또는 뭔가 과학과 신앙의 공모 관계가 작용하고 있는 것은 아닐까?

　의사가 '영혼'의 존재를 믿는다고 해서, 그런 믿음이 내세에 관한 그의 온갖 이야기의 진실성을 보장하는가? 그렇기도 하고 그렇지 않기도 하다. 어쩌면 영혼과 내세가 실제로 존재할지도 모른다. (이 장이 진행되면서 드러나겠지만, 나는 개인적인 이유로 유체 이탈 체험의 진실성을 믿는다.) 그러나 내세에 대한 어떠한 증거도 존재하지 않는다는 사실에는 변함이 없다. 우리는 그저 실재와 환상을 구별하는 능력을 타고난 PI를 바탕으로 논리적으로 이해하기 어려운 죽음에 관한 개념들을 비교 평가하고 상상하면서 무無의 대안에서 의미와 위안을 찾으려 할 뿐이다. 이와 관련해 PI가 낮은 사람은 저편에 있는 것의 '사전 체험'처럼 느껴지는 것으로 이 공백을 메우는데, 그것이 바로 우리의 호기심을 끊임없이 자극하고 우리를 혼란스럽게 만들기도 하면서 늘 우리 곁에서 맴도는 임사체험과 유체 이탈 체험의 영역이다.

터널 끝의 불빛

임사 체험에 관한 통계자료는 1992년의 갤럽 여론조사까지 거슬러 올라가는데, 이 조사에서 1,300만 명의 미국인은 내세를 사전 체험한 적이 있다고 응답했다.[7] 이 수치는 오늘날 상당히 더 높은데, 과학의 발전과 예전에는 불가능하다고 여겼던 방식으로 생명을 구하는 모든 의사의 활약을 고려할 때 놀라운 일이 아닐 수 없다. 임사 체험을 한 사람의 수가 많다는 점에서, 당신은 임사 체험을 한 누군가를 알고 있거나 당신 자신이 임사 체험을 했을 확률이 높다. 내세에 관한 이런 높은 관심은 인간 의식에 관한 새로운 견해들을 낳았으며, 저명한 신경과학자이자 무신론자인 샘 해리스는 의식이 뇌 밖에서 존재할지 모른다는 가설을 제기하기도 했다.[8] 임사 체험에 관한 특이한 이야기는 무수히 많지만, 가장 흔히 반복해서 보고되는 시나리오에는 다음과 같은 것들이 있다.

- 눈부신 불빛을 보았다(많은 경우 어떤 터널에 들어가서).
- '나의 지난 삶이 눈앞에서 쏜살같이 지나가면서' 재생되는 것을 보았다.
- 오래전에 사망한 친척이 나를 찾아왔다(예컨대 할아버지를 보았다).
- 천국에 들어가 정원 같은 아름다운 장소를 거닐었다.
- 신을 만났다(보통 미켈란젤로의 시스티나 성당 천장화에 있는 것과 비슷한 백발의 모습을 한).
- 유체 이탈 체험을 했다(이 장의 뒤편을 참조하라).

몇몇 임사 체험 이야기는 상당한 대중적 관심을 끌었다. 콜튼 버포Colton Burpo라는 네 살 난 아이는 응급 맹장 수술을 받다가 약 3분 동안 사망했다고 한다.[9] 그러다 기적적으로 다시 살아난 아이는 수술을 받는 동안 부모가 한 행동에 관해, 그리고 어머니의 자궁 속에서 사망하는 바람에 그가 알지도 못했던 이름 없는 누나를 껴안은 일에 관해 이야기했다. 나아가 그가 방문한 천국의 모습을 자세히 묘사했는데, 그것은 그가 들은 적도 없고 그 나이에 직접 읽을 수도 없는 성서의 구절과 흡사했다. 콜튼의 아버지는 아들의 경험에 관해 『3분 Heaven Is for Real』이라는 책을 썼는데, 수백만 부가 팔렸으며 영화로도 만들어졌다.

더 깜짝 놀랄 만한 이야기는 하버드 의대 출신의 신경외과 의사 이븐 알렉산더 Eben Alexander가 뉴욕 타임스 베스트셀러 『나는 천국을 보았다 Proof of Heaven』에서 밝힌 것이다.[10] 뇌에 대장균이 침투해 7일 동안 혼수상태에 빠졌던 알렉산더 박사는 갑자기 치료할 필요도 없을 정도로 멀쩡하게 깨어났다. 그는 기적적으로 완전히 회복되었을 뿐만 아니라 혼수상태일 때 신성한 힘에 의해 천국을 여행했다고 주장했다. 알렉산더 박사처럼 학식과 명망 있는 사람이 자신의 임사 체험이 '사실'이라고 주장할 뿐만 아니라 자신의 이야기를 책으로 펴내 임사 체험의 복음을 전파하는 십자군 운동에 나섰을 때 의학계의 반발이 어떠했을지 상상해보라.

그 밖에도 알렉산더 박사처럼 저명하고 신뢰할 만한 사람들 중에 자신이 겪은 이야기를 전파하고 그 진실성을 다른 사람들에게 설득하려고 애쓰는 사람이 많다. 그중 몇몇은 새로운 목적의식을 가지고 돌아왔으며, 몇몇은 완수해야 할 많은 임무를 떠안은 채 돌아왔다. 어쨌든 나는 그들이 자신의 임사 체험을 실재라고 확신했으며 그런 경험에 이끌려 논란이 많은 행보를 하게 되었다는 점을 믿어 의심치 않는다. 나는 임사 체험과 유체 이탈 체험의 개념을 믿는 입장이지만, 또한 논리와 과학이 그런 경험을 더 잘 이해하는 데 기여할 것이라고 생각한다. 나는 우리가 진화라는 사실과 나란히 신과 영혼의 관념을 받아들이는 것처럼 언젠가는 불가해한 현상과 과학의 접점을 찾을 것이라고 확신한다. 그동안은 우리가 가장 연약하고 위태로운 순간에 지각지능이 하는 역할과 죽음의 주관적 측면에 결부된 몇몇 과학적 지식에 만족할 수밖에 없다.

나는 아직 죽지 않았다

사람들이 생명의 세계를 떠났다가 다시 돌아와 그에 관해 이야기할 때, 그들에게는 무슨 일이 일어난 것일까? 우리가 서둘러 죽음의 계곡을 지나 임사 체험 중에 무슨 일이 일어났으며, 그것이 PI와 무슨 관계가 있는지 살펴보기 전에 던져야 할 결정적으로 중요한 물음이 있다. 그것은 바로 사망 시점이 정확히 언제인가 하는 것이다.

환자가 더 이상 숨을 쉬지 않고 심장 박동이 멈추었을 때, 환자가 임상적으로, 그리고 공식적으로 사망했다고 선언하는 것은 의사의 임무이다.[11] 그런데 법적으로 기록되는 이 '사망 기록 시각'은 주관적일 수밖에 없다. 왜냐하면 의사에 따라 몇 초나 몇 분 일찍, 또는 늦게(또는 전혀 엉뚱하게) 선언할 수 있기 때문이다. 그런데 과연 심장과 허파가 생명을 결정하는 모든 것이자 궁극적인 기준일까? 몸 안의 모든 혈류가 멈춘 뒤에도 뇌 활동이 최대 30초 동안 계속된다는 것은 확실한 의학적 사실이다. 그렇다면 뇌 안의 시냅스 사이에 신호가 오가는 사람은 아직 살아 있는 것인가?

2013년 미시간 대학에서 수행한 연구에서는 쥐의 심장 박동이 멈춘 뒤에도 고도로 동기화된 뇌 활동이 30초 동안 일어난다는 사실이 밝혀졌다.[12] 그 시간 동안 쥐의 뇌에서는 의식과 시각 활성화를 시사하는 신호가 발생했다. 연구 결과는 두 가지 의문을 제기한다. 과연 이 동물은 살아 있는가? 그리고 이 동물은 정상 스펙트럼 너머에 있는 무언가를 지각하고 있는가? 의식과 신경의 연관성을 입증하는 최근의 신경과학적 연구를 고려할 때, 많은 사람들은 막이 내리기 전의 마지막 인사처럼 이 마지막 전기신호가 뉴런의 무작위 발화에 불과하다고 주장할 것이다.

2015년 미시간 대학에서 쥐를 대상으로 수행한 또 다른 연구에서 연구자들은 깜짝 놀랄 만한 결론에 도달했다.[13] 즉 심장마비 상황에서 때로는 뇌에서 전달된 신호가 심장을 멈추도록 해 '죽음을 가속화'한다는 것이다. 이 새로운 이론에 따르면 외과의가 심장 수술을 하면서 이 정지신호가 심장에 전달되지 않도록 뇌 활동을 '차단'하면 심장마비 환자의 생명을 구할 수도 있다는 것이다.

이것은 생명체에 자기 파괴 시스템이 숨어 있음을 시사하는데, 도대체 왜 이런 것이 있을까? 어쩌면 뇌에 기계의 점멸 스위치처럼 죽기 아니면 살기 식의 출구 전략이 있는 것인지 모른다. 즉 다른 탈출구가 보이지 않는 상황에서 극복할 수 없는 고통을 회피하기 위해 재빨리 패배를 인정함으로써 일종의 자기방어용 자비를 베풀도록 프로그래밍된 것일지 모른다. 이것은 마치 스위치가 일단 내려가면 뇌가 심장정지를 원하는 것과도 같다.

이제 우리는 빙 돌아 다시 임사 체험의 문제로 돌아왔다. 심장마비 생존자 중 20퍼센트는 임상사clinical death 동안에 시각 또는 다른 지각을 경험했다고 말한다. 치명적인 공격이 지각된 상황에서 뇌가 신체에 자기 파괴의 신호를 보낼 경우, 뇌는 두 가지 방어 전술 중 하나를 구사할 것이라는 가설을 세워볼 수 있다. 즉 뇌는 처리 또는 수용할 수 없는 것(죽음)을 해석하려고 애쓰거나, 아니면 사태를 그대로 인정하고 죽어가는 사람에게 마취 또는 주의 분산의 효과를 낳는 위안이 되는 상상을 제공하려 할 것이다. 이 두 번째 경우에 뇌는 우리의 PI가 높든 낮든 상관없이 자연의 섭리에 몸을 맡기고 평화를 찾으라고 달래기 위해 단편영화를 상영하는 것과도 같다.

그런가 하면 뇌의 이런 최종 전기 자극은 다른 방식으로 설명되기도 한다.[14] 몇몇 과학자는 피에 너무 많은 이산화탄소가 있다는 점을 지적한다. 켄터키 대학에서 최근에 수행한 연구 결과에 따르면 임사 체험은 급속 안구 운동rapid eye movement, REM 침입의 사례로 간주될 수 있다. 그런 장애 상태에서는 정신이 신체보다 일찍 깨어나 환각이 야기될 수 있다. 심장마비는 뇌간에 REM 침입을 촉발할 수 있는데, 신체의 가장 기초적인 기능을 통제하는 이 부위는 더 고등한 뇌 부위가 작동을 멈춘 직후에도 계속 작동할 수 있다. 이렇게 볼 때 PI가 낮은 상태에서 나타나는 임사 체험은 우리의 마음이 내세의 어떤 것으로 해석하는 단편영화(또는 꿈)라고 할 수 있다.

지각의 작동

2015년 죽어가는 쥐를 대상으로 한 미시간 대학의 연구가 임사 체험과 관련된 더 포괄적인 결론으로 이어질지는 좀 더 두고 볼 일이다. 뇌와 심장의 연결을 차단하면(점멸 스위치가 내려가지 않게 하면) 심장마비로 인한 죽음을 방지할 수 있을까? 그런 상태인 사람의 뇌 활동을 차단하면 죽다가 살아난 사람이 더 이상 임사 체험을 하지 않을까?

회의론자라면 이 두 물음에 대해 모두 그렇다고 답변할 것이다. 임사 체험은 연령, 종교와 신념, 인종과 민족 등에 상관없이 일어나는 것으로 알려졌다. 그러나 자신의 문화적 배경, 신념, 준거틀 등과 무관한 환상을 본 사례는 지극히 드물다. 이것은 임사 체험이 사실이라는 가정에 반대되는 한 가지 근거이다. 정신과 의사이자 큰 영향력을 발휘한 『죽음과 죽어감On Death and Dying』과 『상실 수업On Grief and Grieving』의 저자인 엘리자베스 퀴블러 로스Elisabeth Kübler-Ross는 나중에 임사 체험을 한 2만 명을 접촉한 후에 이를 바탕으로 에세이집을 발표했는데, 거기서 그녀는 죽음 후의 지각에 미치는 문화의 효과를 인정했다.[15]

'나는 최후의 순간에 성모 마리아를 본 개신교 아이를 한 번도 만난 적이 없지만, 그녀(성모 마리아)를 지각한 가톨릭 아이는 많이 보았다.'

어떻게 사람들이 경험하는 종교적 암시가 이렇게 크게 다를 수 있을까? 잠재적 입회자마다 맞춤형으로 별도의 천국이라도 있는 것일까(그래서 이것을 아마존에서 사전 주문이라도 할 수 있는 것일까)? 아니면 사람들이 현세에서 지니는 신념체계에 맞지 않는 환상은 받아들이지 않거나 고백하지 않으려 하는 것일까? 우리의 마음은 우리가 받아들이기로 작정한 '세계관'(높은 PI)뿐 아니라 우리가 받아들이기로 작정한 '내세관'(낮은 PI)에도 영향을 미친다. 우리에게 더 많은 과학적 지식이 생기기 전까지는, 내세에 여러 종교가 공존한다는 견해나 임사 체험을 통해 접수되는 메시지가 우리의 마음에서 우리가 받아들이기에 가장 적합한 형태로 가공된다는 사실을 완전히 반박할 수는 없을 것이다. 이렇게 볼 때 임사 체험의 진실성이 과학적으로 확실하게 반박되지 않는 한 PI가 낮은 사람(신봉자)이든 높은 사람(회의론자)이든 그것은 그리 중요치 않을 것이다.

만약 더없이 행복한 천국이 저편에 있다고 모든 사람이 맹목적으로 믿는다면, 그로 인해 얼마나 큰 피해가 야기될지를 가늠하기란 결코 쉽지 않다. 그럴 경우 자살이 크게 증가할까? 솔직히 말해서, 당신의 삶이 고통으로 가득 차 있고 천국이 미켈란젤로의 그림에 묘사된 것과 비슷하다는 사실이 과학적으로 증명된다면 자살이 꽤 좋은 선택처럼 보일 수도 있다. 그러나 나는 그러지 말라고 조언하고 싶다. 그러기에는 삶이 너무 소중하기 때문이다.

주목할 만한 예외가 없지는 않지만, 사람들의 임사 체험 보고에는 대개 천벌이 등장하지 않는다. 그러나 이것은 임사 체험을 보고하는 사람들이 대개 선하고 사회적으로도 괜찮은 지위에 있기 때문일지 모른다. 만약 살인자나 강간범의 임사 체험 이야기를 들을 수 있다면, 매우 흥미로울 것이다. 그런 사람들에게 내세는 덜 황홀해 보일까?

나처럼 임사 체험이 실재한다고 믿는 신봉자라면 뇌가 차단되어 임사 체험이 방지될 경우에 일어나는 일을 다르게 해석할 수도 있다. 즉 영혼이 그 시간 동안에 삶의 저편을 여행하더라도, 그 환상을 처리하는 마음의 부분이 제대로 작동하지 못해서 그 경험의 재생에 실패하는 것일 수도 있다. 우리의 마음은 최후의 막이 내릴 때 불가해한 현상을 설명하기 위해, 그리고(혹은) 계시적이진 않더라도 평화로운 영상을 익숙한 이미지들로 제공하기 위해 뇌 신호를 필요로 한다. 우리가 '현세와 내세 사이에' 있을 때, 우리의 마음은 알 수 없는 방식으로 여전히 작동하면서 우리에게 위안을 제공하고 우리가 이해하지 못하는(또는 이해하길 원치 않는) 감각과 지각을 설명하는 데 도움이 되는 이미지, 관념, 인물, 이야기 등을 계속 탐색할 것이다.

무의식중의 의식

이 장에서 지금까지 제시된 가설로는 아직 임사 체험 동안에 불가능해 보이는 것을 보거나 알게 되었다고 보고하는 사람들의 이야기를 설명할 수 없다. 예컨대 어린 콜튼 버포는 저 세계에서 누나와 함께 있었다고 말했는데, 그 누나는 어머니의 자궁 속에서 사망했기 때문에 콜튼으로서는 그런 누나가 있었다는 사실조차 알 도리가 없었다. 그런가 하면 임사 체험 동안에 자신이 입양된 사실을 알게 되거나 한 번도 본 적이 없는 친척을 만났다면서 그 사람의 개인적인 특성을 정확하게 묘사한 경우도 있다. 그런 진기한 상황에서 PI는 어떤 역할을 할까?

비밀의 열쇠는 우리의 의식에 놓여 있다. 의식은 과학자들 사이에서 뜨거운 논란의 대상이 되는 문제이기도 하다. 최근의 신경과학 연구에 따르면 의식은 과학적 탐구의 영역 너머에 존재하는 듯하다. 우리가 무의식 상태일 때도 뇌는 계속 작동하면서 애매모호한 경험들을 해석한다. 뇌가 그런 순간에도 여전히 활동한다는 사실을 부정할 사람은 없을 것이다. 이 회색 물질을 바탕으로 우리는 자신에게 익숙하고 일관된 것이 발견될 때까지 마음속 깊은 곳에 있는 점들을 서로 연결한다. 마음속의 소리나 이미지가 마음속 깊은 곳에 파묻혀 있는 기억에 기초하든, 아니면 상상에 기초하든 그것들은 모두 우리에게 익숙한 것에 의존한다. 우리에게 익숙한 것이란 우리가 알거나, 적어도 참으로 받아들이도록 조건형성이 되어 있는 것이다. 예컨대 콜튼 버포 같은 아이들은 자신이 받은 종교적 가정교육과 주일학교 경험의 프리즘을 통해 임사 체험을 할 것이다. 사망한 아기 누나에 관해 가족들이 이야기하는 것을 콜튼이 우연히(의식중에 또는 무의식중에) 들었는지 또는 행간의 의미를 직감했는지를 확인할 방도는 없다.

버포의 가족은 아들이 기적적으로 살아난 상황에서 기적을 받아들일 자세가 되어 있었을 것이라고 추측해볼 수도 있다. 어쩌면 그들의 PI는 이름도 없는 누나를 만났다는 아들의 주장을 기꺼이 받아들일 준비가 되어 있었을 것이다. 왜냐하면 그들은 딸이 더 행복한 저편으로 가서 계속 자랐을 것이라고 믿고 싶었을 것이기 때문이다. 저세상에서 죽은 딸을 만나 함께 살면서 이름도 지어주는 것이 그들의 가장 큰 소망이었을 것이다. 어찌 보면 당연한 그런 소망을 전제할 때, 가족들이 아들 앞에서 자신들도 모르게 성서에 나오는 천국의 모습을 묘사하면서 미묘한 힌트를 주었을 가능성은 충분하다.

그렇다고 내가 버포 가족의, 또는 임사 체험을 보고한 다른 누구의 거짓을 '폭로'하려는 것은 아니다. 나는 콜튼의 경험에 대한 그와 그의 가족의 믿음을 부정하지 않는다. 다만 내가 말하고자 하는 것은 무의식중에도 어느 정도 의식이 남아 있어서, 그것을 바탕으로 익숙한 이미지, 경험, 배경지식 등의 영향 아래 무언가를 보고 이해하고 조각들을 조립한다는 것이다. 우리의 마음은 '저편'에서 읽어들인 것도 우리가 이해할 수 있는 방식으로 처리해 전달해야 한다. 임사 체험의 생존자와 같은 사람들은 이런 이야기를 기꺼이 받아들인다는 점에서 낮은 PI를 지니고 있다고 말할 수 있다. 그러나 이것은 그 자체로 긍정적이거나 부정적인 것이 아니다. 그들의 믿음을 뒷받침하는 사건이 있으며, 이것을 반증할 수 있는 방법은 존재하지 않기 때문이다.

유명 인사의 임사 체험

유명 인사도 바이러스 또는 임사 체험의 영향에서 자유롭지 않다.[16] 흥미롭게도 많은 유명 인사는 현세에서 자신이 보이는 별난 행동에 대해서는 대중의 관심을 갈구하는 반면, 임사 체험에 대해서는 미치광이나 약물중독자 취급을 받을까봐 염려해서인지 널리 알려지는 것을 매우 꺼리는 경향이 있다. 인터뷰에서 관련 질문을 받았을 때 유명 인사가 흔히 하는 이야기는 주제 측면에서 다른 사람들의 이야기와 크게 다르지 않다. 즉 그들도 저세상에서 눈부신 불빛, 터널, 죽은 친척 등을 보았다고 말한다. 또한 생명의 땅으로 돌아가라는 명령을 받았다고 말하며, 많은 경우에는 완수해야 할 필생의 사명을(예컨대 인권 운동의 사명 같은 것을) 새롭게 발견하고, 약물을 끊거나 종교에 귀의하는 등 인생의 대전환을 맞이하기도 한다. 임사 체험을 했다고 주장하는(그리고 이 글을 쓸 때까지도 살아 있었던) 유명 인사로는 토니 베넷Tony Bennett, 도널드 서덜랜드Donald Sutherland, 오지 오스본Ozzy Osbourne, 샤론 스톤Sharon Stone, 체비 체이스Chevy Chase, 게리 부시Gary Busey 등이 있다. 빌 클린턴Bill Clinton 전 대통령도 수술 도중 심장이 73분간 멈추었을 때 임사 체험을 했다고 말했는데, 그의 경험은 대다수 사람들의 경우보다 조금 더 어두웠다.

'나는 검은 가면 같은 것이 충돌해서, 죽음의 가면 같은 것이 연달아 부서지는 것을 보았다. 그다음에는 커다란 원형 불빛들을 보았고, 그다음에는 힐러리Hillary의 사진 또는 첼시Chelsea의 얼굴 같은 것이 빛 속에서 나타났다가 어둠 속으로 날아가는 것을 보았다.'[17]

지각지능에서 '지능'이라는 단어를 강조하는 것이 결정적으로 중요한 까닭도 바로 이 때문이다. 무의식적 마음이 잠재의식적 메시지를 해독해 다른 사람도 믿을 수 있을 만큼 일관되고 정확한 실생활의 재현으로 변환하는 것은 결코 하찮은 재주가 아니다. 임사 체험이 더 많이 공유될수록 그것은 우리의 마음속 깊이 파고들어 아주 한참 뒤에 우리가 어쩔 수 없이 죽음과 접촉하게 되는 운명의 그날까지 잠재적인 수수께끼 조각들로 남아 있을 것이다.

떠다니기 : 유체 이탈 체험

몇몇 보고에 따르면 유체 이탈 체험OBE은 환자가 몇 분간 사망 상태에 있다는 점에서 임사 체험과 비슷하다. 그러나 유체 이탈 체험의 경우 임상적으로 아직 살아 있는 동안에도 일어날 수 있다는 점에서 임사 체험과 다르다. 사람들은 임사 체험 동안뿐 아니라 수술, 수면 또는 혼수상태 중에도 자신의 신체를 떠나는 체험을 했다고 말한다. 어떤 식으로든 누워 있지 않은 상태에서 유체 이탈 체험을 했다고 보고하는 경우는 매우 드물다. 가장 흔한 유체 이탈 체험은 자신이 무의식, 수면 또는 사망 상태에서 몸을 벗어나 공중으로 붕 뜬 다음에 마치 자신과 분리된 듯한 신체를 내려다보는 것이다. 때로는 자신의 활기 없는 몸뚱이 외에 침대 주변에 있는 사람들을 보기도 한다.

네덜란드에서 벌어졌던 유명한 일인데, 간호사가 심장마비 환자의 틀니를 제거했다.[18] 그런데 잠시 뒤 인공소생술을 받은 환자가 다시 깨어났을 때, 간호사는 틀니를 찾을 수 없었다. 그러자 환자가 간호사에게 틀니가 어디에 있는지 알려주었다. 물론 틀니를 제거할 때 환자는 임상적으로 사망 상태였다. 이것은 설명하기 힘든 사례에 해당한다.

우리는 이런 현상을 임사 체험과 어떻게 비교할 수 있을까? 이제 오랫동안 미뤄두었던 나의 유체 이탈 체험을 이야기할 때가 되었다. 이것은 무슨 종교나 초자연적인 헛소리를 늘어놓기 위한 것이 아니라 당신이

나 당신이 아는 누군가가 유체 이탈 체험을 하더라도 당신이나 그 사람이 미친 것이 아니라는 사실을 보여주기 위한 것이다. 또한 이것은 내가 이처럼 엄청나게 강렬하면서도 실재처럼 느껴진 순간에도 내 지각지능이 제대로 작동 중이었다고 믿는 이유와 관련되어 있다.

1989년, 내가 스코틀랜드의 에든버러 대학에 다니고 있을 때였다. 그 당시 나는 대학 조정팀에 가입해 영국의 강과 호수를 오르내리는 강도 높은 예비 훈련을 받았다. 훈련 결과로 안정 상태에서 나의 심장 박동 수는 분당 약 31회였는데, 어찌 보면 너무 낮은 것이었다. 그런데 어느 날 밤 기숙사 방에서 잠을 자던 나는 문득 깨어나 천장으로 붕 떠오르더니 자고 있는 내 몸을 내려다보는 것 같은 느낌이 들었다. 이때 둘 중 하나를 선택해야 한다는 생각이 강력하게 밀려들었다. 즉 나는 내 몸을 떠나 더 멀리 이동할 수 있을 것 같았고, 나는 그것이 나의 죽음을 의미하는 것이라고 해석했다. 아니면 나는 다시 내 몸으로 들어가 계속 살 수 있을 것 같았다. 이어서 나는 내게 아직 할 일이 많이 남아 있다고 생각했고, 그래서 나는 자고 있는 내 몸 안으로 다시 들어갔다. 그날 저녁 이후로 그때의 느낌은 마치 방금 일어난 것처럼 생생하게 기억되었다. 그 경험은 분명한 실재처럼 느껴졌으며, 이전에 또는 그 후로 내가 꾼 어느 꿈과도 달랐다.

당신이 구글에서 내 의사 자격증을 검색하기 전에, 나는 당신에게 내 자격증이 진짜이며 인터넷에서 불법 구매한 것이 아니라는 사실을 보증할 수 있다. 나는 미치거나 망상에 사로잡히지 않았으며, 그날 저녁에 약물을 복용하지도 않았다. 그러나 유체 이탈 체험을 했다고 증언하는 각계각층의 수많은 사람들처럼 나도 무언가 특별한 것을 경험했다고 확신하며, 어떤 의미에서는 실제로 그러했다.

2014년 초에 오타와 대학의 연구자들은 마음만 먹으면 아무 때나 유체 이탈 체험을, 또는 보고서에서 표현한 것처럼 체외 경험extra-corporeal experience, ECE을 할 수 있다고 주장하는 자발적인 피험자를 대상으로 연구를 수행했다.[19] 〈인간 신경과학 프런티어Frontiers in Human Neuroscience〉에 실린 이 연구 결과에 따르면 24세의 여성(피험자)이 수면 상태에서 시각피질의 작동이 멈추었다고 한다. 그런 가운데 그녀의 뇌에서 운동감각적 상상kinesthetic imagery(이에 대한 논의는 아래 참조)이 놀라운 속도로 산출되었으며, 그 시간 동안에 그녀는 '머리가 바다 파도에 휩쓸려 까닥거리듯이 위아래로 움직이면서 위아래로 움직이는 발과 함께 흔들리는 자신의 몸을 위에서 바라보는' 것 같은 느낌을 받았다. '가장 강렬했던' 또 다른 체외 경험에서는 '피험자가 수평축을 따라 빠르게 회전하는 자신의 몸을 위에서 지켜보았다'.

보지 못하는 사람도 장님이 아닐 수 있다

『심리학 사전Psychology Dictionary』에 따르면 운동감각적 상상은 '운동하는 느낌의 인지적 재창조'이다.[20] 위 연구의 여성처럼 시각피질이 작동을 멈추거나 손상된 경우, 명백한 시지각 불능과 함께 다른 지각의 특이한 증가가 발생한다. '맹시blindsight'라고도 불리는 이런 현상은 전통적 의미의 시력 없이도 상당한 정도로 시각적 느낌을 갖고 있는 사람들에게서 관찰되는데,[21] 어쩌면 모든 유체 이탈 체험의 배후에 있는 것도 바로 이와 같은 현상일 것이다.

맹시는 드물지 않게 나타나는 것으로 알려졌는데, 어린 시절 사고로 시력을 잃었지만 그 때문에 다른 모든 감각이 발달한 눈먼 변호사이자 슈퍼히어로인 데어데블Daredevil의 이야기나 다른 만화에 한눈을 파는 대신에 여기서는 맹시의 실제 현상에 초점을 맞추도록 하자. 의식에 관한 글을 많이 쓴 노스웨스턴 대학의 심리학 교수인 켄 팔러Ken Paller 박사의 주장에 따르면 시각피질이 손상된 사람도 '여전히 시상이나 상구superior colliculus 같은 뇌 구조물에서 오는 투사를 통해 시각 입력을 받을 수 있으며, 그런 신경망이 자각 없이 발생하는 몇몇 보존된 시각 능력을 중계할 수 있다'.[22]

따라서 맹시는 충격적인 뇌 손상으로 인해 시야에 빈틈이 있는 사람들에게서 흔히 관찰된다. 그런 사람들은 시야의 눈먼 영역에 제시되는 물체의 정체를 파악할 수 있는데, 이때 그것을 '본다'는 의식적 자각은 없다. 여기서 한 걸음 더 나아가, 시각 결손이 있는 사람이 보지도 못하고 예상할 수도 없는 장애물 주변을 걸어갈 때는 어떻게 될까?

의학계에 'TN 환자'라고 알려진 한 남자는 이런 재주를 가지고 있었다.[23] TN은 의식적 시각의 형성에 관여하는 시각 정보를 처리하는 뇌 부위인 1차 시각피질이 손상된 환자였다. 심각한 부상으로 인해 뇌의 좌반구와 우반구에 있는 1차 시각피질이 모두 작동하지 않았는데, 이런 질환은 피질맹cortical blindness이라고 불린다. TN의 시력검사 결과는 0점이었다. 그의 두 눈은 완전히 정상이었지만, 눈앞에서 움직이는 커다란 물체를 탐지하지 못했다. 연구자들은 TN이 늘 지니고 다니는 흰색 지팡이 없이 앞으로 걸어가보라고 요청한 다음 그가 어떻게 반응하는지 살펴보고자 했다. 처음에 TN은 망설였지만, 연구자들이 설득하자 한번 해보기로 했다. 어쨌든 크게 잘못될 일은 없지 않은가? 그러나 TN은 자신이 걸어갈 복도에 실험실 장비가 여기저기 흩어져 있다는 사실을 알지 못했다. 머리를 숙이고 보조자의 손을 살짝 잡은 상태에서 그는 카메라용 삼각대와 쓰레기통 사이를 천천히, 그러나 교묘하게 피하면서 어지럽게 흩어져 있는 작은 물건들 사이로 걸어갔다. 그는 사물을 볼 수 없었지만 완벽하게 장애물을 피해 갔다. 이런 맹시 현상을 관찰한 연구자들은 시각의 몇몇 측면이 따로따로 처리될 뿐만 아니라 시각이 자각과는 별개라는 주장을 내놓았다. 다시 말해 '보는 것'과 '아는 것'은 완전히 다른 기능일 수 있다는 것이다.

앞의 몇 개 장에서 우리는 감각에 기록되는 것을 설명할 수 없을 때 세계를 해석하기 위해 우리의 마음이 어떤 통찰과 단서를 제공하는지 살펴보았다. 우리의 추정이 비합리적이거나 비과학적일 때, 우리는 PI 스펙트럼의 낮은 쪽 끝에 위치한다. 반면에 의문을 제기하고 답을 찾지만 결국 할 수 없이 '모른다'고 인정할 때, 우리는 높은 PI 쪽으로 기운다. 미지의 것을 맹목적으로 받아들이는 것은 종종 불합리로 이어지는 반면에, 높은 PI는 그것을 곧바로 알아차린다.

다음 장에서 우리는 우쭐해진 자아 때문에 PI가 왜곡되어 값진 반지를 훔치고, 나아가 더 큰 정복을 노리는 러시아 통치자의 이야기를 살펴볼 것이다.

제5장

허영심 게임

사상누각과 자기 망상의 기술

2014년 러시아 소치 동계올림픽에 참석한 나는 내 환자이자 소중한 친구이고 2010년 올림픽 봅슬레이 금메달 수상자인 스티븐 홀컴을 응원했다. 나는 스티븐이 원추각막증을 극복하도록 도와주면서 그와 가까워졌는데, 우리가 처음 만났을 때는 심각한 시력상실을 야기할 수 있는 이 질병 때문에 그가 올림픽에 출전할 수 없을 지경이었다.

나는 스티븐과 그 밖의 미국 선수들이 메달을 한가득 수확하는 모습을 지켜보면서 별다른 일이 벌어지지 않기를 남몰래 기도했다. 그때만 해도 나는 자신이 세계에서 가장 강력한 지도자임을 증명하고 모든 사람이 그의 엄청난 망상에 동참하기를 열망하는 한 남자의 몸부림을 경기 중에 바로 눈앞에서 목격하게 되리라곤 꿈도 꾸지 못했다.

만약 매우 과장되고 현실과 동떨어진 환상의 세계에서 살고 있는 사람이 이 세상에 실제로 존재한다면, 그는 바로 블라디미르 푸틴Vladimir Putin이다. 푸틴은 현실과 환상을 구별하려는 욕구가 거의 또는 전혀 없으며,

실제로 자신의 모든 권력을 사용해 특히 자신의 이미지와 관련된 환상을 널리 퍼뜨리는 데 여념이 없어 보인다. 그의 지각지능은 매우 왜곡되어 있으며, 그는 자신의 권위주의적인 통치 아래에 있는 '러시아판 엡콧센터 Epcot Center'(엡콧센터는 미국 플로리다 주의 디즈니월드 안에 있는 '미래의 도시'라는 의미를 지니는 테마파크다 - 옮긴이)를 다른 사람들에게 설득시키고 PI가 낮은 수백만 명의 추종자와 함께 이를 즐기기 위해 수단과 방법을 가리지 않을 것이다.

푸틴의 허영심 시장

많은 관찰자에게 2014년 동계올림픽은 러시아의 흑해 연안에 야자나무가 즐비한 아열대 휴양지인 소치의 탈바꿈 이벤트에 지나지 않았다. 그것은 러시아에서 상명하달식으로 전개된 최초의 사업은 아니었지만, 모름지기 가장 큰 사업이었을 것이다. 소치 올림픽은 전체적으로 러시아 거대 프로젝트의 새 시대를 알리는 전환점이었다. 그런데 그 추진력은 공산주의 사상이 아니라 러시아의 전능한 지도자 블라디미르 푸틴의 단독 의지였다.

소치 올림픽의 목적은 러시아를 찬미하고 러시아의 힘을 복구한 푸틴의 업적을 부각시키는 것이었다. 17년 동안 권좌에 있으면서 자신의 견해를 지지하기만 하는 아첨꾼들로 둘러싸인 푸틴의 현실 지각은 유령의 집에 있는 거울보다도 더 왜곡되어 있다. 그가 투사하고자 하는 개인적 이미지(예컨대 널리 알려진 그의 주름 제거 수술, 가슴을 훤히 드러낸 채 말을 타고 있는 홍보용 사진 등등)는 자신이 초인이라고 믿고 있는 허영심 강한 남자의 모습을 보여준다. 국내와 국외, 특히 우크라이나에서 반복된 잔학 행위를 볼 때 푸틴은 자신이 원하는 것이면 무엇이든 손에 넣을 수 있다고 믿는 듯하며(이 장의 뒤편에서 그가 무엇을 훔쳤는지에 관해 충격적인 이야기를 접하게 될 것이다) 어느 누구도(심지어 미국도) 그를 제지할 능력이나 의지가 없는 듯하다. 푸틴의 환상 세계에 현실을 끌어들이는 것이 과연 가능하기는 할까?

소치 올림픽은 푸틴의 올림픽이었다.[1] 그는 과테말라에서 열린 국제 올림픽위원회IOC 최종 회의에 직접 참석할 만큼 광적인 열정으로 올림픽 개최를 원했다. 푸틴이 가슴에 새겨진 화려한 오륜 문신을 드러내기 위해 셔츠를 벗어 던지지는 않았지만, 그는 다른 방식으로 자신의 야심을 드러냈다. 첫째로 그는 러시아 최남단에 위치하고 겨울 기후가 플로리다 북부와 비슷한 소치에서 올림픽이 개최되어야 한다고 고집했다. 소치는 무엇보다도 중간 수준의 소비에트 관료들과 비용에 신경을 쓰는 러시아인들이 즐겨 찾는 아열대 기후의 해변 소도시이자 휴양지로 알려져 있었다.

그렇다면 푸틴은 올림픽을, 그것도 하필이면 소치에서 개최하기 위해 왜 그렇게 혈안이 되었을까? 세계에서 두 번째로 부유하다는 이 남자는(그가 어떻게 이런 부를 쌓았는지는 또 다른 이야깃거리다) 결코 현금이 더 필요하지도 않았으며, 원하기만 하면 광대한 러시아의 다른 곳에 자신을 위한 5성급 휴양지를 건설할 수도 있었다. 올림픽을 유치하려는 그의 목적은 두 가지였다. 첫째로 푸틴에게 올림픽은 전 세계인들에게 러시아의 우월성을 과시하고 그들의 지각지능에 영향을 미칠 수 있는 기회였다. 그리고 둘째로 푸틴의 자기 지각을 외부 세계에 전파할 수 있는 좋은 기회였다.

푸틴의 관점에서 그러한 동기는 일리가 있었다. 왜냐하면 공산주의 이후의 시대를 맞이해 그는 러시아가 독재, 환경 파괴, 무고한 동물의 대량 살육, 정부 금고의 약탈, 구소련 영토의 강제 합병, 대규모 군사작전, 시민의 자유와 공개적인 모든 반대의 진압 등을 일삼는 부패하고 억압적

인 불량 정권의 통치를 받고 있다는 세계인의 지각을 바꾸고 싶었기 때문이다.[2]

어쩌면 가장 중요한 것은 푸틴이 자신의 비뚤어진 자기 지각을 강화하는 데 여념이 없다는 점일 것이다. 과연 스스로 확신하지 못하는 것을 다른 사람에게 진심으로 설득할 수 있을까? 내가 보기에 푸틴은 자신에 관한 모든 과대 선전을 실제로 믿고 있는 게 틀림없다. 그는 자신의 상남자 페르소나를 꾸준히 키우고 단련시켜왔는데, 그것은 단순한 허세가 아니다. 그는 자신이 45킬로그램의 약골이라고 생각하지 않으며, 그의 이미지는 오바마 대통령이 말한 것처럼 그저 남의 눈을 끌기 위한 '익살shtick'이 아니다.[3] 그는 러시아 언론에 비친 자신의 모습을 그대로 믿는다. 자신과 조국에 대한 그의 지각은 '잘못된 실재'를, 따라서 연결이 끊긴 PI를 보여주는 대표적인 예이다.

커다란 망상

서양에서는 무슨 일이 잘못되면 거의 언제나 정부가 비난받는다. 심지어 석유 가격, 주식시장, 포켓몬 고Pokémon GO처럼 정부가 통제할 수 없는 일에 대해서도 그렇다. 그런데 러시아의 대다수 시민은 정반대로 행동한다. 부패부터 인권침해까지 온갖 문제에서 푸틴이 남긴 역겨운 기록에 초점을 맞추기보다 많은 러시아인은 강력한 지도자에게 맹목적인 경의를 표하면서 푸틴 자신보다 그의 당과 관료주의가 문제라고 여긴다.

어떻게 그럴 수가 있을까? 푸틴은 강력한 지도자를 향한 러시아의 문화적이고 역사적인 맹신을 조작함으로써 러시아인의 PI를 교묘하게 조종하고 있다. 그런 방법으로 자신의 공적 이미지를 구축했을 뿐만 아니라 그가 올림픽 캠페인에 나선 것도 같은 맥락에서였다. 그는 동방정교회와 전국에 걸친 신성모독 금지법을 지지하는 보수 정치를 펼쳤으며, 2012년 모스크바의 구세주 그리스도 대성당에서 푸틴에 저항하는 노래를 부른 푸시 라이엇Pussy Riot 밴드를 기소하기까지 했다.[4]

푸틴은 그런 전술이 국민들에게 먹혀들어 자신의 인기를 더욱 높일 것이라는 사실을 알았는데, 왜냐하면 많은 러시아인은 오랫동안 공산주의 통치하에 있었음에도 불구하고 보수적이고 종교적이기 때문이다.[5] 많은 지지를 받은 푸틴의 동성애 퇴치 운동은 동방정교회의 수호자로 공식 간주되었던 러시아 황제들의 시절을 연상케 한다. 1917년 이전에 작동했던 것이 오늘날 다시 작동하고 있는 셈이다. 푸틴의 전제적인 통치 방식은 2013년 6월 모스크바에서 재결성된 러시아인민전선Russian Popular Front에서 극명하게 드러났다. 푸틴이 만든 이 정치 운동 조직의 명백한 목표는 대중의 지지를 받지 못하는 집권 통합러시아당United Russia으로부터 대통령을 자유롭게 만드는 것이었다. 푸틴이 대회장에 입장하자 군중은 각 본대로 '인민, 러시아, 푸틴'을 연호했다. 이것은 1917년의 공산주의 혁명 이전 정치체제를 특징짓던 황제의 '절대권력, 정교회, 민족'이라는 슬로건에서 따온 것이 분명했다.

인위적으로 강화시킨 자기 이미지

자신에 대한 다른 사람들의 지각을 조종하려는 도널드 트럼프Donald Trump 대통령의 시도뿐만 아니라 트럼프 행정부와 푸틴의 통치 방식 사이에는 몇 가지 뚜렷한 유사성이 존재한다. 이것은 그렇게 놀라운 일이 아닌데, 왜냐하면 트럼프는 이미 오래전부터 언론이나 소셜 미디어를 통해 푸틴을 칭찬해왔기 때문이다. 2007년 그는 방송인 래리 킹Larry King과 대화하면서 푸틴이 '러시아의 이미지를 재건하고, 또한 러시아 시대를 재건하는 데 큰일을 하고 있다'고 말했다. 그런가 하면 2013년에는 트위터에 푸틴과 연관된 메시지를 두 번 남겼는데, 그중 하나는 러시아 대통령이 자신의 '가장 친한 새 친구'가 될지 모른다는 것이었고, 다른 하나는 자신이 모스크바에서 열리는 미스 유니버스 대회에 참석하는 것을 고려 중이라는 얘기였다. 대선 운동 기간에 트럼프는 푸틴이 그를 '천재'라고 언급한 것 때문에 무척 고무된 듯했다. 푸틴과 트럼프가 처음으로 직접 만난 것은 2017년 여름 기자단 앞에서였다.[6] 당시 두 사람은 꽤 다정해 보였다. 푸틴이 트럼프 쪽으로 상체를 기울여 기자들을 가리키면서 "당신을 해치는 자들이 바로 이자들인가요?"라고 묻자 트럼프가 "바로 이자들이에요"라고 답했을 때, 그것은 드라마 「좋은 친구들 Goodfellas」이나 「소프라노스The Sopranos」에 나오는 장면과 다를 바 없었다.

과연 트럼프 대통령은 의식적으로(또는 잠재의식적으로) 푸틴을 모범으로 삼아 특정한 자기 이미지를 연출하고 우리의 지각지능을 조종하려 하는 것은 아닐까? 충분히 가능한 얘기다. 왜냐하면 이 미국 대통령도 푸틴과 비슷하게 자기 이미지에 깊은 관심을 가지고 있으며 대중에게 '강력한 지도자상'을 심어주기 위해 비슷한 기법을(물론 아직까지 가슴을 드러낸 채 말 타는 모습을 연출하지는 않았지만) 사용했기 때문이다. 트럼프 대통령이 끊임없이 푸틴에 대한 칭찬과 감탄을 늘어놓는 것은 본질적으로 자신이 '위대하고 강력한 지도자'라고 말하는 것이다.

소치 후유증

2014년 올림픽 경기를 위한 러시아의 1차 제안서에서 올림픽과 직접 관련된 예상 비용은 비교적 약소한 100억 달러로 추정되었지만, 결국에는 510억 달러까지 치솟았다.[7] 푸틴은 정부 지출을 억제하기 위해 올림픽 비용을 러시아의 최고 갑부들에게 전가했다. 그러나 가장 부유한 러시아인들조차 지출을 감당할 수 없게 되자 러시아 정부는 은행에서 갑부들에게 현금을 대출해주면 그들이 다시 정부에 기부하는 식으로 고도의 폰지 사기(다단계 금융 사기의 일종 – 옮긴이)를 벌였다. 그리고 그와 관련된 횡령 혐의에 대해 러시아 정부는 27건의 '공식' 범죄 수사를 벌였지만, 재판에 회부된 사람은 단 한 명도 없었다.

그뿐만이 아니었다. 소치의 번쩍이는 경기장과 최첨단 시설이 완성되기까지 수천 명의 이주 노동자가 끔찍한 작업환경에서 거의 하루도 쉬지 않고 밤낮 없이 일해야 했으며, 불평을 터뜨리는 사람은 즉시 해고 또는 강제 추방을 피할 수 없었다.

소치 주민 30여만 명이 겪은 고통도 그에 못지않았다. 하루가 멀다 하고 정전 사태가 발생했고, 수개월 동안 수돗물이 끊겼으며, 공사장의 공해를 고스란히 감내해야 했다. 공공 수용 조치로 인해 약 2,000가구가 집에서 쫓겨났으며, 역사상 가장 친환경적인 올림픽이 될 것이라는 약속이 무색하게 개발보호지역인 소치 국립공원과 인근의 유네스코 세계유산 지역에서 수백만 평의 고대 산림이 벌채되었다.

오늘날 널리 알려진 것처럼 러시아 관리들은 소치 올림픽에서 러시아 선수들에게 경기력 향상 약물을 제공한 뒤 그것을 은폐하기 위해 선수들의 소변 샘플을 조작하는 도핑 프로그램을 운영했다.[8] 봅슬레이 경기에서 스티븐 홀컴의 주요 경쟁 상대였던 알렉세이 보예보다Alexey Voevoda와 알렉산드르 주브코프Alexandr Zubkov를 포함해 적어도 열세 명의 러시아 메달리스트가 도핑에 연루되었다. 그러나 러시아는 다른 어느 국가보다도 많은 메달을 획득했으며, 올림픽 경기 중에 적발된 선수는 단 한 명도 없었다.

2014년 세계반도핑기구WADA는 소치 올림픽 경기를 조사해서 참가 선수 수천 명에 대한 검사를 처리했던 그리고리 로드첸코프Grigory Rodchenkov를 핵심 인물로 지목하는 보고서를 발표했다. 그 결과로 러시아의 국제 육상경기 참가 자격이 잠정 정지되었으며, 많은 선수에게 2016년 리우데자네이루 하계올림픽 출전이 금지되었다.

온갖 선전과 달리 소치 올림픽은 어떻게 한 남자가 무슨 대가를 치르더라도 자신의 공적 이미지를 강화하려고 했는지, 그리고 그의 영향력 측면에서 볼 때 그에 성공했는지를 보여주는 오싹한 사례로 기억될 것이다. 그로부터 2년 후인 2016년 5월 푸틴의 국정 지지도는 자그마치 82퍼센트에 이르렀는데, 여기에는 야당의 지지도 포함되어 있었다. 소치에서 벌어진 온갖 뻔뻔한 부패와 낭비와 범법 행위에도 불구하고, 어떻게 푸틴은 올림픽에 그렇게 깊이 관여했으면서도 나중에 대가를 치른 다른 사람들과 달리 처벌을 면했을 뿐만 아니라 자신의 공적 이미지를 엄청난 비율로 끌어올리기까지 했을까?

가로채기 기술 : 푸틴은 크래프트의 슈퍼볼 반지를 어떻게 훔쳤을까?

미식축구팀 뉴잉글랜드 패트리어츠의 구단주인 억만장자 로버트 크래프트Robert Kraft와 블라디미르 푸틴 러시아 대통령의 기이한 관계를 이야기할 때처럼 '정쟁거리political football'라는 용어가 꼭 들어맞는 경우도 없을 것이다.[9] 이야기의 시작은 2005년에 크래프트가 시티 그룹 대표 샌디 웨일Sandy Weill과 함께 상트페테르부르크의 콘스탄티노프스키 궁전을 방문해 블라디미르 푸틴을 만났을 때로 거슬러 올라간다. 후속 보도에 따르면 크래프트가 제39회 슈퍼볼 우승 반지를 보여주자 푸틴이 감탄사를 내뱉으며 그것을 호주머니에 넣고 나가버렸다고 한다. 이어지는 이야기에 따르면 크래프트는 평소 다른 사람에게 자주 선물하는 유형이 아니었다고 한다. 몇 달 뒤 크래프트 측에서 배포한 성명에서 그는 '러시아 국민과 푸틴 대통령의 지도력에 대한 존경과 경의의 상징으로 반지를 선물하기로 결심'했다고 말했다. 그러나 2013년 6월 뉴욕의 한 행사 연설에서 크래프트는 푸틴을 '반지 도둑'이라고 비난했다.

"내가 반지를 꺼내 (푸틴에게) 보여주었더니, 그가 그것을 끼고는 '이 반지를 가진 자를 죽일 수도 있다'고 했어요……. 나는 손을 뻗었지만, 그는 반지를 호주머니에 넣더니 KGB(구소련 국가보안위원회)

요원 세 명과 함께 걸어 나갔어요."

크래프트는 매우 흥분해서 부시 백악관과 상의했지만, 반지를 선물로 간주하는 것이 정치 관계상 최선이라는 답변을 들었다.

언론이 이 이야기를 대서특필하자 푸틴은 크래프트와 만난 일을 기억하지 못한다면서 다음과 같은 '제안'을 내놓았다.

'내가 우리 회사에 귀금속과 돌로 정말로 크고 좋은 것을 하나 만들라고 지시해서, 그것이 얼마나 값비싼지 모든 사람이 볼 수 있도록 하고, 크래프트 씨가 대표인 팀에서 그것을 대대로 전수토록 하면 좋겠다.'

당시 사건에 관해 푸틴에게 다시 질문이 제기되자, 그의 공식 대변인은 크래프트가 망상증이 있는 듯하며 '정신분석'이 필요해 보인다는 식으로 답했다. 당시 상황에 대한 논란은 아직도 해소되지 않았지만, 크래프트의 2005년 슈퍼볼 우승 반지는 여전히 푸틴의 손아귀에 있다. 오늘날 그것은 모스크바 크렘린 궁전의 국가 기증품 전용 도서관에 전시되어 있다. 그 후로 크래프트가 자신의 반지를 보기 위해 그곳을 방문한 적이 있는지는 알려지지 않았다.

영향력의 실재

여론조사 때마다 러시아 국민은 건강한 민주주의보다 강력한 통치자를 더 선호하는 것으로 나타난다.[10] 누구에게는 이것이 황당해 보일지 몰라도, 충분히 일리가 있는 일이다. 몇 세기에 걸친 러시아 역사와 문화적인 조건의 결과로 지도자가 어떠해야 하는지, 그리고 지도자가 정부 및 국민과 어떻게 조화를 이루어야 하는지에 대한 사람들의 지각이 그렇게 형성되었기 때문이다. 그러한 점을 잘 알고 있는 푸틴은 러시아 국민의 지각지능을 교묘하게 조종했다. 그는 사람들의 집단적인 지도자상에 걸맞은 자기 이미지를 창출해 계속 유지하고 있다.

수년에 걸쳐 세심하게 촬영된 푸틴의 상남자 활동으로는 낚시, 심해 탐사, 승마, 오토바이 타기, 소방 비행, 스쿠버다이빙, 뗏목 타기, 심지어 호랑이 진정시키기 등이 있다.[11] 그 밖에도 자선 활동 이미지를 강조하기 위해 그는 노래를 불렀고, 피아노를 연주했으며, 자신이 직접 그린 그림을 기부했다. 어찌 보면 르네상스적 교양인인 셈이다!

한편 미국 대통령이 이처럼 엄청난 공적 이미지를 창출하기 위해 애쓰는 모습을 상상하기란 쉽지 않다. 시어도어 루스벨트Theodore Roosevelt는 사냥을 즐겼다고 하지만, 그것은 개인적 열정이었다. 비록 그 이미지가 미국인의 개척 정신에 매력적으로 부합하긴 했지만, 그것은 그의 본모습이었지 억지로 꾸며내어 전파한 포장이 아니었다. 그런가 하면 대선 기간이던 1992년 6월에 빌 클린턴은 「아세니오 홀 쇼The Arsenio Hall Show」에 출연해 선글라스를 끼고 색소폰을 연주한 적이 있다.[12] 비록 그것이 후보의 재미있는 측면을 보여주어 일부 유권자의 표를 획득하는 데 도움이 되기는 했지만, 장기적인 이미지 연출이라기보다 일회성 퍼포먼스였다. 대통령이 된 뒤 그는 또다시 심야 프로그램에서 색소폰 독주를 선보인 적이 없다.

그러나 푸틴은 자기 이미지에 온 마음을 다 빼앗길 정도로 고착되어 있기 때문에 언제 어디서나 그것을 강화할 필요성을 느낀다. 올림픽의 힘을 이용할 때든, 야외 활동을 즐기는 상남자 이미지를 촬영할 때든,

미국의 억만장자를 위력으로 제압하면서 미국 스포츠 문화의 상징을 도둑질할 때든, 푸틴은 자신에 대한 환상적인 이미지를 끊임없이 연출했으며, 오늘날 그의 국민 대다수는 그것을 그대로 받아들이고 있다. 그는 차르 시대부터 러시아인의 영혼 속 깊이 이식된 지도자의 이미지를 제시함으로써 러시아인의 집단 무의식을 자극했다.

과연 푸틴은 스스로를 있는 그대로 이해할까? 아니면 실재를 너무나 왜곡한 나머지 자신이 꾸며낸 겉모습을 스스로도 그대로 믿고 있을까? 그를 따끔하게 야단치고 훈계할 부모가 일찍이 세상을 떠난 상황에서 내가 보기에 푸틴은 자신의 가공된 이미지가 실재라고 믿는 듯하지만, 그것을 분명하게 확인할 방법은 없을 것이다. 그러나 푸틴의 겉모습이 유지되는 한, 그가 앞으로 또 무슨 짓을 하든 간에 그의 정부와 국민은 계속 지지할 것이라고 꽤 자신 있게 말할 수 있다. 왜냐하면 그들은 '그가 대표하는 것을 사랑'하기 때문이다. 잠재의식 수준에서 그들은 겉보기에 강력한 지도자가 키를 잡고 있는 한, 그들의 국가가 강력할 것이라는 느낌을 가지고 있다.

러시아의 정복자는 망상성 PI가 지배하는 조작된 세계에서 살고 있다. 그러나 상상력을 아무리 동원해도 푸틴이 프로급 운동선수는 아니다(하키 장비를 착용한 그의 2017년 사진에서 볼 수 있듯이, 물론 그는 그렇게 보이고 싶어 할 것이다). 스포츠 세계에서는 자신의 높은 PI를 활용해 위대한 업적을 달성한 인물들이 있는가 하면, 낮은 PI 때문에 순식간에 명예를 잃은 스타들도 있다. 이들에 관한 이야기와 광적인 팬들의 위험한 PI에 관한 내용을 다음 장에서 다룰 것이다.

제6장

몸으로 들이대기

PI와 스포츠

뉴욕 마라톤 코스를 두 시간 20분에 주파하는 마라톤 선수, 150미터 이상 떨어진 펜스 너머로 공을 날려 보내는 야구선수, 시속 136킬로미터로 경사면을 활강하는 스키 선수 등을 바라보면서 우리는 감탄을 금치 못하곤 한다. 개인 경기든 팀 스포츠든 올림픽 경기든 프로 선수가 자기 분야에서 최고의 자리에 오르려면 좋은 유전자, 신체 기량, 손과 눈의 상호 조정, 수많은 시간 동안의 고된 훈련과 연습 외에도 훨씬 더 많은 것이 필요하다. 물론 그러한 것들도 틀림없이 기여하고 인내심이나 투지처럼 측정하기 어려운 요인들도 영향을 미치지만, 마이클 펠프스Michael Phelps 나 세리나 윌리엄스Serena Williams 정도의 성공을 거둘 때는 무언가 또 다른 요인이 있게 마련이다. 그리고 그것은 근육 강화용 스테로이드와 전혀 상관없는 것이다.

일단 정상에 등극한 챔피언은 자신감과 승패의 측면에서 전혀 흔들림이 없고 제지할 수 없는 기세를 뽐내며 도저히 무찌를 수 없을 것처럼 보인다. 그런데 정확히 어떻게 그들은 그곳에 도달했을까? 혹시 휘티스 시리얼('챔피언의 아침식사'라는 광고 문구를 사용하는 - 옮긴이)을 매일 먹었을까? 아니면 '록키'처럼 날달걀 다섯 개를 꿀꺽 삼켰을까? 아니면 마이클 조던Michael Jordan이 시카고 불스 유니폼 아래에 노스캐롤라이나 대학 팀의 파란색 트렁크를 받쳐 입었던 것처럼 저마다 '행운'의 속임수가 있었을까?

스스로 의식했든 그러지 않았든 매 순간 이런 선수들의 지각지능이 상황과 개인에 따라 그 형태는 다양했겠지만 결정적인 역할을 한 것만은 틀림없다. 이 장에서는 스포츠나 운동을 하는 사람이면 누구든 신념의 도약을 이루고 그 모든 힘든 과정이 고통과 노력의 가치가 있다는 것을 확신하기까지 높은 PI가 얼마나 중요한 역할을 하는지 설명할 것이다. 나아가 몇몇 슈퍼스타나 팀은 정상에 오르지 못하는 반면에 또 다른 선수는 정상까지 갑자기 치솟았다가 다시 바닥으로 곤두박질칠 때 PI가 어떤 역할을 하는지도 살펴볼 것이다. 그리고 끝으로 자신이 응원하는 팀의 하루하루 또는 매년 성적에 따라 감정, 신념, 행동, 문신 등이 의미 있게 바뀌면서 낮은 PI 때문에 환상 속에서 살아가는 광적인 스포츠 팬들의 이야기도 빼놓을 수 없을 것이다.

뇌에 카페인 없는 주사 놓기

이미 오래전부터 사람들이 말해왔듯이 운동은 체중 관리, 심혈관 건강, 근육 강화, 유연성, 체력, 성생활, 수명 등의 측면에서 신체에 유익한 영향을 미친다. 신체 활동이 우리가 아는, 또는 알지 못하는 무수한 방식으로 뇌와 상호 작용하면서 뇌에 온갖 자극을 제공한다는 점 또한 중요하다. 많은 연구에 따르면 운동은 스트레스 감소, 기분 개선, 나아가 부정적인 사고와 우울증의 영향을 억제하는 데 도움을 줄 수 있다.[1] 그 밖에도 운동은 자존감을 높이고 통증 지각을 감소시키는 등의 잔류 효과가 있다고 과학자들은 믿는다. 그러므로 다음번에 헬스클럽을 다녀온 뒤 하루나 이틀 지나서 쑤시는 팔다리를 주무르며 항염증제를 복용할 때는 이런 모든 긍정적인 혜택을 머릿속에 떠올리기 바란다!

뇌가 이런 혜택을 어떻게 얻게 되는지는 더 이상 비밀이 아니다. 운동을 하는 동안 신체에서 방출된 엔도르핀이라는 화학물질이 뇌에 있는 수용기까지 이동해 뇌 활동을 자극하는데, 이럴 때 사람들은 희열 또는 황홀감까지 느끼곤 한다.[2] 실제로 일부 엔도르핀은 모르핀과 매우 비슷하게 뇌와 척추에 진통 효과를 발휘하는 것으로 알려졌다.

물론 이렇게 과학적 정보를 제공해도 그동안 소파의 안락함에 푹 빠져 있던 사람들은 좀처럼 운동을 하러 나서지 않는다. 실제로 우리는 많은 경우 그 혜택을 알면서도 운동하기를 지극히 싫어한다. 게다가 한동안 운동을 하지 않으면, 정반대의 일이 벌어진다. 왜냐하면 우리의 뇌가 게을러져 현재 상태에 안주하게 되고 무기력감이 들면서 근육이 위축됨에 따라 운동용 반바지를 입는 것조차 기피하게 되기 때문이다. 운동을 시작하기도 전에 쓸데없이 고통스러운 신체 활동의 이미지들이 머릿속에 떠오른다. 짜증나는 교통 체증을 뚫고 겨우 헬스클럽에 도착하면 따분하기 짝이 없는 준비운동이 기다리고 있고, 원하는 운동기구를 차지하려면 한참을 대기해야 하며, 한동안 쓰지 않은 관절들이 삐거덕거리면서 근육이 타는 듯한 느낌이 들고, 죽을 것같이 숨이 가빠지면서 이마에서는 땀이 비 오듯 흘러내린다……. 오랫동안 쓰지 않은 근육들이 '이건 아니야'라고 외치는 듯하며, 왜 지금 헬스클럽에 갈 수 없는지 또는 가서는 안 되는지에 관한 온갖 이유가 머릿속에 떠오른다. '전에 축구를 하다가 입은 부상이 재발할지 몰라', '집에 돌아와 「닥터 필Dr. Phil」(토크쇼)을 봐야 하는데, 그러려면 너무 늦을 거야', '밖이 너무 추워' 등등의 변명을 늘어놓다가 마침내는 소파에 털썩 주저앉아 과자 봉지를 집어 들면서 리모컨을 찾는다. 그러면 결국 엔도르핀은 비활성 상태로 남게 되고 평소보다 더 노곤한 느낌이 들면서 헬스클럽에 가지 않은 것에 대한 죄책감이 밀려온다. 이럴 때 우리는 '내일'을 다짐한다. '내일은 반드시 두 배로 할 거야.'

만약 당신이 이렇게 1월에 끊은 헬스클럽 회원증을 2월 1일부터 한 번도 사용하지 않고 늘 미루기만 하는 유형이라면, 당신은 헬스클럽에 가는 것이 당신의 '내일' 일정에도 또는 모레나 글피 일정에도 없다는 사실을 마음속 깊은 구석에서 알고 있을 것이다. 왜? 왜냐하면 이제 당신의 마음에서는 운동이 온갖 부정적인 사고와 결부되어, 이렇게 왜곡된 견해를 사실로 받아들이도록 당신의 PI가 저하되었기 때문이다.

반면에 당신이 1주일에 한 번씩 운동을 하기 시작해서 얼마 뒤에는 두 배로 늘리고 마침내는 다섯 배나 여섯 배까지 늘렸다면, 당신의 마음속에서 무언가 다른 일이 일어날 것이다. 즉 러닝머신 위에서 괴롭게 숨을 헐떡이는 모습 대신에 수많은 다른 생각이 떠오르기 시작할 것이다. 그동안 체중이 얼마나 감소했는지, 전신거울에 비친 당신의 모습이 얼마나 더 멋져 보이는지, 날씬한 몸에 어울리는 새 드레스나 정장은 무엇이 있을지 등등을 생각하게 될 것이다. 심지어 몇몇 사람은 운동에 푹 빠진 나머지 헬스클럽에 가지 않고는 배길 수 없게 될 것이다. 왜? 왜냐하면 운동하는 동안에, 그리고 운동 후에 상쾌한 기분이 들 뿐만 아니라 마음속에서 긍정적인 느낌과 보상에 대한 기억과 이미지가 운동과 긴밀하게 결부되기 때문이다.

당신이 매일 오랜 시간 동안 지독한 연습과 훈련을 반복하는 프로 선수 또는 일류 운동선수라고 상상해보라. 더 열심히, 더 빨리, 더 오래 자신을 채찍질하려는 동기는 그저 앞에서 언급한 혜택 때문만이 아니다. 그것은 당신의 생계, 명성, 가족, 유산, 스폰서, 평생 품어왔던 열망, 지나간 승리와 패배의 온갖 시련과 고통 등등 모든 것이 걸린 일이다. 그런 운동선수의 뇌와 신체는 무수한 반복을 통해(그리고 코치와 트레이너의 다그침을 통해) 이미 충분히 조건화되어 있기 때문에, 그런 선수는 엄격한 훈련의 반복이 정말로 무엇을 의미하는지 잘 알고 있으며 최종 결과가 어떤 모습일지 마음속에서 그리고 있다. 이렇게 볼 때 PI는 운동선수들의 훈련 과정을 인도하면서 매일 더욱더 열심히 훈련해야 하는 까닭을 의식적으로나 잠재의식적으로 끊임없이 환기시키는 안내자 역할을 한다.

프로 선수, 일류 운동선수, 운동중독자 등에게 끊임없는 신체 활동은 뇌의 백질 활동을 향상시키는 추가 효과를 낳는다. 당신은 회백질에 관해서는, 예컨대 '늙은 회색 세포가 예전 같지 않다'는 식의 말을 들어본 적이 있을 것이다.[3] 이곳은 뇌에서 정보를 처리하고 감각을 통제하는 부위이다. 반면에 당신이 거의 들어본 적이 없을 백질은 뇌의 약 60퍼센트를 차지하면서 회백질 사이의 연결 조직 또는 통신체계 역할을 한다. 오늘날 과학자들은 우리가 충분히 운동을 하지 않으면 백질이 쇠퇴하기 시작하며, 시간이 지나면서 기억상실이 발생하고, 시각과 청각 정보를 처리하는 능력에 장애가 생길 것이라고 추측한다. 일단 그런 기능이 위축되면, 의지력이 크게 감소하여 PI에도 나쁜 영향을 미친다. 세부 사항에 관한 기억력이 떨어지면 오래된 지각에 초점을 맞추게 되고, 고집스럽게 그에 집착하는 현상이 발생한다. 나이 지긋한 부부가 희미하고 하찮은 기억에 관해, 예컨대 펀Fern 이모의 오래전에 죽은 고양이의 이름이 샘이었는지, 아니면 맥스였는지에 관해 오랫동안 다투는 모습을 자주 보지 않았는가?

반면에 오랜 시간 꾸준히 운동하면 백질의 지구력이 증가하는데, 그것은 곧 기억력 향상, 더 예리해진 지각, 치매와 알츠하이머병에 걸릴 위험의 감소를 의미한다. 최근 연구에 따르면 신체 활동이 왕성한 70대의 백질이 주로 앉아서 지내는 더 젊은 사람들보다 더 잘 발달해 있다고 한다.[4] PI 관점에서 말하자면, 오랜 시간 꾸준히 운동하는 사람들에겐 무한한 기회가 있는 셈이다. 왜냐하면 그들의 백질과 연결 조직이 잘 보존되어 실재를 해석하고 실재와 허구를 구별할 때 더 정확하고 주의를 집중할 수 있기 때문이다. 몇 년 전에 일어난 일이든 방금 전에 목격한 생생한 사건이든, 그런 사람들은 사태를 매우 정밀하게 시각화하고 기술할 가능성이 높다. 또한 그런 순간에 어떤 감정을 느꼈는지 예리하게 회상하고 표현할 가능성이 높다. 이런 사실만으로도 근육 경련과 숨 가쁜 순간에 대한 불쾌한 생각을 떨쳐버리고 헬스클럽으로 직행하기에 충분하지 않은가?

스포츠의 관건은 자신감과 지각이다

스포츠에서 높은 PI를 유지하기 위한 관건은 당신이 스스로를 상황에 얼마나 잘 어울린다고 생각하느냐에 달려 있다. 당신은 운동장에 나서는 당신의 능력에 대해 자신감과 여유를 가질 수 있는가? 아니면 내면의 목소리가 당신에게 다음과 같이 말하는가? '아, 이건 아니야. 지난번에도 저 투수가 나를 네 번이나 스트라이크 아웃을 시켰는데, 또다시 나를 우습게 만들 거야. 틀림없어.' 이 경우 당신은 배트를 쥐기도 전에 패한 것이다.

한 실험에서 스물세 명의 지원자에게 10야드(약 9미터) 라인에서 럭비 공을 차 골대를 통과시키라는 과제를 주었다.[5] 준비운동 후에 실험자는 그들에게 PVC 파이프로 만들어 손에 쥘 수 있는 소형 골대 모형을 건네주면서 이것을 사용해 골대의 높이와 폭을 추측해보라고 했다. 그런 다음 그들은 열 번씩 공을 찼다. 그리고 마지막 공을 찬 직후에는 다시 한번 골대 크기에 대한 지각 측정을 반복했다.

결과는 놀라웠다. 공을 차기 전에 두 집단은 골대 크기를 똑같이 지각했다(즉 두 집단 모두 부정확하게 지각했다). 그러나 공을 열 번 찬 후에 점수가 좋지 않았던 집단(2회 이하로 골을 성공시킨 집단)은 골대의 폭을 처음보다 약 10퍼센트 더 좁게 지각했고 크로스바가 너무 높다고 평가했다. 반면에 점수가 좋았던 집단(3회 이상 골을 성공시킨 집단)은 골대를 처음보다 약 10퍼센트 더 넓게 지각했다. 다시 말해 당신의 수행 능력에 따라 세계를 다르게 보게 되고 당신의 PI도 달라진다는 이야기다.

또 다른 연구에서는 에르고미터ergometer라는 조정 기계를 사용해 일류 여자 조정선수들을 대상으로 테스트를 실시했다. 연구자는 한 집단에 그들이 실제보다 더 빠르게 가고 있다고 말했다. 반면에 또 다른 집단에는 그들이 실제보다 더 느리게 가고 있다고 말했다. 그러자 매우 흥미로운 결과가 나왔다. 첫 번째 집단은 속도를 늦췄는데, 왜냐하면 그들이 그 속도를 계속 유지할 수 없을 것이라고 생각했기 때문이다. 반면에 두 번째 집단에서는 정반대의 일이 벌어졌다. 즉 그들은 따라잡기 위해 속도를 올렸다. 두 팀 모두 부정확한 정보 때문에 지각이 왜곡되었고, 이것이 그들의 수행 능력에 직접적인 영향을 끼친 셈이었다.

우리 자신의 수행 능력이 마음에 들지 않을 때, 또는 그에 대한 정당화가 필요할 때 우리의 마음은 잘 알려진 것처럼 우리를 돕는다. 예컨대 아주 쉬운 골을 놓친 선수는 바람이 너무 셌다고 자기변명을 늘어놓을지 모르며, 나아가 실제로 그랬다고 확신할지 모른다. 그러나 그런 적응에는 진화적인 목적이 담겨 있다. 목표물을 실제보다 더 높게, 또는 더 작게 지각할 경우 다음번에는 그 오류를 수정해 목표물을 더 정확히 겨누려 할 것이기 때문이다.

우리가 건강한 마음을 가지고 있고 신경 손상을 입지 않았다고 가정할 때, 세계에 대한 우리의 의식적인 지각은 안정된 편이다. 강도 수준, 자신감, 공포, 욕망, 그 밖에 변덕스러운 수많은 요인이 주위 물체에 대한 우리의 자각에 영향을 미친다. 그러나 운동선수가 잠재의식 수준에서 마음에 영향을 미쳐 신체의 수행 능력을 향상시킬 수 있는 많은 방법 또한 존재한다.

시각적 사고

오늘날의 스포츠계에서 수행 능력을 향상시키기 위해 이런저런 형태의 '자기 시각화'를 시도해보지 않은 프로 운동선수는 한 명도 없을 것이다.[6] 언뜻 보기엔 그것이 얄팍한 속임수처럼 보일지 모르지만, 자기 시각화는 다양한 스포츠 분야의 많은 선수들에게 효과적인 도구이다. 일반인의 용어로 말하자면, 자기 시각화는 가장 내밀한 사고, 욕망, 목표 등을 실현하는 데 도움을 주는 심상을 만들어내는 기법이다. 자기 시각화는 운동선수만 사용하는 것이 아니다. 승진하려고 애쓰는 직원이든 근사한 배역을 따내려 하는 오디션장의 배우든, 무언가를 얻기 위해 노력하는 사람이면 누구나 이것을 활용할 수 있다.

자기 시각화는 단순히 희망적 사고나 환상이 아니다[예컨대 영화 「꿈의 구장Field of Dreams」에서 '네가 지으면 그들이 찾아올 것이다'라는(벌판에 야구장을 건설하면 관중이 몰려올 것이라는 - 옮긴이) 환청을 듣는 주인공의 상황과 같은 것이 아니다]. 오히려 자기 시각화는 우리의 주의력, 기억, 지각 등을 향상시키는 방법 중 하나다. 예컨대 야구에서 공을 잘 치려면 무엇보다도 적절한 타격 자세, 부드럽고 균형 잡힌 스윙, 번개처럼 빠른 손목 관절, 눈과 손의 탁월한 상호 조율 등이 포함되는 반복적인 기술이 필요하다. 배트를 절도 있게 제대로 스윙하는 모습을 머릿속으로 여러 번 상상하면, 뇌는 그 시각 이미지를 변환해 저장함으로써 나중에 타자석에 들어서는 순간을 대비할 것이다. 많은 경우에 자기 시각화 훈련에는 최종 결과의 상상이, 예컨대 야구공이 펜스를 넘어가는 모습, 농구공이 그물을 꿰뚫는 모습, 아이스하키 퍽이 골네트에 꽂히는 모습 등에 대한 상상이 포함되어 있다. 운동선수는 성공적인 수행 장면을 상상함으로써 그것을 영화의 한 장면처럼 처리하고 필요할 때마다 재생할 수 있는 환상을 가지게 된다. 그런 과정을 통해 환상이 실재가 되는데, 왜냐하면 전개 과정을 머릿속으로 본 마음이 그것의 처리 방식을 몸에 알려주면서 자신감을 북돋우기 때문이다. 성공에 대한 소망을 마음속 깊이 간직한 채 머릿속으로 여러 번 반복했는데, 어떻게 그것이 실제로 일어나지 않을 수 있겠는가?

나는 내 친구이자 명예의 전당에 이름을 올린 테니스 선수인 팸 슈라이버Pam Shriver와 자기 시각화에 관해 이야기를 나눌 기회가 있었다.[7] 비록 그녀의 전성기였던 1980년대에는 자기 시각화가 일반화되지 않았지만, 그녀는 '테니스 경기 전보다 경기 중에 더 자주' 일종의 시각화를 수행했다고 한다. 슈라이버는 서브가 자신의 장점이자 주요 득점원이라는 사실을 잘 알고 있었다. 그녀는 이렇게 말했다.

"내게는 서브가 가장 중요한 무기였지. 서브가 정확하지 않으면, 다른 선수보다 더 고전했거든……. 특별한 기술을 시각화하는 선수도 있겠지만, 나는 주로 서브와 공이 튈 장소를 시각화했지…… 서브만 자신 있어도 경기의 4분의 1을 먹고 들어갔으니까."

몰입

앞에서 우리는 고된 연습을 장기간 반복하면 뇌의 백질이 활성화되며 자기 시각화를 사용해 승리하는 이미지를 머릿속에 영화처럼 저장할 수 있다는 사실을 살펴보았는데, 그 밖에도 재능 있는 운동선수가 위대한 업적을 달성하고 전설의 반열에 오르는 데 기여하는 결정적으로 중요한 요인이 또 하나 있다. 그것은 바로 운동선수들의 대성공을 약속하는 '존zone'에 들어가는 것, 즉 몰입이다. 선수들은 이런 존이 마치 실재하는 장소이며 극소수의 진정한 프로와 고수만 들어갈 수 있는 스포츠계의 유토피아라도 되는 것처럼 이야기하곤 한다. '존에 들어간' 경험을 한 운동선수들은 그 상태에서 모든 것이 너무나도 쉽고 자연스럽게 이루어진다고 말한다. 마치 운명적으로 예정된 극적인 사태가 벌어지듯이. 이 존에서 타자의 배트는 평소보다 가볍게 느껴지고 공은 더 크게 보이며, 버나드 맬러머드Bernard Malamud의 소설에 기초한 영화 「내추럴The Natural」의 클라이맥스 장면처럼 공이 느리게 다가오는 것처럼 보인다.[8] 이것은 메이저리그 야구선수만 경험하는 것이 아니다. 하키 선수에게는 골네트가 더 크게 보이고, 농구선수에게는 림이 더 낮아 보이며, 스키 선수에게는 경사면이 구름처럼 느껴진다. 우리가 존에 들어간 운동선수에게 매료되는 것은 그런 순간에 모든 제약을 뛰어넘은 시적 움직임을 보는 것 같기 때문이다. 그런 선수들에게는 그것이 마치 운명적으로 예정된 것 같은 느낌이 든다. 그런데 그런 존은 상투적인 착각일 뿐일까? 아니면 그곳에 이르는 확실한 길이 있을까? 혹시 구글 지도를 머릿속으로 다운로드해서 그 빛나는 장소로 들어갈 수는 없을까?

모름지기 프로 스포츠의 역사를 통틀어 은퇴한 농구 스타 마이클 조던만큼 그 빛나는 장소에 오래 머문 사람도 없을 것이다. 조던은 스포츠 심리학자이자 권위 있는 명상가인 조지 멈퍼드George Mumford의 덕을 적어도 어느 정도 보았는데, 멈퍼드는 『운동선수의 마음챙김 The Mindful Athlete』이라는 책을 쓰기도 했다.[9] 프로 농구 스타들을 상대로 한 멈퍼드의 훈련 프로그램에는 슛을 하기 전에 바스켓 상상하기, 공이 떨어지기 전에 결과를 미리 머릿속에 그리기 같은 자기 시각화 기법 외에도 존 카밧진의 명상 기법을 활용해 순간에 충실해지는 법을 가르치는 다양한 개념이 포함되었다. 그러나 이 기술을 연마하기란 결코 쉽지 않다. 이것은 드리블이나 슈팅을 연습하는 것과 아주 다르다. 무수히 많은 시간과 인내와 반복된 명상이 필요하며, 예리한 주의력뿐 아니라 온갖 잡념을 의지대로 차단하는 능력이 필요하다. 이것은 어찌 보면 우리의 직관에 어긋나고 터무니없게 느껴질지 모른다. 프로 농구선수가 한창 경기를 하는 중에 의식의 끈을 놓는다는 것이 도대체 말이 되는가? 그러다 상대편에 당하기 십상이지 않을까?

그러나 의식적인 마음을 차단하는 것은 잠재의식을 향해 곧바로 나아감을 의미한다. 이것은 머릿속의 온갖 잡음을 떨쳐내고(집에서 가족과 벌인 말다툼, 오늘 저녁 근사한 식당에서 먹을 예정인 고기 요리, 어제 신문 기사의 짜증나는 논평, 귀청이 터질 것 같은 관중의 함성 등을 떨쳐내고) 이전에 명상을 통해 무수히 반복했던 이미지에 자신을 연결하는 것이다.

마이클 조던에게 '경기에 몰입하기'란 마음속 깊은 곳에 있는 직관의 저장소를 마음대로 이용하면서 1초도 안 되는 아주 짧은 순간에 어떤 동작을 취해야 할지 정확히 아는 것을 의미했다. 조던처럼 탁월한 PI(환상의 이미지를 떠올리고 그것을 구현해 실재로 만들 수 있다는 의미에서)와 불세출의 직관과 엄청난 경쟁심을 지닌 사람에게 의식적인 심사숙고 따위는 필요치 않았다. 왜냐하면 그의 마음은 저장된 적절한 이미지를 어렵지 않게 낚아채어 알맞은 때에 적용할 수 있었기 때문이다. 그가 의식적인 마음을 버리고 잠재의식의 지배를 받아들였을 때 그의 신경계와 근육 사이에 원활한 통로가 형성되었고 그 과정을 방해하는 어떠한 장애물도 존재하지 않았다. 그렇게 조던은 직관적으로 상대편을 요리조리 피하고 대기를 가르면서 신들린 듯 경기에 몰입할 수 있었다.

오늘날 많은 운동선수들은 PI를 활용해 원하는 실재를 만들어내는 자신만의 방법을 터득했다. 자폐 범주성 장애가 있는 당구선수 윌 드용커Will DeYonker는 복잡한 트릭 샷을 시도할 때 머릿속에 3차원 이미지를 떠올리는 재능을 가지고 있어서 토너먼트와 이벤트에 참가할 때마다 들고 다니는 도표에 그것을 그려 넣는다.[10] 그런가 하면 큰 파도를 타는 서퍼로 유명한 레어드 해밀턴Laird Hamilton은 20미터가 넘는 파도를 타면서 어떻게 존에 들어가는지에 관해 많은 이야기를 했다. 비치발리볼 토너먼트에서 누구보다도 많이 우승했고 올림픽 금메달을 여러 개 획득한 케리 월시 제닝스Kerri Walsh Jennings는 명상과 뇌 훈련을 모두 이용하는 것으로 알려졌다.[11] 미국 역사상 가장 유명한 봅슬레이 선수인 스티븐 홀컴은 전 세계의 모든 봅슬레이 트랙에서 모든 코너를 도는 자신의 모습을 상상할 수 있다. 원추각막증이 있는 나의 환자이자 메이저리그 야구선수인 토미 팜Tommy Pham은 타석에 들어서는 순간 투수의 손을 벗어나는 공에 주의를 집중하면서 자신을 향해 날아오는 공의 경로를 시각적으로 추적한다. 물론 단숨에 최고의 경지에 도달하지는 못하지만, 이 모든 것은 성공을 시각화함으로써 마음의 심층부를 일깨우는 것이 위대한 스타를 최고의 경지로 비약하게 만드는 잠재력을 가지고 있다는 사실을 증명해준다.

그런가 하면 선수들은 상대편의 몰입을 깨는 데도 이런 기법을 사용한다. 모든 테니스 선수가 그렇듯이 팸 슈라이버도 상대에게 요리조리 이용당하면서 경기가 풀리지 않는 날이 있다고 한다.

"감기에 걸릴 수도 있고, 아니면 그냥 기분이 좋지 않은 날도 있지요. 그럴 때는 할 수 있는 게 별로 없어요. 타임아웃을 요청해 의자에 앉아 쉬면서 상대 선수의 흐름을 깨려고 할 뿐이죠."

다시 말해 상대편이 존에 들어가 막강하게 느껴질 때는 상대의 마음속에서 돌아가는 영화를 중지시킬 방법을 찾아야 할 것이다. 상대편의 집중을 방해하고 정신과 신체를 분리시켜, 다시 의식을 온전히 회복하고 온갖 잡념과 회의에 노출되도록 하는 것이다. 진정한 챔피언이라면 게임에 몰입한 상대 선수의 PI를 낮춰 이를 극복하기 위한 노력을 기울이는 한편, 자신의 내적 자원과 몰입 훈련을 바탕으로 다시 전투에 나서기 위해 용기와 집중력과 자신의 강점을 발휘할 것이다.

이 신성한 존에 들어가는 것은 프로 또는 일류 운동선수, 그리고 스포츠 분야에 한정된 것이 아니다. 우리는 모두 이런저런 영역에서 어느 정도는 존에 들어가는 경험을 하게 마련이다. 내가 안과 수술을 할 때는 내 일에 몰두한 나머지 주변에 뉴스 카메라가 있든 관찰자들이 돌아다니든 전혀 의식하지 않는다. 그럴 때는 마치 물체와 사람들이 존재하지 않는 것과도 같다. 나의 높은 PI가 잡다한 것들을 모두 차단하고 내 지각은 오로지 현미경 접안렌즈로 보이는 것에 집중된다. 당신은 가끔 독서에 몰두한 나머지 누가 당신의 이름을 불러도 듣지 못할 때가 있지 않았는가? 이 존은 거의 모든 사람에게 열려 있으며, 주의력을 훈련해 마음대로 그곳에 들어가고 그곳에 머물 수 있다면 당신의 PI는 크게 향상될 것이다.

팀워크와 승리의 관건은 PI를 읽는 것이다

몇몇 부부는 서로의 마음을 읽을 수 있으며, 그래서 상대방이 무슨 말을 할지 또는 무슨 행동을 할지 미리 알아차릴 수 있다는 이야기를 종종 듣는다. 내 아내와 나에게도 그런 일이 종종 발생한다. 특히 슈라이버는 이 주제에 관해 할 이야기가 많을 것이다. 물론 그녀는 혼자서도 탁월한 테니스 선수였지만, 그녀의 능력은 특히 복식경기에서 두드러졌다. 그녀는 복식 타이틀을 자그마치 112번이나 차지했는데, 그중 79번은 위대한 테니스 선수 마르티나 나브라틸로바Martina Navratilova와 함께 이룬 것이었다.[12] 누군가는 슈라이버의 성공이 오로지 마르티나 덕분이라고 깎아내릴지도 모른다. 왜냐하면 그녀는 당시 여자 테니스계의 가장 뛰어난 선수였기 때문이다. 그렇다면 슈라이버가 다른 파트너와 함께 획득한 33번의 타이틀은 어떻게 설명할 것인가? 그리고 테니스계의 여왕이 아무나 파트너로 선택하겠는가?

승리의 팀을 구축하려면 우선 올바른 선수와 훌륭한 코치를 선택해야 한다. 그런 다음에는 모든 팀 구성원이 고된 근력 운동과 엄격한 반복 훈련 및 연습을 이겨내면서 경기 당일을 준비하는 과정을 거쳐야 한다. 코치는 선수들 간의 '팀워크'나 '원활한 소통'에 관해 지도하겠지만, 경기장에 나선 선수들을 통제하기 어려운 부분도 있다. 시너지 효과, 리듬, 지속적인 교감 같은 것들이다. 슈라이버는 코트 위에서 자신과 나브라틸로바 사이의 독특한 연결에 관해 이렇게 회상했다.

"우리가 무엇을 할지는 매우 직관적인 문제였어요. 우리는 거의 신호를 주고받지 않았어요. 공이 내 머리 위로 날아가면, 그녀가 공을 받으러 그쪽으로 달려갈 것이라는 걸 그냥 알았어요. 우리는 파트너가 무엇을 할지 알았죠. 우리는 서로의 기분을 읽을 수 있었어요."

팀 동료의 마음을 읽고 그에 반응하는 것에 관해 슈라이버가 느끼는 확신은 매우 놀라운 것이다. 그것은 단순히 조화를 이루는 능력 또는 재능에 대한 신뢰 이상의 것이다. 나는 위대한 모든 복식조와 팀 구성원들이 그러하듯, 슈라이버와 나브라틸로바도 서로의 머릿속으로 들어갈 수 있는 능력을 가지고 있다고 생각한다. 슈라이버가 사용한 단어들('직관적', '서로의 기분 읽기' 등)은 팀 동료가 상황에 따라 어떻게 반응할지 짐작하는 것과 관련된다. 슈라이버는 8년 6개월 동안 나브라틸로바와 짝을 이뤄 복식경기를 하면서 형성된 영화 장면들을 머릿속에 저장하고 있었으며 찰나의 순간에, 마이클 조던이 공기를 가르며 바스켓을 향해 날아오르던 것과 똑같은 그 순간에 그 장면들을 재생할 수 있었던 것이다.

역대 최고의 스포츠 팀들(1927년의 뉴욕 양키스 야구팀부터 1976~1977년 시즌의 몬트리올 캐나디언스 아이스하키팀과 1998년의 시카고 불스 농구팀에 이르기까지)은 신체적 능력과 리더십과 지구력과 팀워크의 흔치 않은 조합을 완성한 팀이었다. 그런 팀에는 흔히 서로의 기술과 기질을 보완하는 구성원들이 있게 마련이다(양키스의 홈런왕 베이브 루스Babe Ruth와 내야수 루 게릭Lou Gehrig의 탁월한 호흡을 떠올려보라). PI 관점에서 이들 팀은 모두 나브라틸로바와 슈라이버의 경우처럼 모든 경기를 이길 수 있다는 엄청난 자신감을 팀 전체가 공유하고 있었다. 실제로 1927년 양키스의 승리는 모두가 예상할 수 있는 이미 예정된 결과였다.[13] 당시 시즌에서 양키스는 경기를 154번 치러 110번을 승리했는데, 2위를 차지한 필라델피아 애슬레틱스보다 19번이나 더 많이 승리한 것이었다. 그리고 월드시리즈 상대팀이었던 피츠버그 파이리츠는 첫 경기가 열리기 하루 전에 양키스 선수들이 타격 연습을 하는 모습만 보고도 잔뜩 겁을 먹었다고 한다. (결국 양키스는 월드시리즈를 전승으로 마감했다.)

이러한 승리 의식의 공유는 재능이나 자신감과 다른 것이다. 물론 재능이나 자신감도 중요하다. 지금까지 NCAA(전미대학체육협회) 지구 우승을 자그마치 11번이나 한 코네티컷 대학 여자 농구팀*도[14] 재능이나 자신감이 넘쳐나지만, 이 팀이 다수의 재능 있는 선수들과 함께 장기간 동안 밥 먹듯이 승리한 데는 또 다른 요인이 있다. 이 팀은 최고 유망주를 지속적으로 충원하는 재주가 있는 게 틀림없지만, 그 밖에도 이 팀의 감독인 지노 아우리엠마Geno Auriemma는 선수 개개인을 통제하면서 각자의 장점을 발휘하게 만드는 방법을 알고 있다. 그가 선수들에게 기대하는 것은 꾸준한 승리의 정신이다.

"좋든 싫든, 승리만으로는 충분치 않아요. 만약 우리가 4강에도 들

---

* 이 팀은 2017년 2월 14일에 100연승을 거두었다.

지 못한다면, 그 시즌은 망친 것이라는 공감대가 있어요."

이 팀은 너무나 강력해서 몇몇 기자는 '경기가 시시하다'고 불평을 늘어놓기까지 한다. 게다가 매사추세츠 주 스프링필드의 신문 〈리퍼블리칸〉은 이 팀의 경기 결과표를 보도하지도 않았는데, 왜냐하면 신문기자 론 치멜리스Ron Chimelis의 말처럼 '그것은 판세가 빤한 선거의 최종 투표 결과를 보도하는 것과 마찬가지'이기 때문이었다.[15]

사랑스러운 패자 : PI 공유의 나쁜 사례

성공적인 팀에서 승리에 대한 기대가 좀처럼 사그라지지 않는 것처럼, 왠지 모르게 안 풀리는 팀에서는 정반대되는 현상을 관찰할 수 있다. 패배의 그림자가 팀 전체에 짙게 드리워져 선수들이 좀처럼 제 실력을 발휘하지 못하는 것이다. 예컨대 영화 「꼴찌 야구단The Bad News Bears」에 나오는 사랑스러운 패자들의 우스꽝스런 실수를 떠올려보라. 프로 농구팀 필라델피아 세븐티식서스도 여러 해 동안 그런 패자의 모습을 연출했다.

야구팀 뉴욕 메츠의 1962년 시즌은 패배에 대한 두려움이 팀 전체로 확산되면서 진짜 문제가 되고 말았다. 120번의 패배 기록만으로는 그들이 얼마나 끔찍한 팀이었는지 제대로 설명하기 어렵다. 그들의 치욕적인 기록을 몇 가지 열거하자면 에러가 210개였고, 팀 평균 타율은 2할 4푼이었으며, 20패를 기록한 투수가 두 명이나 되었다(게다가 세 번째로 성적이 나빴던 제이 훅Jay Hook은 19패를 기록했다!).[16] 또한 다저스의 투수 샌디 쿠팩스Sandy Koufax는 이 팀을 상대로 생애 최초의 무안타 경기 기록을 달성했다. 이런 비참한 상황에 걸맞게 뉴욕 메츠는 시즌 마지막 경기에서 8회의 반격 기회를 무산시키는 트리플 플레이를 당하면서 또다시 무릎을 꿇고 말았다. 톰 시버Tom Seaver라는 전설적인 투수와 길 호지스Gil Hodges 감독의 뛰어난 지도력을 바탕으로 팀 분위기가 역전되고 프로팀다운 환경이 조성되면서 1969년에 '기적의 메츠' 팀이 되기까지는 7년이라는 긴 시간이 흘러야 했다.

추락한 스타

때로는 위대한 업적과 화려한 경력을 뽐내는 남자 스타일수록 더 추악한 범죄를 저지른다. 한때 여러 스포츠 분야에서 올스타급의 실력과 명성을 떨치다가 각종 이유로 고발을 당하고 위신이 추락한 선수들의 명단을 훑어보면 정신이 혼미해질 정도다. 살인(O. J. 심슨Simpson), 도박(피트 로즈Pete Rose), 스테로이드 복용(마크 맥과이어Mark McGwire), 도핑(랜스 암스트롱Lance Armstrong), 약물 남용(라마 오돔Lamar Odom), 강간(마이크 타이슨Mike Tyson), 극단적인 간통과 난교(타이거 우즈Tiger Woods), 성폭행(코비 브라이언트Kobe Bryant와 로렌스 테일러Lawrence Taylor), 난투(마이클 빅Michael Vick) 등등이다. 한때 걸출한 능력을 발휘했던 많은 스타들이 왜 이렇게 깨끗한 삶을 사는 데 실패했을까?

남자 선수들은 특정한 인생관을 가진 인물로 주조되는 경향이 있다. 지나친 일반화일지 모르지만, 내가 보기에는 클럽과 고등학교 코치, 부모와 팬들이 그들을 끊임없이 부추긴다. 왜냐하면 주위 사람들이 모두 그들의 공격성을 칭찬하기 때문이다. 수년간 그들은 승리의 영화와 완벽하고 우월한 자기 이미지를 마음속으로 보아왔으며, 그것이 삶의 다른 영역으로까지 확장된다. 승리의 관점에서 보면 높은 PI가 실생활의 관점에서 보면 낮은 PI를 초래할 수 있는 것이다. 다시 말해 몇몇 선수는 자신이 사회적 관례에 대해 면제부를 받았으며 무엇이든 하고 싶은 대로 해도 된다는 환상 속에서 살고 있다.

명예의 전당에 이름을 올린 미식축구선수 조 나마스Joe Namath만큼 자신의 팀에 투지를 불어넣은 선수도 많지 않을 것이다. 이 미남 쿼터백은 1969~1970년 슈퍼볼 대회에서 뉴욕 제츠가 더 강력한 위용을 자랑하던 볼티모어 콜츠를 상대로 승리할 것이라고 장담했으며, 실제로 스포츠 역사상 가장 커다란 이변 중 하나를 제츠에 선사했다. 그러나 전성기 때는 한 세대의 우상이자 섹스 심벌과도 같았던 나마스의 PI는 쿼터백으로서 증명된 자신의 재능을 바탕으로 성공의 전리품을, 대개는 여성과 알코올을 손에 넣으려 할 만큼 저급한 것이었다. 유행을 좇는 그의 취향 때문에 '브로드웨이 조'라는 별명이 붙은 나마스는[17] 술에 취해 리포터 수지 콜버Suzy Kolber를 희롱하는 장면이 카메라에 잡히는 바람에 스포츠 팬들의 비난의 대상이 되고 말았다.

나마스나, 언뜻 보기에 많은 것이 면제된 듯한 슈퍼스타들이 명예의 자리에서 추락하는 것은 순식간이었다. 가공되지 않은 감정과 낮은 PI 및 높은 수준의 남성호르몬을 지닌 몇몇 남자 선수에게 쉽게 얻을 수 있는 돈과 알코올, 섹스와 약물은 너무나 매혹적이었다. 그런 선수들은 자신의 막강한 운동 능력을 확신한 나머지 운동장에서 자신을 빛나게 만들어준 본능을 사생활에서의 처신과 분리하지 못했다. 자신의 불패 능력에 대한 지각 때문에 운동장 밖에서의 PI가 황폐해졌으며, 어리석은 선택을 하여 심각한 결과를 떠안게 되었다. 이렇게 PI는 우리에게 소중한 것을 선사할 수도 있고 빼앗을 수도 있다.

　　몇몇 선수는 수년간 노력한 끝에 적어도 일부 팬들 사이에서 명예를 회복할 수 있었다. 마크 맥과이어는 근육강화제 복용 사실을 인정한 뒤 세인트루이스 카디널스의 벤치코치로 메이저리그 야구에 복귀할 수 있었다. 마이크 타이슨은 영화 「행오버The Hangover」에 출연해 호평을 받았으며, 적어도 겉보기에는 가정적인 남자로 재탄생한 것처럼 보인다. 동물 학대 혐의로 수감 생활을 한 마이클 빅은 빚을 모두 청산하고 NFL(내셔널 풋볼 리그)로 돌아올 수 있었다. 오늘날 그는 학대받는 귀여운 강아지들을 위해 모금 운동을 벌이는 공익광고에 출연한다. (사실을 말하자면, 이 일은 내가 더 적극적이었다. 나는 대단한 애견가다.)

　　영구 부적격자 판정을 받아 야구 명예의 전당에 들어갈 수 없었던 피트 로즈의 경우처럼 타인의 입장에서 볼 때 용서와 속죄는 결코 쉬운 일이 아닌데, 왜냐하면 문제의 출발은 어느 누구의 잘못도 아닌 바로 본인의 잘못이기 때문이다. 이른바 경기의 진실성이 위협받고 팀 동료에게까지 나쁜 영향을 미치는 상황에서는 처벌이 더 엄하고 장기적인 경향이 있다. 예컨대 투르 드 프랑스 사이클 경기에서 역사상 유례없는 7회 우승의 금자탑을 쌓아 올린 랜스 암스트롱이 과연 예전의 명성을 어느 정도라도 되찾을 수 있을지는 매우 의심스럽다. 왜냐하면 암스트롱의 도핑 사실은 사이클계를 배신하고 훼손했을 뿐만 아니라 팀 동료들까지 가담하도록 만든, 용서할 수 없는 죄악을 저질렀다는 느낌이 강하게 남아 있기 때문이다. 이 경우에 승리의 PI는 팀 동료들 사이에서 암스트롱의 전철을 따라야만 할 것 같은 매우 광적이고 왜곡된 형태로 공유되었으며, 결국 그에 연루된 많은 선수들에게 똑같이 비싼 대가를 치르도록 만들었다.

우리의 DNA와 팀 셔츠에 녹아 있는 광적인 팬덤 문화

많은 팬들은 자신의 팀과 선수들에 대한 열광적인 사랑과 헌신을 전 세계에 알리기 위해 경기장뿐만 아니라 집에서도 가슴에 페인트칠을 하고 머리를 염색하며 몸에 문신을 새기곤 한다. 그들이 환호하고 또 때로는 야유를 퍼붓는 선수들과 마찬가지로 팬들에게도 어린 시절 스탠드에서 팀 셔츠를 입은 채 형이나 오빠, 부모, 조부모 등과 함께 자신의 팀을 응원했던 오랜 기억이 뼛속 깊이 남아 있다. 코미디언 제리 사인펠드Jerry Seinfeld는 우리가 팀이나 선수를 응원하는 것이 아니라 '옷을 응원한다'는 농담을 던진 적이 있는데,[18] 실제로 팀과 선수는 자주 연고지를 바꾸지만 우리는 똑같은 팀 유니폼을 입은 새로운 선수들에게 똑같은 성원을 보낸다. 그러나 여러 세대에 걸친 뉴욕 양키스나 레드삭스 야구팀의 팬들은 (그린베이, 피츠버그, 오클랜드 등지의 열광적인 미식축구 팬들과 마찬가지로) 다르게 생각할 것이다. 오히려 그들은 팀 정신과 팀 컬러가 팀 DNA의 정수라고 말할 것이다. 팀에 대한 이런 충성은 미국 스포츠계만의 현상이 아니다. 영국 맨체스터와 리버풀의 축구 광신자들은 술집에서 그들이 떠받드는 팀을 조금이라도 폄하하는 말을 들으면 전면적인 싸움도 불사하는데, 이는 어찌 보면 자기 부모를 욕하는 말을 들었을 때보다도 더 민감한 반응이다. 그리고 몬트리올 캐나디언스 아이스하키팀의 과격한 팬들이 중요한 승리를 축하하면서 난동을 부릴 때는 어느 누구도 방해하려 들지 않을 것이다. 이런 경우에는 팬들의 지각이 그들의 감정

과 매우 밀접하게 결부되어 있어서 왜곡된 PI 때문에 심각한 결과가 초래
될 수 있다. 다들 알다시피 '팬fan'이라는 단어는 '광신자fanatic'를 줄인 것
이다.

　뉴욕 양키스의 팬이라면 으레 세로줄 무늬 유니폼, 챔피언 반지, 가
을 시즌의 영웅, 목숨보다 소중한 명예의 전당급 선수 등등에 관한 유산
에 매력을 느끼게 마련이다. 베이브 루스, 루 게릭, 미키 맨틀Mickey Mantle,
요기 베라Yogi Berra, 레지 잭슨Reggie Jackson 등을 생각해보라. 최근에는 데
릭 지터Derek Jeter와 마리아노 리베라Mariano Rivera 같은 선수들이 이 경전에
추가되었다. 양키스 경영자들은 팬들의 상상력에 뿌리내린 이런 전통을
잘 알고 있으며, 당연히 이것은 광고와 관련 상품, 브롱크스 스타디움의
입장료 등에도 반영된다.

　끝날 줄 모르는 타이틀 가뭄에 시달린 팀(보스턴 레드삭스나 시카고 컵스 같
은 팀)들의 경우에도 최악의 시기에조차 팀에 대해 엄청난 자부심을 느끼
는 팬이 수두룩하다. 그러나 세월이 지나면서 이런 팬들의 마음에도 다
리 사이로 공을 빠뜨리거나 팬 때문에 방해를 받은 선수의 모습, 마지막
회의 결정적인 역전패 같은 저주의 이미지가 점차 쌓이게 된다. 그래서
레드삭스와 컵스가 너무나 오랫동안 기다렸던 운명의 순간을 접하기도
전에 팬들은 온갖 비극적인 고통에 시달리게 되며, 그런 운명의 순간이
왔을 때 팬들의 PI는 큰 충격을 받게 되고 수십 년간 그들의 인간관계와
경력에도 나쁜 영향을 미치는 강력한 속병을 앓게 된다.

　많은 경우 패하는 팀과 결부되는 것은 낮은 자존감과, 심지어 우울
증을 의미했다. 레드삭스가 '밤비노의 저주'(베이브 루스)를 깨고 마침내
2004년 아메리칸리그 챔피언십 시리즈에서 그들의 사악한 적인 양키스
를 기적적으로 무찌른 뒤 월드시리즈에서 카디널스에 압승을 거두기까

지, 보스턴 레드삭스의 팬들은 자그마치 86년 동안 가슴을 쥐어짜는 나날을 보내야 했다. 어찌 보면 그 후로 보스턴 레드삭스의 팬들은 실패와 연관되지 않은 완전히 새로운 정체성을 만끽하고 있다. 이제 그들은 최근에 세 개의 월드시리즈 트로피를 보유한 팀(2018년에도 월드시리즈 우승을 차지함으로써 21세기 들어 네 개의 우승 트로피를 보유하게 되었다 - 옮긴이)에 대해 자부심을 느낄 수 있으며, 더 이상 비통함에 찌든 전망 속에서 허덕이지 않는다. 보스턴의 항우울제 판매액은 모름지기 역사상 최저치를 기록하고 있을 것이다(게다가 뉴잉글랜드 패트리어츠 미식축구팀까지 연승을 거두고 있지 않은가!).

물론 팬들 중에는 자신의 팀과 승리에 너무 몰두한 나머지 극단적인 행동을 하는 경우도 있었다. 승리에 도취한 나머지(또는 모든 것이 무너지는 듯한 패배를 겪은 뒤에) 자동차를 뒤집어엎는 팬들은 가장 위험한 의미에서 광신자임이 틀림없다. 승리를 갈구하는 극단적인 팬들의 모든 희망과 꿈은 그들의 감정에 깊이 뿌리내리고 있었으며, 폭발 직전까지 내면에 차곡차곡 쌓이고 있었다. 그래서 컵스 팬인 스티브 바트만Steve Bartman은 리글리 경기장에서 열린 2003년 포스트시즌 경기 도중에 공을 가로챈 행위로 인해 살해 위협에 시달려야 했다.

통제력을 상실한 팬들의 PI에 관한 가장 비극적인 이야기는 아마도 1994년 콜롬비아의 한 나이트클럽에서 축구선수 안드레스 에스코바르 살다리아가Andrés Escobar Saldarriaga가 최소 여섯 번의 총격을 당한 사건일 것이다.[19] 그는 FIFA 월드컵에서 본의 아니게 팀에 자책골을 선사했다는 이유로 살해되었다. 이 살인 사건과 연관된 세 남자는 범죄 조직의 일원이었을지 모르며, 도박 실패와 연관된 복수였을지도 모른다. 그러나 갱단의 살해와도 같은 이 사건의 배후에는 광신적인 팀과 국민적인 자존심이 놓여 있었던 게 틀림없다.

지금까지 우리는 전 세계 수십억 명의 팬이 크게 왜곡된 PI의 렌즈를 통해 자신의 팀을 바라보는 것에 관해 살펴보았다. 다음 장에서 우리는 어째서, 그리고 어떻게 수많은 사람들이 저녁 식탁 위에서 꽤 기이한 것을 마주하고 있다고 믿게 되는지 살펴볼 것이다.

제7장

완전한 지각

치즈 샌드위치 하나에 2만 8,000달러?

당신이라면 치즈 샌드위치 하나에 얼마를 기꺼이 지불하겠는가? 6달러? 7달러? 기껏해야 8달러를 넘지 않을 것이다.

2015년 뉴욕 시의 인기 있는 레스토랑 '세런디피티 3'에서는 정신이 멀쩡한 손님들이 기네스북에 오른 '그릴 치즈 샌드위치의 정수Quintessential Grilled Cheese Sandwich'라는 샌드위치를 거금 214달러(팁 별도)에 사려는 요상한 명예를 누리기 위해 길게 줄을 섰다.[1] 이 샌드위치에는 동 페리뇽 샴페인과 24캐럿짜리 식용 금가루를 넣어 만든 빵에 하얀 송로버섯이 가미된 버터가 듬뿍 발라져 있었다. (요즘 세런디피티에서는 '골든 오퓰런스 선디Golden Opulence Sundae'라는 아이스크림선디를 1,000달러에 판매 중인데, 이것을 준비하려면 48시간이 걸린다고 한다……. 이 이야기만 하려 해도 또 다른 책 한 권이 필요할 것이다.) 중국에 굶주리는 아이가 많다는 이야기는 꺼내지도 말자.

세런디피티의 '그릴 치즈 샌드위치의 정수'를 적어도 가격 측면에서 무색하게 만든 먹다 남은 그릴 치즈 샌드위치가 있었는데, 플로리다의 다이애나 듀서Diana Duyser는 2004년에 놀라울 만큼 잘 보존된 10년짜리 그릴 치즈 샌드위치를 경매에 내놓아 자그마치 2만 8,000달러에 팔았다.[2] 도대체 누구에게 이 샌드위치가 그렇게 소중하단 말인가? 이 샌드위치가 어떻게 생겼는지 궁금하다면, 인터넷에서 'http://content.time.com/time/specials/packages/article/0,28804,1918340_1918344_1918341,00.html'*을 방문해보라.

그것은 결코 평범한 그릴 샌드위치가 아니었다. 듀서는 그릴 요리를 할 줄 아는 그저 그런 사람이 아니었다. 이 마이애미 주민은 샌드위치의 프라이팬 자국에 새겨진 성모 마리아의 형상을 보았다고 주장했다. 수많은 사람들에게 이상하게 보일지 모르지만, 이 새롭게 기름 부음을 받은 그릴 치즈의 성배를 둘러싸고 온갖 설왕설래가 있었고, 이것은 약간 멍청할지는 몰라도 돈이 많은 다수의 이베이 입찰자들의 관심을 자극하기에 충분할 만큼 트렌드에 맞는 글로벌 뉴스거리가 되었다. 듀서의 주장에 따르면 수년간 단 하나의 곰팡이 포자도 피지 않았다는 이 신의 창조물은 테레사 수녀 계피 빵(또는 '빵 위의 수녀nun on a bun'라는 애칭으로도 불린다), 지저스 치토스 스낵(또는 '치저스Cheesus'라고도 불린다), 평화의 왕자(예수 그리스도 - 옮긴이) 피에로기 만두 같은 신성한 식품과 어깨를 나란히 하게 되었다.

지난 수년간 꽤 터무니없는 것을 팔려는 시도가 여러 번 있었다. 2003년에는 폴 매카트니Paul McCartney의 감기 세균이 경매에 나오기도 했다. 폴이 감기에 걸렸을 때 한 팬이 의도적으로 접근해 그의 감기를 전달받은 것이다. 이 팬은 자신의 기침을 봉지에 담아 음악적 감화를 받

은 점액을 이베이에서 팔았다. 그로부터 1년 뒤에는 축구선수 조지 베스트George Best의 간이 이식수술 후 판매 목록에 올라왔다(진짜가 아닐 수도 있다는 보도가 있었지만, 과연 누가 그것을 증명할 수 있겠는가?). 그런가 하면 2005년에는 브리트니 스피어스Britney Spears가 호텔 방에서 사용했다는 가정용 임신진단시약이 5,000달러에 팔렸다.[3] 저녁 파티에서 이런 것이 화제에 오르는 장면을 상상해보라.

이런 '신성한' 기념물은 듀서의 그릴 치즈처럼 음식에 얼굴이 나타나지는 않았지만 오늘날의 유명 인사에 몇몇 구체적인, 솔직히 말하자면 조잡한 방식으로 연결된 물품이라고 선전되었다. 그런데 성모 마리아 치즈 샌드위치는 얼마나 특별했기에 그렇게 큰 소동을 불러일으켜 가격이 폭등했을까? 관련된 모든 사람(판매자, 입찰자, 수집가, 구매자 등등)의 머리가 이상해진 것은 아닐까?

우리가 살펴본 것처럼 지각지능은 해석의 공백을 메움으로써 우리의 머릿속에서 돌아가는 필름이 타당한지를 판별하는 데 관여한다. 다시 말해 우리는 마음속 깊이 자리 잡은 경험, 배경지식, 문화적 영향력 등을 바탕으로 그 가래 덩어리가 정말로 비틀즈Beatles 전 멤버의 몸에서 나온 감기 세균인지, 그것이 살균제를 뿌려 재빨리 쓰레기 소각장으로 넘겨야 할 것에 불과하지는 않은지 등에 관해 판단을 내린다.

치즈 샌드위치가 종교적 인물이 현현한 유일한 물건은 아니지만, 신자들에게는 그것이 그리 중요해 보이지 않는다. 그런 사람들은 그 물건이 아무리 초라해 보여도 개의치 않고 관련 해석을 액면 그대로 받아들이기로 결정한 것인데, 그들의 창조물이 실재하도록 만드는 것은 그들의 존재 이유를 떠받치고 있는 내면의 강박적인 욕구이다. 만약 그런 물건이 진짜로 판명난다면(물론 그런 일은 일어나지 않았지만), 그 증인들의 PI는 매우 높을 것이다. 그러나 그런 물건은 대부분 거짓으로 판명되었는데, 그렇다면 그 사람들의 PI는 꽤 낮다고 말해야 할까?

'완전한 지각'은 이미 오래전부터 우리 주위에 있었다. 그것은 플라톤의 지식론에 붙여진 별명이었다. 프랜시스 베이컨은 그것을 가리켜 '자연의 사실에 눈을 확실히 고정한 채 이미지를 있는 그대로 받아들이는' 능력이라고 말했다.[4] PI가 매우 흥미로운 까닭은 이런 식의 종교적 맥락에서 변화된 지각이 아주 자주 나타나기 때문이다. 이제 독자들은 내가 우리의 이해력을 넘어서는 모든 기적적인 지각을 물리쳐야 한다고 주장하는 것인가라는 의문을 품을 것이다. 이 장에서 우리는 이런 의문과 그 밖에 다른 많은 의문에 대해 탐색해볼 것이다. 또한 어째서 몇몇 사람은 전혀 존재하지도 않는 사물을 보게 되는지 살펴볼 것이다.

끝없는 환각

유명한 가톨릭 성상들은 터무니없는 곳에서 출현하는 버릇이 있다. 이 책의 머리말에서 나는 아일랜드 라스킬의 성모 마리아 대성당을 방문한 많은 사람들이 울퉁불퉁한 나무 그루터기에서 성모 마리아상을 보았다고 믿게 되었다는 이야기를 전한 바 있다.[5] 전 세계에 걸쳐 이와 비슷한 출현은 금세기만 따져도 거의 400회에 이르는데, 다음과 같은 곳에서 성모 마리아상이 나타났다.

- 1만 600달러에 팔린 과자 프레첼 위[6]
- 오스트레일리아 시드니의 쿠지 교외에 있는 절벽 근처 울타리 기둥

위[7](그 후로 '울타리 기둥의 성모 마리아'라는 이름을 얻었으며 J. H. 크론Crone이 쓴 시

집의 주제가 되었다)[8]

- 펜실베이니아 마이너스빌의 차고 문 위 공중[9]
- 코네티컷의 한 욕실 문에 두 눈만(TV 프로그램 「펜과 텔러의 헛소리Penn&Teller:

Bullshit!」에서 일화로 소개되고, 또 놀림거리가 되었다)[10]
- 매사추세츠 스프링필드의 머시 메디컬 센터 창문[11]

성모 마리아가 이렇게 완전한 모습으로 돌아다니는 동안,[12] 그의 외

아들도 지금은 오명을 얻게 된 몇몇 욕실 벽에 출현한 것('샤워실 예수')을

비롯해 여러 공개적인 장소에 카메오로 출현했다.[13] 게다가 예수는 순진

무구한 세 살배기 테리어 강아지의 등에도 나타났는데, 현명하게도 이

개의 주인은 이베이 경매에 개를 내놓지 않았다.[14]

신자들은 이런 신성한 출현이 그들에게 예고한 신의 축복을 (그리고

몇몇 경우에는 추가 현금 지출을) 널리 세상에 알린 반면에, 더 냉정한 견

해를 유지한 과학자들은 이 현상을 변상증pareidolia이라고 불리는 환각 탓

으로 해석했다.[15] 이것은 뇌가 어렴풋하거나 불명료한 자극을 무언가 익

숙하고 분명하며 뚜렷한 것으로 해석하도록 우리의 지각지능을 왜곡하

는 지각 오류이다. 우리의 마음은 다양한 요인을 바탕으로 우리가 보는

것을 잘못 해석하는데, 그런 요인에는 어린 시절의 양육 방식, 뜻밖의 발

견, 신경 처리 과정에 내재하는 기이한 버릇 등이 포함된다. 그리고 때로

는 마구잡이로 섞인 이미지들이 너무나 강력한 나머지 함께 엮여서 비범

하고 그럴듯한 지각을 만들어낸다.

환각의 담당 구역은 매우 광대하다. 몇몇 사람은 이것으로 온갖 불

가사의한 현상을 설명할 수 있다고 말한다. 예컨대 UFO의 목격(내가 보기

에 그중 몇몇은 제3장에서 이야기한 '어두운 자각몽'으로 더 잘 설명되는 듯하다), 거꾸로 재생한 녹음테이프에 담긴 메시지(폴 매카트니가 이미 1960년대 중반에 사망했으며 똑같이 재능 있는 사기꾼이 그를 대신하고 있다는 날조된 주장에 따르면, 몇몇 비틀즈 앨범 표지와 거꾸로 재생한 비틀즈 노래에 'Paul is dead'라는 문구 같은 관련 단서가 담겨 있다고 한다),[16] 엘비스Elvis의 출현(여러 쇼핑몰과 주유소에서), 네시Nessie의 목격(요즘은 커다란 메기였던 것으로 추정한다),[17] 그 밖에 귀신 같은 형상이나 뜻밖의 물체에 윤곽선으로 나타난 여러 종교적 인물 등이 있다.

환각의 지배를 받는 것은 정신이 약간 이상한 사람이나 종교적 강박증이 있는 사람에 국한되지 않는다. 우리들 대부분도 많든 적든 환각을 경험한다. 예컨대 우리는 구름, 물웅덩이, 무지개, 일그러지게 현상한 사진, 심지어 달 표면에서도 사람 얼굴을 지각한다. 그런 것이 신기하기는 하지만, 우리는 대부분 조금 생각한 뒤에 그것을 자연의 우연한 현상으로 혹은 과학적으로 설명하면서 더 이상 관심을 갖지 않는다. 여기서 우리의 관심은 치즈 샌드위치처럼 우리의 마음을 크게 뒤흔드는 이미지에 관한 것인데, 왜냐하면 우리의 PI가 길을 잘못 들어서는 바람에 실재에 대한 우리의 이해 범위를 넘어서는 일이 발생하기 때문이다. 그렇지 않고서야 어째서 수천 명이 샌드위치 위의 이미지를 신이 개입한 결과라고 믿겠는가?

얼굴에 담겨 있는 것

어째서 얼굴이 그렇게 자주 환각 경험의 대상이 되는지 잠시 살펴보기로 하자.[18] 우리는 매일 아주 많은 자극에 노출되기 때문에 그중 몇몇

이 우리에게 익숙한 시각 패턴과 어느 정도 비슷한 것은 거의 필연적으로 일어날 수밖에 없는 일이다. 이런 상황에서 얼굴을 자주 경험하게 되는 것은 놀라운 일이 아닌데, 왜냐하면 얼굴은 우리에게 많은 것을 말해주기 때문이다. 얼굴을 바라보는 순간 우리는 잠재의식적으로 그 사람의 나이, 성별, 인종, 문화적 배경 등등 많은 정보를 읽어낸다. 물론 이런 정보는 피상적이고 부정확할 수 있으며 편견이 섞여 있기도 하다. 우리는 때때로 상대방의 안색을 살펴 그 사람이 어디 출신인지, 또는 최근에 어디에 있었는지 추측한다. 짙게 그을린 얼굴을 보면 우리의 PI는 앞에 있는 여성이 플로리다 같은 남부 지방 출신이거나, 아니면 로스앤젤레스의 선탠 침대에서 방금 나왔을 것이라고 해석한다. 우리는 처음 소개받은 사람의 얼굴을 흘낏 쳐다보고도 그 사람이 내게 친구일지, 아니면 적일지를 거의 본능적으로 판단한다. 나아가 상대방의 매력, 기질, 성격, 기분, 그 밖의 여러 성질에 관해 주관적인 판단을 내린다.

얼굴에 대한 관심은 갓난아기 때부터 시작된다. 갓난아기의 시각은 명료하지 못하며 기껏해야 20~30센티미터 떨어져 있는 사물에 초점을 맞출 뿐이다. 또한 흑백과 회색 음영의 이미지밖에 지각하지 못한다. 그렇다면 아기가 받는 자극은 대부분 어떤 종류의 것일까? 그것은 당연히 애지중지하는 마음으로 자신을 바라보는 가족과 친구의 뒤틀리고 불균형적이며 환한 얼굴들이다. 우리의 어린 시절 경험과 생물학적 프로그램을 고려할 때 인간이 얼굴 인식에 크게 의존하며, 나아가 그렇게 많은 엉뚱한 곳에서 인간의 얼굴을 보는 것은 결코 놀라운 일이 아니다. 그리고 이 초기의 얼굴 인식이 환각의 기초인 듯하다.

종교가 우리의 지각을 왜곡하는가?

가톨릭계의 위인들이 물체에 나타난 사례가 그렇게나 많다는 점을 고려하면, 어째서 유대인들은 성서에 기록된 기적의 역사가 넘쳐나는데도 그들이 우상처럼 떠받드는 예언자들이 음식, 차고, 욕실 문 등에 나타나는 것을 보지 못했을까 하는 의문이 든다. 유월절에 즐겨 먹는 경단에 모세와 꼭 닮은 모습을 보았다는 사람이 적어도 몇 명은 되어야 하지 않은가? 수치상으로 예수 목격 사례는 수천 건, 모세 목격 사례는 0건이다. 왜 그럴까?

위에서 논의했듯이 우리의 마음은 침대에서 엄마와 아빠를 바라보던 시절부터 환각을 경험하도록 프로그래밍된 듯하지만, 몇몇 집단은 다른 집단보다 더 자주 그런 경험을 하는 듯하다. 이것은 바람직하든 그렇지 않든 간에 일단 보고된 사례의 명백한 숫자 차이로 드러나는 객관적인 사실이다. 강력한 종교적 신념이나 초자연적 현상에 대한 일반적인 믿음 자체가 사람들로 하여금 성모 마리아나 예수 그리스도의 얼굴 같은 특정한 얼굴에 더 민감하도록 만들 것이다. 왜냐하면 가톨릭 신자의 마음속에는 아주 어릴 적부터 그 이미지가 새겨져 있기 때문이다. 그 이미지는 회화, 조각, 책 등에 빈번하게 묘사되어 있을 뿐만 아니라 신도들이 교회에 발을 들여놓을 때마다 스테인드글라스에서 그들을 둘러싸고 있다. 성모 마리아와 예수 같은 신성한 인물의 얼굴은 인간적인 특징과 자세(두 손을 모은 채 명상에 잠긴 듯한 모습 등)에서 쉽게 인식할 수 있다. 그런 얼굴에 대한 해석과 의미 부여를 통해 우리는 독실한 신자들의 PI에 관해 많은 것을 알 수 있다.

'인정', '의심', '신뢰', '발견', '상상'은 PI의 핵심 요소이다. 그런데 새로운 증거가 나타나는 순간, 진실을 둘러싼 우리의 모든 신념과 의심은 순식간에 뒤집힐 수 있다. 만약 치즈 샌드위치 위의 얼굴이 말하는 것을 무신론자가 들었다면, 그 얼굴의 진실성에 대한 그의 해석은 크게 바뀔 것이다. 그러나 의심과 비판적 사고는 발견 과정을 들여다보며 우리의 상상에 정당한 의문을 제기한다. 그것은 우리에게 쏟아지는 수많은 암시와 왜곡으로부터 우리의 마음을 해방한다. 내가 무언가를 '발견'했을 때, 수년에 걸친 과학적 훈련 덕분에 나는 더 구체적인 증거가 나올 때까지 그 경험의 진실성에 대해 의문을 제기할 수 있다.

종교가 문명에 기여한 가장 중요한 점은 자연계에 질서를 부여하고 준수할 규칙 체계를 확립하려는 인류의 첫 번째 시도였다는 사실이다. 사람들이 이 최초의 신념체계를 창조했을 때는 아무런 대안이 없었다. 그러나 오늘날 우리는 더 이상 어둠 속에 있지 않다. 감히 주장하건대, 초기 종교의 몇몇 창시자보다 내 쌍둥이 딸이 이 세계의 자연 질서에 관해 더 많이 알 것이다. 서양 사람들은 대부분 악령이 질병을 야기한다거나, 번개가 나쁜 짓을 저지른 사람의 집에 떨어진다거나, 자연재해가 신의 징벌이라고 더 이상 믿지 않는다.

성모 마리아가 치즈 샌드위치나 프레첼을 선택해 자신의 존재를 알리려 했다고 오늘날까지도 주장하는 헌신적인 신자들에 관해 설명하자면, 그들의 마음이 그런 출현의 진실성을 확신하게 된 까닭은 그들의 종교적 상상과 어릴 적 양육 방식 때문일 것이다. 그리고 자신의 신념체계가 타당하다는 것을 반드시 증명해야 할 필요성, 세상 만물의 질서를 종교로 설명하고 싶은 강력한 욕구, 그것이 없으면 혼돈 또는 무의미한 세계가 있을 뿐이라는 두려움 등이 작용했을 것이다. 그런 사람들은 많은 경우에 자신의 주장에 대한 반박이 공격적이고 불손하다고 느낀다. 왜냐하면 그들의 잘못된 PI가 비판적 사고의 버튼을 꺼버렸기 때문이다. 성모 마리아가 토스트 빵 위에 실제로 나타났다는 주장이 과학적으로 명백하게 반증되기도 전에, 그들의 거품을 터뜨리는 우리는 과연 누구인가? 솔직히 말하자면, 아무리 확실한 증거를 들이대도 그런 신자들의 확신을 바꾸기는 좀처럼 쉽지 않을 것이다. 이렇게 PI는 중국의 만리장성보다도 강력한 믿음과 의지력을 창조할 수 있는 잠재력을 가지고 있다.

월터 미티의 은밀한 생활은 모두 환각이었을까?

지각지능이 낮으면 치즈 샌드위치에 새겨진 것이 정말로 성모 마리아의 얼굴이라고 믿게 될 수 있는 반면, 그런 이미지를 거짓으로 인식할 수 있는 능력은 높은 PI의 핵심이다. 샤를 보네 증후군이라는 별로 알려지지 않았지만 놀라울 정도로 흔한 장애를 예로 들어보자.[19] 이 질환이 있는 사람은 완전한 또는 일부 실명 상태인데도 존재하지 않는 물체의 생생하고도 매우 현실적인 이미지를 본다(머리말에서 이에 관해 언급한 바 있다). 이 장애가 있는 환자들은 보통 눈이나 뇌에 있는 시각 경로의 어딘가가 손상되어 일부 또는 완전한 실명 상태이다.

샤를 보네 증후군이 있는 사람에게 이 세계는 생생하지만 비현실적인 이미지들로 꾸며진 장소이며, 갑자기 나타났다 사라지는 그런 이미지가 겨우 몇 초만 보이기도 하고 몇 시간 동안 지속되기도 한다.[20] 그것은 매우 흔한 물건(병이나 모자)일 수도 있고, 머리에 쥐가 나도록 터무니없는 것(엄청나게 큰 꽃이 머리 대신 달린 아이가 춤을 추는 모습)일 수도 있다. 수정처럼 투명하고 복잡한 패턴, 사람들, 얼굴, 건물, 만화 속 인물, 아이, 동물 등등에 대한 환각은 종종 놀라울 정도로 세밀하며 당사자를 매우 혼란스럽고 깜짝 놀라게 만들곤 한다. 그렇다고 이들이 미친 건 아니다. 샤를 보네 증후군이 있는 사람들은 방향감각이 멀쩡하고 지적인 경우가 많다. 그들이 경험하는 이미지는 결코 그 사람의 인격과 상호 작용하지 않는다. 이것은 샤를 보네 증후군과 조현병 같은 정신질환의 중요한 차이인데, 정신질환의 경우 환각이 종종 당사자와 상호 작용한다. 샤를 보네 증후군이 있는 사람들은 대개 높은 PI를 지니고 있는데, 왜냐하면 그들은 환각이 실재하지 않는다는 것을 인식하기 때문이다. 반면에 조현병이 있는 사람들은 거의 불가항력적으로 그런 통찰을 갖지 못하며, 그래서 이 영역의 PI가 낮고 매혹적인 환영에 넘어가고 만다.

미국의 가장 위대한 익살꾼 중 한 명이자 고전적인 단편소설「월터 미티의 은밀한 생활The Secret Life of Walter Mitty」의 저자인 제임스 서버James Thurber는 샤를 보네 증후군을 앓았다는 의혹이 있다.[21] 여섯 살 때 형이 잘못 쏜 화살에 맞아 한쪽 눈을 잃은 서버의 삶은 순탄치 않았다. 얼마 지나지 않아 다른 쪽 눈마저 보이지 않기 시작했다. 40세가 되었을 때 서버의 삶은 흐려졌다. 그의 세계는 어둡고 지루한 대신에 환각과 초현실적인 이미지로 가득 찬 환상적인 세계로 변모했다. 평범한 물체와 경험들이 탈바꿈하기 시작했다. 그는 시내버스에서 내리는 한 여성의 지갑을 살아 있는 닭으로 착각해 그녀를 질겁하게 만든 일을 회상했다. 그런가 하면 그의 바람막이 창유리에 너저분하게 묻은 먼지 자국은 군복 차림의 병사들과 사과 모양의 장애인 여성들로 변모했다. 언젠가 안경이 망가졌을 때 서버는 이렇게 썼다.

'나는 국립은행 위에서 쿠바 국기가 휘날리는 것을 보았다. 나는 회색 파라솔을 든 동성애자 할머니가 트럭 바로 옆으로 걸어가는 것을 보았다. 그리고 나는 줄무늬가 있는 작은 통 안의 고양이가 거리를 가로질러 굴러가는 것을 보았다. 나는 다리가 풍선처럼 천천히 공중으로 올라가는 것을 보았다.'

샤를 보네 증후군은 시각 박탈에 대한 일종의 정교한 '채우기' 반응이다. 서버의 환각은 비현실적인 방식으로 해석된 환영이며, 그 원인은 시력이 마음과 소통하는 데 실패했기 때문이다. 변상증과 마찬가지로 이런 종류의 환각도 눈과 뇌 사이의 복잡한 관계에서 비롯될 수 있는 온갖 복잡한 현상 중 한 예이다.

서버의 작품에 등장하는 가장 유명한 인물인 월터 미티의 상상은 매우 창조적이다. 그의 환상은 멀리 광범위하게 뻗어나간다. 자신을 어느 때는 영웅적인 비행사로, 어느 때는 뛰어난 외과 의사로, 또 어느 때는 총살형을 집행하는 병사들을 바라보며 비웃는 남자로 상상한다. 그리고 가끔씩만 평범한 남자로서 단조롭게 살아가고 있는 실재 세계로 마지못해 돌아온다. 어째서 그가 백일몽에서 벗어나기를 망설이는지는 어렵지 않게 알 수 있다.

서버의 환각에는 서로 다른 내적 모순이 반영되어 있다. 그의 환각은 시각적으로 실재하는 것 같지만, 그의 PI는 그것이 거짓이며 무시해야 할 것이라고 말한다. 우리의 마음을 사용해 의지대로 사물을 보거나 보지 않는 법을 배우는 것은, 무언가 훌륭하고 창의적이며 새로운 것에 다가가기 위한 다음 단계이다.

자신의 샌드위치에서 성모 마리아의 모습을 본다면?

그렇다면 실제로 있지도 않은 사물을 보곤 하는 우리는 어떤 존재인가? 있지도 않은 상상의 패턴을 보거나 아무것도 없는 곳에 의미를 부여할 때, 우리는 미친 것인가? 프라이팬의 탄 자국에서 성모 마리아의 얼굴을 보거나 구름에서 이런저런 동물의 모습을 찾아내는 것은 정신병의 신호인가?

우리가 음식, 배우자 또는 일상생활에 중요한 그 밖의 많은 것들을 선택하며 살아가듯이 우리는 태어날 때부터 패턴을 탐지하고 의미를 부여하도록 프로그래밍된 듯하다. 앞에서 논의했듯이, 태어난 지 몇 분 지나지 않은 아기도 얼굴의 일반적 특징을 지닌 것에 초점을 맞출 줄 안다. 재빨리 사고하고 평가하는 뇌의 능력은 생존에 긴요한 진화적 적응의 산물이다. 우리의 뇌는 평생 동안 온갖 잡다하고 불특정한 선과 모양, 표면과 빛깔 등을 분류하고 또 분류한다. PI의 재능을 좌우하는 것은 실재에 기초한 것과 거짓된 것의 차이를 이해하는 능력이다. 그런 이미지들을 이해하고 그것들에 의미를 부여하는 능력에 우리의 생존이 달렸다. 그것은 이미지를 우리의 장기 기억에 저장된 무언가와 일치시키는 형태를 띨 수도 있다. 그리고 때로는 약간 애매한 사물을 우리가 좀 더 쉽게 이름을 부를 수 있는 사물과, 예컨대 우리에게 익숙한 얼굴과 일치시키기도 한다.

이른바 완전한 지각은 기대의 산물일 수 있다. 빵 한 조각에서 성모 마리아의 이미지를 보는 것은 우리가 우리의 희망과 꿈을 바탕으로 세계를 어떻게 해석하는지를 말해준다. 우리는 우리가 보는 것에 우리의 편향을 투사하는 경향이 있는데, 그것은 우리가 어떻게 자랐는지, 무엇을 믿도록 교육받았는지, 무엇을 실재하는 것으로 받아들이는지, 그래서 어떻게 공백을 메우고 세계를 이해하며 세계에 질서를 부여하고 우리의 믿음을 재확인할지와 밀접하게 관련되어 있다.

다른 많은 종교적 목격담과 마찬가지로 성모 마리아 그릴 치즈도 그것을 믿는 사람들이 지닌 지각지능의 결과임이 틀림없다. 노골적으로 말하자면, 과학의 관점에서 그것은 평범하고 오래된 치즈 샌드위치일 뿐이다. 그래서 어떻단 말인가? 우리는 상상의 얼굴을 보길 원하고, 불가능한 것이 가능하다고 믿길 원한다. 바로 그런 이유 때문에 우리는 슈퍼히어로에 열광하고, 바로 그런 이유 때문에 할리우드에서 「가디언즈 오브 갤럭시Guardians of the Galaxy」나 「앤트맨Ant-Man」 같은 애매모호한 히어로물을 포함해 그렇게 많은 슈퍼히어로 영화를 만들어도 우리의 욕구가 식지 않는 것이다. 우리에게 그렇게 집요한 상상력이 없다면 우리는 독특한 존재도 아닐 것이며, 무언가를 질문하고 탐구하며 창조하지도 못할 것이다. 우리의 회의주의적인 PI가 '너무 강력한' 힘을 가진다면, 제임스 서버의 세계 같은 것은 우리에게 존재하지 않았을 것이다. 그와 마찬가지로 파블로 피카소, 조지아 오키프Georgia O'Keeffe, 마하트마 간디Mahatma Gandhi, 마틴 루터 킹 주니어Martin Luther King Jr., 비틀즈, 아레사 프랭클린Aretha Franklin, 스티브 잡스Steve Jobs, 마돈나Madonna(그릴 치즈 위의 성모 마리아 말고 가수), 스티븐 스필버그Steven Spielberg, 진 로든베리Gene Roddenberry, 오프라 윈프리Oprah Winfrey, 그 밖에도 외골수의 빛나는 상상력을 바탕으로 세상에 큰 영향력을 발휘한 수많은 사람들도 존재하지 않았을 것이다.

칼 세이건은 다음과 같이 멋지게 말했다.[22]

'상상력은 종종 우리를 존재하지도 않는 세계로 이끌 것이다. 그러나 그것이 없다면 우리는 아무 데도 가지 못할 것이다.'

지금까지 우리는 어떻게 우리의 지각이 우리를 강제해서 음식이나 그 밖의 물체에서 꽤 터무니없는 것을 보고 믿게 되는지, 그래서 어떻게 그런 물체의 가치가 과도하게 폭등하는지 살펴보았다. 다음 장에서 우리는 일상적인 거래에서, 특히 자동차 구매 같은 중요한 결정을 내려야 할 때 어떻게 죄책감이 우리의 지각을 조작하기 위해 사용되는지 살펴볼 것이다.

제8장

감각적인 것의 마력

지각지능을 장악하는 상호성

로마의 철학자 키케로는 '감사는 최고의 미덕일 뿐만 아니라 다른 모든 것의 근원이다'라고 말했다.[1]

오늘이 당신의 생일이라고 상상해보자. 당신이 잘 알지도 못하는 사람이 근사한 선물을 보낸다. 그녀는 '친구의 친구'이다. 단지 그 이유만으로 당신과 그녀는 페이스북 친구가 되었다. 1년 전쯤 당신은 우연히 스타벅스에서 그녀를 만났고 앉아서 잠시 얘기를 나누었다. 대화는 술술 풀렸지만 당신은 페이스북 게시물의 '좋아요' 버튼을 이따금 누르는 이상의 우정으로 나아가는 데는 관심이 없다. 솔직히 말해 당신은 그녀와 더 가까워질 수도 있지만 그녀를 멀리할 수도 있다고 생각한다. 그런데 이제 당신은 그녀가 보내준 비싼 선물을 바라보고 있다. 곧 다가올 그녀의 생일에(공교롭게도 당신은 페이스북을 통해 그녀의 생일이 몇 주 후라는 것을 알았다) 비싼 선물과 함께 그녀의 호의를 되돌려 보낼 것인가? 그녀의 페이스북 담벼락에 메모하고 말 것인가? 그런 것을 꼭 해야 하나? 한번 생각해보라. '맘

소사! 소셜 미디어상이기는 하지만 그런 실례가 어디 있어'라면서 당신은 페이스북 담벼락에 생일 축하 메시지를 남기지 않은 사람들을 업신여겼을 것이다.

누군가에게서 선물을 받으면 당신은 곧바로 보답해야 한다고 느낀다. 왜냐하면 당신의 지각지능이 공격당하고 있기 때문이다. 로버트 치알디니Robert Cialdini가 그의 베스트셀러 『설득의 심리학Influence』에서 만들어낸 용어인 '보답 원리'는 날마다 사람들을 설득하여 구매하게 하는 장사꾼과 판매원이 사용하던 것이다.[2] 자동차 대리점의 상호성 게임은 악명 높다. 당신은 정말로 당신의 졸리는 듯한 표정에 영업사원이 마음이 불편해서 자꾸 커피를 리필해준다고 생각하는가? 어째서 당신은 영업사원이 페이스트리, 도넛, 쿠키 또는 팝콘을 마음껏 먹으라고 한다고 생각하는가? 영업사원은 당신이 잔뜩 먹고 나서 무언가 빚지고 있다고 느끼기를 기대한다. 영업사원은 자기가 후하게 대접해주기 때문에 당신이 잠시 망설이다가 결국 다른 곳에서 싼값으로 자동차를 구매하는 대신 비싼 자동차에 계약금을 걸 것이라고 생각한다. 와우, 진짜 비싼 커피였다! 그런 줄도 모르고 당신의 의무감은 당신의 감각지능을 장악하고 있었다. 감각지능은 영업사원이 공짜로 먹을 것을 내놓았다는 이유만으로 이 대리점에서 자동차를 구매해야 한다고 당신을 설득했다. 호의에 보답하지 않고 어떻게 대리점을 떠날 수 있겠는가?

상호 의무는 공평하지만 이런 교환은 대개 불공평하다. 당신이 자동차 대리점에서 소비한 총비용은 사탕발림에 넘어가 구매하게 된 자동차 가격에 비하면 아무것도 아니다. 상호성은 우리의 지각을 바꿔놓고 우리의 행동에 영향을 미치는 힘을 가지고 있다. 처음에 당신은 그저 이것저것 살펴볼 요량으로 자동차 대리점에 들렀을지 모른다. 애당초 요모조모 더 살펴보고 조사해보기 전에는 자동차를 구매할 생각이 없었다. 그런데 이제 당신의 현실은 '선택 사항을 죄다 살펴보고 매장을 둘러본 뒤 돈을 모아 자동차 가격이 내리는 연말에 구매할 수도 있겠다'에서 환상적인 절충을 꾀하는 마음 상태로 바뀐다. 공짜 커피와 스낵을 대접받고도 자동차를 구매할 의무는 없다. 그러나 당신은 구매해야 한다는 압박감에 사로잡힌다. '이 영업사원이 이렇게 열심히 일하고 후하게 대접해주는데 어째서 다른 곳의 영업사원이 수수료를 챙기도록 한단 말인가?' 당신은 자신을 합리화한다.

실제로 '맞대응tit for tat'하고자 하는 무의식적인 욕구는 지각된 부채를(그것이 긍정적인 것이든 부정적인 것이든) 갚아야 한다는 의무감을 촉발하곤 한다. 부정적인 것은 (뒤에서 얘기할) 복수가 그 사례이다. 원하지 않은 부채 또는 의도하지 않은 부채라는 멍에를 지고 살면 감각지능이 손상될 수 있고 확신하지 못하게 되며 쉽게 이용당하거나 지배당하고 앞길에 대한 분명한 감각을 잃게 된다. 이런 사정 아래서 우리는 서로 주고받는다는 욕구에 도대체 저항할 수 있을지 의심하게 된다.

우리는 죄책감을 느끼도록 프로그래밍되었는가?

유대인 가정이나 이탈리아인 가정에서 자란 사람은 틀림없이 우리가 느끼는 죄책감을 상당 부분 공유할 것이다. ("전화한 지 벌써 1주일이네"라고 낯익은 목소리가 당신을 꾸짖는다. "가여운 늙은 어미는 벌써 잊었나? 가끔 전화하면 얼마나 좋아. 어쩌면 이게 우리의 마지막 통화일지도 모르잖아?") 내가 셀리나Selina와 약혼하자 어머니는 사랑하는 아들을 빼앗기는 것이 못내 아쉽다는 듯이 한숨을 푹 쉬면서 옛 애인을 들먹였다. "그럼 소피Sophie······." 이른바 우리가 지고 있는 십자가는 대부분 골고다 길에서 예수가 졌던 십자가에 비할 수는 없지만(예컨대 내 딸의 십자가는 1주일에 한 번 방을 청소하는 것이다) 우리는 잘 참아낸다. 또는 적어도 그렇게 생각한다. 그러나 당신의 문화적 유산과 상관없이 약간의 죄책감은 언제나 우리의 일상적인 상호작용과 관련되어 있다. 우리는 이렇게 태어나거나 조건 지워졌는가? 그런 죄책감이 우리의 지각지능을 압도하여 우리 삶을 지배하는 것에서 벗어날 길은 있는가?

자동차 대리점 상황으로 되돌아가보자. 영업사원이 자동차 네 대를 보여주면서 두 대에 시승해보라고 한다고 상상해보라. 그러면서 영업사원은 크루아상 몇 개와 팝콘 한 봉지로 당신을 부채질한다. 그의 사무실에 앉아 있으면 그의 귀여운 세 아이 사진이 눈에 들어온다. 영업사원은 아이들의 축구 경기 이야기와 무용 발표회 이야기로 당신을 들뜨게 만든다. 한 시간 반이 후딱 지나갔다. 이제 당신은 이상한 감각 자극에 사로잡힌다. 즉 당신은 그 대리점에 예상보다 한 시간 더 머무는 바람에 그다음 약속에 늦어지고 있다. 배를 잔뜩 채워서 점심도 건너뛴다. 당신은 그 멋진 사내와 그의 가족을 몇몇 친구만큼이나 잘 안다고 생각한다. 당신은 그저 자동차를 살펴보는 것이 원래 목적임을 기억하고 있으며, 실제로 그만 가봐야 한다고 자신에게 말한다. 그러나 이 영업사원이 당신에게 투자한 것을 어떻게 저버린단 말인가? 그의 시간도 소중하지 않은가? 어쩌면 당신이 크루아상을 게걸스럽게 먹어치우는 동안 그는 다른 세 명에게 자동차를 판매할 수 있었을지도 모른다. 어쩌면 당신이 구매하지 않고 나가는 모습을 사장이 지켜보고 있을지도 모른다. 그렇다면? 그의 밥줄이 위태롭지 않을까? 사진 속의 아이들은 어떻게 되지? 더는 무용 발표회에 참가할 수 없지 않을까? 어쩌면 노숙자가 되지 않을까? 영업사원은 알았다는 눈짓을 몇 번 하고 '좋은 거래'라느니 '부담 없이 할부로 가능하다'느니 '서류는 금방 작성한다'느니 따위의 말을 늘어놓는다. 그러고는……

짠! 드디어 낚였다. 당신은 갈고리에 걸려 팔딱거린다. 실재로부터 환상(당신이 자동차를 구매하지 않으면 그의 아이들이 결국 노숙자가 되고 만다는 환상)에로의 이 완전한 반전은 양육 방식의 결과로 일어났는가? 당신의 DNA에 잠복해 있었는가? 실제로 우리는 이타적이고 상호성을 잘 받아들이게끔 어느 정도까지 생물학적으로 프로그래밍되어 있을지도 모른다. 그러나 나는 우리가 이런 상황에 어떻게 반응하느냐는 것은 이전의 경험과 순간 지각에 입각하여 결론을 도출하는 우리의 지각지능과 더 관련되어 있다고 믿는다.

19세기에 프랑스 철학자 오귀스트 콩트Auguste Comte*가 이타주의 altruism 또는 사심 없는 태도selflessness의 개념을 처음 제안한 이래로 심리학자들은 인간이 타인에게 선하게 행동하도록 프로그래밍되어 태어났는지 여부를 두고 줄곧 논쟁해왔다.[3] 최근에 스탠퍼드 대학의 심리학자 두 명이 수행한 실험에 따르면 이타주의는 그저 태어나면서부터 갖게 되는 그 무엇이 아니라 그것을 촉발시키는 무언가에 의해 나타난다고 한다.

2006년의 유아 관련 연구는 18개월 된 아기들이 그 무엇에 촉발되지 않고도 실험자에게 도움의 손길을 기꺼이 내민다는 것을 보여주었다.[4] 이러한 어린아이의 이타적 행동 표현은 많은 과학자들이 생각하는

---

* 꽁테Comté치즈는 이 철학자의 이름과 발음이 같지 않다. 이 치즈는 글자 'e'에 악센트가 있는 반면, 이 철학자의 이름에는 악센트가 없다.

타고난 이타주의 표현과 관련되어 있고, 연구 결과는 후속 연구의 토대가 되었다.

그러나 위의 연구자들은, 대다수의 유아 관련 실험과 마찬가지로 이 연구에도 눈에 보이는 것 이상의 무언가가 깔려 있을지 모른다고 생각했다. 그들은 실험에 앞서 그 연구자들이 유아들과 몇 분간 놀아줌으로써 유아들이 낯선 환경에서 처음 보는 사람들과 같이 있을 때 편안함을 느낀다는 것을 확인했다는 사실을 알아냈다. 그 잠깐 동안의 상호작용이 유아들에게 이타적 행동을 하게 하여 실험 결과에 영향을 미쳤을지도 모른다.

연구자들에 따르면 모든 인간, 특히 어린아이는 사회적 신호를 찾는데, 사심 없는 태도는 아주 좋은 사회적 신호이다. 같이 놀아주면 아이는 다른 사람이 자신에게 관심을 가지고 있거나 친절하게 대한다는 것을 알게 된다. 연구자들은 '그런 행동을 통해 상호성이 실현되고 아이가 친절하게 반응한다'라고 결론을 내렸다. 실험 전 놀이 때 상호 놀이reciprocal play를 한 아이는 평행 놀이parallel play(다른 사람과 관련되지 않은 놀이)만 한 아이보다 이타적 행동을 할 가능성이 세 배 더 높았다. 이는 곧 이타적 행동이 생물학보다는 확립된 관계와 환경에 더 지배될 수 있음을 시사한다.

어른인 우리는 험난한 세파를 헤쳐 나오면서 타협과 양보가 우리 편을 얻고 논쟁을 해결하며 격렬한 분쟁을 종식시키는 데 도움이 되는 유일한 길일 때가 많다는 교훈을 얻었다. 극단적으로 말하자면, 많은 사업가('남 등쳐먹는 사람')와 정치가('부패한 사람', '추잡한 사람')는 상호성을 이용해 협상에서 우위를 점하며 지지자를 얻어내고 고객에게 승소를 가져다주는 노련한 프로이다. 그들은 슈퍼맨에게 크립토나이트kryptonite('슈퍼맨' 시리즈에 나오는 가상의 광물 - 옮긴이)를 사용하는 것쯤은 어린애 장난처럼 보일 정도로 희생자들의 지각지능을 타협 모드로 만들어버림으로써 애매모호한 태도를 합리화·정당화한다('비즈니스란 원래 이런 거야', '사랑과 전쟁은 수단과 방법을 가리지 않아', '정치가치고 안 해먹는 놈 없지'). 우리는 '네가 도와주면 나도 도와주지', '누이 좋고 매부 좋은 일이야' 따위의 진부한 말을 늘 들었고 자기 제안을 지지해주면 당신의 제안을 지지하겠다는 속 보이는 정치가를 곧바로 연상한다. [나는 정치적 용어인 포크배럴pork barrel(원래는 '돼지고기 통桶'이라는 뜻이지만, 정치적으로는 '유권자의 환심을 사기 위한 지역개발사업'이라는 뜻으로 쓰인다 - 옮긴이)이 주요 선거 전날 밤에 정치가가 뜯어먹는 바비큐 갈비를 의미하는 것으로 줄곧 생각했으니 아둔하기 짝이 없었다.] 어쩌면 '좀 도와줘, 그러면 나도 도와줄게'라는 것과 정반대되는 일이 벌어질지도 모른다. 지난번에 그 의원이 그의 제안을 지지해주지 않았으니 그가 그 의원과 한배를 탈 리가 없다. 정치든, 비즈니스든, 또는 다른 분야든 간에 그런 경우에 우리는 죄책감이나 보복의 두려움에서, 또는 훗날을 위해 자기편으로 만들어둘 필요성에서 화답을 해야 할지 말지를 결정한다('내가 당신의 제안을 지지했다는 걸 기억하고 있어? 이제 내 제안이 곧 안건에 부쳐질 거야……').

로버트 치알디니는 『설득의 심리학』에서 내가 또 다른 지각지능 킬러라고 생각하고 있는 '양보'에 대해 언급한다. 양보는 당신이 착각하여 사실은 그렇지 않은데도 어떤 선택 사항이 다른 선택 사항보다 더 낫다고 생각할 때 일어난다. 양보는 '지각적 대조perceptual contrast'라고 불리는 것을 포함하기 때문에 보답 반응reciprocation response을 촉발한다. 당신이 부지런을 떨어 너끈히 수행한 서비스에 대해 고객이 1만 달러를 지불해야 한다고 생각해보라. 당신이 기한이 지난 송장과 점점 적대적인 편지와 이메일을 여러 번 보냈는데도 고객한테서 일언반구도 듣지 못하고 1년이 지나간다. 당신은 망연자실하여 전액을 지불하지 않으면 법정에 서게 될 거라는 경고 서한을 고객에게 보내달라고 변호사에게 의뢰한다. 마침내 고객이 당신한테 전화를 걸어 건성으로 사과한다.

"아무튼 죄송합니다. 아시다시피 난 그런 사람이 아니오. 계산은 칼같이 한단 말입니다. 법정을 좋아하는 사람은 없소. 시간과 변호사 비용을 생각해보시오. 반만 받고 끝냅시다. 공평하지요?"

천만에! 공평하다니? 어림 반 푼어치도 없다. 당신은 돈을 받으려고 1년을 기다렸고 그를 쫓아다니느라 시간을 허비했다. 변호사에게 돈을 주고 협박 편지를 쓰게 했다. 그런데 반만 받으라고? 불행히도 당신의 마음은 그런 식으로 보지 않는다. 1년간의 좌절감을 곱씹은 뒤 당신은 반만 받고 해결하는 것이 더 낫다고 생각하게끔 조종되었다. 당신이 법정에 서는 것을 원치 않는다는 점에서 고객의 말은 일리가 있다. 왜냐하면 죄다 엄포에 지나지 않기 때문이다. 비용도 만만치 않거니와 패소하면 어떻게 되나? 이 가상 시나리오에서 고객은 당신이 머릿속으로 여차하면 한 푼도 받지 못하게 되든가, 더 재수 없으면 비용으로 더 많은 돈을 날릴 수도 있다는 생각을 할 때 '그 무언가'를 당신에게 제안하고 있다.

상호 의무에서 받는 처지에 놓이게 되어 지각지능이 완전히 축소될 위험은 누구에게나 존재한다. 나는 많은 경우에, 특히 사회적으로 곤란한 상황에 처했을 때 다른 사람들과 마찬가지로 상호 본능에 강력히 끌리는 것을 느낀다.

'선물 주기'라는 공정한 대차대조표

당신은 살아오면서 틀림없이 이런 것을 경험했을 것이다. 즉 당신은 평생 네 차례의 행사 때만 만나는 팔촌의 결혼식에 참석할 준비를 하고 있다. 당신은 청첩장을 받아들고 그 안에 넣을 수표에 금액을 적으려고 한다. 축의금을 얼마 내야 할지 몇 분간 곰곰 생각하지만 적당한 금액이 떠오르지 않는 것 같다. 자녀 둘이 결혼식과 피로연에 참석하는 것을 포함한 금액을 수표에 적으려고 하는가? 피로연이 얼마나 으리으리할지 가늠하고 있는가?

잘 알지도 못하는 팔촌의 결혼식 때 도의적 관례와 통상적 축의금 액수 때문에 고민하고 있는데, '이 팔촌은 내 결혼식 때 축의금을 얼마 냈지' 하는 생각이 전광석화같이 머릿속을 스친다. 8년 전의 일이다. 그때 당신은 미혼이었고 자식이 없었다. 그러나 잣대 구실을 할 비교 대상을 찾다 보면 이 헷갈리는 상황에서 빠져나갈 논리가 분명히 존재할 것이다. 당신은 팔촌이 축의금을 얼마 냈는지 기억나느냐고 배우자에게 묻는다. 배우자는 "얼마 안 되는 걸로 기억해요. 25달러쯤 되는 것 같아요"라고 말한다. 선택의 여지가 없다. 당신은 식구가 넷이므로 25에 4를 곱해 수표에 100달러라고 적는다. 임무 완수!

자, 그 팔촌이 당시 무일푼으로 빚더미에 올라앉아 있는데다 일자리마저 잃고 학자금을 갚느라 안간힘을 쓰고 있었다고 상상해보라. 그때 그 팔촌에게는 25달러가 전부였을지도 모른다. 그렇다면 당신이 수표에 적어 넣은 금액이 달라졌을까?

당신의 배우자가 축의금 액수를 잘못 기억했고, 그 팔촌이 실제로는 훨씬 더 많이 냈다면 어떻게 될까? 아니면 그 팔촌이 수표를 낸 것 외에 고급 제빵기를 구입하여 당신의 혼수용품 목록에 올려놓았다는 것을 당신이 잊었는지도 모른다. 축의금과 제빵기를 합치면 사실은 꽤 후한 선물인 셈이다. 당신은 기한이 지난 싸구려 와인 거치대처럼 형편없는 선물에는 점수를 깎는가?

완전히 다른 시나리오를 살펴보기로 하자. 배우자는 그 팔촌이 8년 전에 500달러짜리 수표를 축의금으로 내어 당신 부부에게 예의를 표했다는 것을 기억하고 있다.

'아니, 이럴 수가!' 당신은 펜을 만지작거리며 마음속으로 생각한다. '우리는 그만큼 낼 수 있을까? 어째서 그 팔촌은 축의금을 그렇게 많이 냈을까?'

나는 가까운 사촌한테서 결혼 축의금을 받지 못한 사람을 우연히 알게 되었다. 뜻밖에도 축의금을 내지 않은 그 가까운 사촌에 대한 실망감을 그는 10년도 더 지난 지금까지 떨치지 못하고 있었다. 어느 날 그 지인의 편지함에 이상한 편지 한 통이 도착했다. 편지 안에는 그 사촌이 보낸 100달러짜리 수표가 들어 있었고, 수표에는 10년도 더 지난 날짜가 찍혀 있었다. 겉봉의 주소에는 줄이 이중삼중으로 그어져 있었다. 수신인이 '이사 갔다'는 뜻이었다. 쭈글쭈글한 결혼 축하 카드에는 그 사촌의 자필 서명이 있었고, 전혀 모르는 사람이 쓴 손편지가 함께 들어 있었다. 편지의 골자는 다음과 같았다.

'당신은 나를 모릅니다. 이 선물은 수신인 주소가 부정확하여 오랫동안 우체국을 떠돌아다녔습니다. 나는 인터넷을 뒤져 당신을 찾기로 결심했습니다. 당신은 여러 번 이사를 했지만 나는 마침내 당신의 현주소를 알아내고(이 주소가 맞기를!) 이 카드와 수표를 보내기로 했습니다. 결혼 10주년을 축하합니다!'

오랫동안 떠돌아다닌 이 기적 같은 선물을 수령한 지인은 곧바로 그 사촌에게 전화를 걸어 재미있는 이야깃거리가 생겼다면서 거듭 고맙다고 했다. 수표가 유효하지 않다는 것(계좌는 벌써 없어졌다)은 상관없었다. 중요한 것은, 그가 오랫동안 그 사촌을 오해하면서 터무니없는 불만을 가졌던 것에 대해 죄책감을 느낀다는 것이었다.

그렇다, 선물을 일종의 '맞대응'이라 생각하고 인생을 대차대조표로 여기는 사람들이 언제나 존재할 것이다. 선물에 인색했다가 천국의 문 앞에 나타나면 하나님 또는 문지기가 못 들어오게 막을까? 아니면 선물용 수표 액수를 부풀려 자신을 과시했다는 이유로 쫓아낼까? 선물과 관련된 상호성은 어쩔 수 없는 상황이다. 당신의 지각지능을 떨어뜨리고 그런 사고방식 때문에 화낼 이유가 없다. 배려심 많은 친구나 친척이라면 당신이 축하 행사에 참석하고 선물을 챙길 만큼 사려 깊다는 것을 고맙게 여길 것이다. 선물 액수를 비교함으로써 다른 가족이나 친구가 당신의 지각지능에 영향을 미치는 것은 피해야 한다. 선물 액수를 비교하면 인색하게 굴었다는 죄책감을 느끼거나(선물 액수가 너무 적은 경우) 멍청하게 무모한 짓을 했다는 죄책감을 느낄 뿐이다(선물 액수가 너무 많은 경우).

선물은 좋은 것이라고만 말해두겠다. 선물 때문에 스트레스를 받거나 지나치게 고민할 필요가 없다. 그 해결책은 가능한 한 보답을 바라지 않는 것이다. 당신의 마음이 시키는 것을 능력 범위 내에서 주기만 하면 된다. 그 이상도 그 이하도 아니다.

눈에는 눈 : 상호 간의 나쁜 행동

'복수는 적당한 때를 기다렸다가 하는 것이 좋다', '복수는 달콤하다'…… 이런 말은 이제 진부하다. 왜냐하면 많은 사람의 경우 누군가에게 '복수한다'는 생각이 곧바로 지각지능에 만족을 가져다주기 때문이다. 사실, 복수할 마음을 품고 실행하는 것을 상상하는 것만으로도 뇌에 엄청난 불꽃을 일으킨다. 그것은 칼로리 따위는 아랑곳하지 않고 달콤하고 부드러운 초콜릿 케이크를 먹을 때처럼 강렬한 쾌감을 불러일으킨다. 감옥신세를 지게 될지는 모르지만 복수하는 것은 칼로리와 무관하다.

우리의 뇌는 복수를 즐기게끔 배선되어 있다. MRI를 이용한 연구에 따르면 복수를 생각하는 것만으로도 뇌의 쾌락 영역에 도파민이 넘쳐난다. 이것은 초콜릿 케이크를 먹을 때 나타나는 반응과 똑같다(약물중독 또는 마약중독의 강화 메커니즘도 도파민 방출에 의한 것이다). 이것은 원시인이 본능적으로 복수가 생존에 불가결한 것이라고 뇌에 주입한 때부터 진화를 거듭해온 결과물임이 틀림없다. 호랑이가 한 무리의 선사시대 사람들을 공격해 몇 명을 죽이고, 또 몇 명을 불구자로 만들어버리면 무리의 우두머리는 살아남은 부하들을 부추겨서 창과 돌을 들고 호랑이를 추격하곤 했다. 무리에게 복수의 계기는 사람들을 불러 모으는 외침인 듯하다. 왜냐하면 그들은 강함을 보여주지 못하면 호랑이가 사람을 얕잡아보고 언젠가 또 나타나 더 많은 피를 요구하리라는 것을 잘 알고 있었기 때문이다. 무리가 함성을 지르며 우두머리를 따라 달릴 때 그들 모두는 함께 복수에 참여하며 그 복수를 공유한다는 걸 알게 된다. 또한 그들에게 필요한 이득, 즉 다수의 힘과 굳센 심장을 얻게 된다.

우리는 그때 이래로 진화해왔다고 생각하고 싶어 한다. 그러나 몇몇 사람은 우리가 그다지 멀리 나아가지 못했다고 말할지도 모른다. 오늘날 인간이 서로 나쁜 행동을 보이려 하는 이유는 많다. 당신의 아이디어를 도용한 직장 동료, 또는 으레 당신 차례라고 생각하고 있었는데 당신 대신 승진한 직장 동료에게 복수하겠다고 밤낮으로 벼른 것을 생각해보라. 어렸을 때 형제자매가 당신이 부모님 차를 몰고 놀러 나간 것을 일러바치고 그 차의 범퍼를 우그러뜨린 것을 생각해보라.

형제자매와 같이 자란 우리는 복수가 어떤 것인지(가하는 쪽이나 당하는 쪽 둘 다에게) 체험으로 알고 있다. 어릴 때는 지각지능이 낮다. 왜냐하면 적절히 반응하여 공격을 지각할 만큼 지각지능이 성숙하지 않았기 때문이다. 동생이 고의로 형의 얼굴에 침을 뱉으면 '싸움이 시작되었고' 곧 주먹이 날아올 것으로 확신할 수 있다. 우리 집으로 말할 것 같으면 우발적인 경우일지라도 동생이 언니한테 해코지를 당했다고 생각할 때 내 귀여운 딸들은 그다지 귀엽지 않다. 나는 언니가 본의 아니게 동생의 발을 밟는 모습을 본 적이 있다. 다친 동생은 앞뒤를 가리지 않았다. 주먹을 뻗어 보복 스윙을 날렸다. 퍽! [솔직히 말하자면, 때때로 나는 딸아이들 가까이에 앉아 있다가 NHL(미국 프로 아이스하키 리그 – 옮긴이) 심판처럼 중재에 나서곤 했다.]

'버림받은 여성…'이라는 말에 진실이 있는가?

남성의 뇌와 여성의 뇌 차이라는 주제는 다루기가 꽤나 어렵다.* 이 점을 염두에 두고 우리가 뇌에 대해 알고 있는 과학적 사실에 입각하여 어떻게 해서 남성과 여성이 복수를 다르게 지각하는지 잠시 살펴보려고 한다. 간단하게 말하자면, 남성은 테스토스테론이 많은 반면 여성은 에스트로겐이 많다. 이 생물학적인 차이가 남성과 여성이 부당하게 취급당

---

* 나는 꽤나 공평하게 여성과 남성의 행동을 논한다고 생각한다. 어쨌든 나는 결혼할 때 아내의 성姓(박서)을 나의 성(와클러)에 추가했다. 덕분에 나는 미국에서 여자 이름을 가진 몇 안 되는 남자 중 한 명이다. 존 레논John Lennon은 성을 '오노 레논Ono Lennon'으로 바꾸려 했다. 그러나 영국의 법은 성을 바꾸는 것을 금지했다. 그래서 레논은 가운데 이름을 '윈스턴 오노Winston Ono'로 바꾸는 데 만족해야 했다.

한다는 느낌에 다르게 반응하도록 만든다.

　남성은 위협을 받으면 테스토스테론 수치가 공포를 감소시킨다.[5] 그에 따라 공격성이 폭발한다. 한 과학적 연구에서 여성에게 테스토스테론을 주입했더니 뇌의 편도체 활동이 증가했다.[6] 그에 따라 여성은 상황에 더욱 공격적으로 반응했다. 여성이 일반적으로 남성보다 테스토스테론이 더 적고 지나치게 적대적인 반응을 남성보다 더 적게 하는 경향이 있다면, 왜 여성이 부당하게 취급당할 때 남성보다 더 잔인해져서 보복할 가능성이 훨씬 더 높다는 견해에 그렇게 많은 관심이 쏠렸을까?

　이런 지각의 기원은 1697년에 영국의 윌리엄 콩그리브William Congreve가 쓴 희곡「비탄에 잠긴 신부Mourning Bride」로 거슬러 올라간다.[7] 완전한 인용문은 다음과 같다.

　　사랑이 변해 생긴 격노 같은 증오는 하늘에 없으며
　　버림받은 여인의 분노 같은 격분은 지옥에 없다.

　1990년대 초에 버지니아 주 머내서스에서 스캔들이 일어나 도처의 수다쟁이들의 관심을 끌었다.[8] 바로 로레나 보빗Lorena Bobbitt과 존 (웨인) 보빗John (Wayne) Bobbitt의 이야기이다. 이 악명 높은 부부를 기억하는가? 소문에 따르면 로레나(버림받은 여성)는 남편의 불륜을 처벌한다면서 남편이 자고 있을 때 음경을 잘라버렸다. 아이쿠, 서스펜스 영화「어둠 속에 벨이 울릴 때Play Misty for Me」와「위험한 정사Fatal Attraction」에 묘사된 무시무시한 여성 사이코패스는 로레나 보빗과 무관하다!

　여성이 누군가와 '사랑에 빠져 정신을 못 차릴' 때는 도파민(내가 위에서 짜릿한 복수와 관련되어 있다고 한 것과 똑같은 신경전달물질)이 넘쳐난다. 관련 연구에 따르면 이것은 격렬하고 강력한 반응이다(이것을 뇌의 미약媚藥이라고 생각하라). 부정한 동반자 때문에 여성이 더없이 행복한 느낌을 상실하면 도파민이 급감하고, 그와의 관계 회복 가능성은 창밖으로 내던져진다. 극단적인 예를 들자면, 버림받은 여성들 중에는 애인의 차를 열쇠로 따고 차 안에서 애인의 동생 또는 친구와 성관계를 맺는 사람도 있고, 쇼핑몰에서 볼썽사나운 장면을 연출하는 경우도 있으며, 지저분한 이야기를 인터넷이나 고속도로 게시판에 올리는 예도 있다. 바야흐로 전쟁이 시작된다!

그렇다고 남성이 성인군자라는 말은 아니다. 애인이 퇴짜를 놓거나 불륜을 저지르면 남성은 꽤나 끔찍한 폭력을 휘두르곤 한다. (폭언을 일삼거나 감정을 해치거나 폭력을 휘두르는 사람 또는 정신장애가 있는 스토커를 말하는 것이 아니라는 사실을 분명히 해두고자 한다. 이런 남성은 아무런 외부 요인 없이도 폭발한다.) 이런 열정적인 반응은 순간의 열기 속에 있게 마련이고 즉각적인 위협, 즉 물건을 부수거나 신체를 학대하는 것과 관련되어 있을 수도 있다. 몇몇 극단적인 경우에는 자살과 살인을 초래하는 것으로 알려져 있다(O. J. 심슨의 사례를 생각해보라). (약물치료를 받지 않으면 위험하고 예측 불가능한 방식으로 행동하는) 사이코패스를 제외하고, 말하자면 남성은 테스토스테론과 엔도르핀이 머리를 교란하는 동안 적개심과 공격성에 사로잡히는 경향이 있다. 적개심과 공격성이 표출되어 통제 불능 상태가 되더라도 남성은 대개 얼마 뒤 평정을 되찾고 지나치게 반응했다는 것을 깨달으며 양심의 가책을 느끼고 머리를 조아리며 누누이 사과하고는 꽃을 주문한다. 그것도 한 아름 주문한다. 반면에 몇몇 여성은 버림받으면 남성보다 더 오래 앙심을 품고, 도파민이 밀려왔다가 빠져나가면 복수심에 활활 타오르는 것으로 알려져 있다.

어쨌든(남성이든 여성이든) 질투심에 사로잡혔다고 생각하면 감정을 재조정하기 위해 각자의 즐거운 기억에 집중해야 한다. 상호 간의 나쁜 행동은 당신의 지각지능이 벼랑에서 떨어졌다는 신호이다. 그것이 당신의 충동을 지배하면 당신은 다른 사람에게 해를 입힐 수도 있고, 어쩌면 감옥신세를 지게 될지도 모른다.

다음 장에서는 지각지능과 관련하여 (유감스러운 이유만으로 유명해진 존 보빗 같은 사람이 아닌) 실재하는 유명 인사의 영향에 대해 살펴볼 것이다.

제9장

스타의 시간

유명 인사의 화려함과 맹목성

제6장에서 나는 몇몇 전설적인 스포츠 스타가 어떻게 하루아침에 영광의 절정에 이르렀다가 휙 하고 연기처럼(이것은 낭떠러지 밑에 착지하는 와일 E. 코요테Wile E. Coyote의 이미지에 부합할 것이다) 땅바닥으로 추락하는지를 이야기했다. 또한 스포츠 팀에 대한 열정 때문에 지각지능이 왜곡되고 팬 자신에게 치명적인 손해가 생길 수 있다는 점도 언급했다. 유명 인사[영화·연극·TV 배우, 록 스타, 코미디언, 인스타그램 아이콘, 유튜브 명사, 리얼리티 TV 스타를 포함해 15분 이상 유명해져('누구나 15분간은 유명해질 것이다'라는 앤디 워홀의 말을 인용한 표현으로, 일반인이 아니라는 의미이다 – 옮긴이) 스포트라이트를 받는 사람을 말한다]는 우리의 지각지능에 엄청난 영향을 미칠 수 있다. 유명한 사람은 특히 성공, 돈, 재능, 외모와 관련하여 사람을 끄는 힘이 있다고 느끼게끔 만든다. 많은 사람들은 유명 인사 앞에서 기가 죽어 그렇게 되기를 열망하는데, 왜냐하면 사람들의 마음이 유명 인사의 이미지와 생활양식에 조종당하고 화장化粧과 주위 상황에 속아 넘어가기 때문이다.

소셜 미디어의 직접성 덕분에 유명 인사가 개개인과 문화에 미치는 영향력이 보편화되어 우리의 마음은 유명한 사람은 보통 사람보다 더 우월하다고 믿게끔 조작된다. 이것은 '후광 효과'라는 현상을 불러일으킨다. 종종 사람들은 유명 인사(와 정치가)의 말과 이미지를 그 분야의 진짜 전문가인 과학자, 교육자, 또는 선구적 사상가의 말과 이미지보다 더 심각하게 받아들인다. 이것은 무지와 초라한 지각지능으로 이어진다. 널리 사용되는 소셜 미디어 용어인 '팔로어'조차 '피리 부는 사나이'(방탄소년단이 부른 곡명 - 옮긴이)에 이끌려 어떤 길을 간다는 의미를 함축하고 있다. 오늘날에는 유명한 사람들이 관련 문제를 이해하고 있든 그렇지 않든 간에 정치에서 환경, 인권, 그리고 어린이 예방접종에 이르기까지 모든 이슈에 대해 의견을 개진하는 것이 일반화되었다(몇몇 유명 인사가 다른 사람들보다 문제에 더 정통하다는 것 또한 분명하다).

우리가 깨닫고 있든 그렇지 않든 간에 우리 모두는 한때 후광 효과의 희생자였다. 이 장에서 우리는 후광 효과가 우리의 사고, 신념, 자기 이미지를 조작하는 몇 가지 방법(광고에서 소셜 미디어에 이르기까지)을 다룰 것이다.

후광이여 안녕!

흔히 말하듯 후광 효과는 사람에 대한 전반적 인상이 (비록 사실에 바탕을 두고 있지 않더라도) 우리가 그 사람의 성격에 대해 어떻게 느끼고 생각하는지에 영향을 미친다는 지각적 편향의 한 유형이다. 지각적 편향으로부터 완전히 자유로운 사람은 아무도 없다. 초기의 라디오와 TV 시대부터 오늘날의 인터넷 시대에 이르기까지 유명 인사는 팬들과 팔로어들에게 상당한 영향력을 발휘하며, 그들 중 상당수는 직업적인 업적만큼이나 제품 홍보의 측면에서도 널리 알려져 있다. 명예의 전당에 오른 야구선수 조 디마지오Joe DiMaggio는 몇 년 전부터 영구히 '미스터 커피'로 불리게 되었다.[1] (디마지오는 은퇴 후 오랫동안 커피머신 광고 모델로 활약했다 - 옮긴이) 더욱 최근에는 윌리엄 샤트너William Shatner(『스타트렉』의 주인공 커크 선장으로도 알려져 있다)가 프라이스라인에 관심을 가지고 TV 광고에서 재미있는 무술 동작을 선보였다. 배우 월퍼드 브림리Wilford Brimley조차도 한 다리 끼어서 리버티 뮤츄얼과 퀘이커 오츠의 광고를 보는 특정 연령대의 시청자에게 어필하기 위해 특유의 뚱뚱보 노인의 모습을 보여주었다. 브룩 실즈Brooke Shields(캘빈 클라인), 준 앨리슨June Allyson[디펜드(언더웨어 제조사 - 옮긴이)], 마사 레이Martha Raye[폴리덴트(의치義齒 세정제 제조사 - 옮긴이)] 같은 여성 스타들의 세월이 흘러도 변함없는 광고도 잊지 말자.

신뢰를 받고 이목을 끄는 유명 인사가 광고에 등장하면 불가사의하게도 그 유명 인사의 후광이 광고 속 제품과 결합되고 마법의 가루가 시청자의 마음에 뿌려져 그 제품이 훨씬 더 믿을 만하고 바람직하게 보인다. 아래에서 보는 것처럼 잘 어울리는 대변인을 선택하면 우리의 지각 지능이 급격히 저하될 수 있는가? 브룩 실즈가 프라이스라인을 위해 가라테 격파 동작을 하고 월퍼드 브림리가 디펜드 언더웨어 광고를 하면 똑같은 영향을 미칠 수 있었을까?

지금은 상황이 '진화'했다. 이제 유명 인사는 그들의 후광 효과를 이용하여 특이한 방식으로 우리에게 영향을 미칠 수 있다. 이전에 방송인 제니 매카시Jenny McCarthy는 자폐증 위험이 홍역과 수두 위험보다 크다면서 백신에 대해 노골적인 반대 의사를 피력했다.[2] 140자 트윗만으로 수백만 팔로어의 마음에 제품의 씨앗을 뿌리는 능력 덕분에 소셜 미디어에서는 부자와 유명 인사가 엄청난 영향력을 행사한다. 이런 변화들은 표면상으로 무해한 것 같지만 위험 요소가 존재한다. 왜냐하면 유료 광고인지 아닌지 분명하지 않을 수 있기 때문이다. 그것들은 빛의 속도로 발생하는 경향이 있다.

킴 카다시안 웨스트는 제품 대변인으로 한 번 출연할 때마다 75만~100만 달러를 받고, 트윗 또는 인스타그램에 글을 올릴 때마다 1만 달러를 받는다.[3] 어째서 유명 인사는 이렇게 많이 받는가? 왜냐하면 광고주는 킴 카다시안 웨스트 같은 유명 인사가 트윗에 올린 글이 후광 효과 덕분에 때로는 수백만 팔로어의 관심을 끌기도 한다는 것을 알고 있기 때문이다. 많은 팔로어가 그 주장이 참인지 아닌지에는 신경 쓰지 않고 액면 그대로 받아들인다. 킴이 직접 입력한 문자라면 충분히 믿을 만하다는 것이다. (킴 카다시안 웨스트에 대해서는 이 장의 말미에서 조금 더 이야기할 것이다.)

후광 현상은 유명 인사에 국한되지 않고, 사람에 대한 지각에만 국한되지도 않는다. 교사는 다른 학생보다 성적이 좋다고 생각되는 학생들을 평가할 때 후광 효과의 포로가 된다. 사장은 직원의 열의 또는 친화력 같은 한 가지 특성에 특별히 끌릴지도 모른다. 그것이 평가 과정을 왜곡한다. 유기농 마크가 붙은 음식을 구매하는 소비자는 실제로 그렇지 않은데도 유기농 음식이 일반 음식보다 맛이 더 좋고 지방이 더 적으며 칼로리가 더 낮고 섬유질이 더 풍부하다고 지각한다.

특히 사람이나 사물 또는 상황을 흑백으로 보고 이 관점에 만족하여 고정관념으로 갖고 있을 때는 후광 효과를 자각하더라도 그것이 우리의 지각지능에 영향을 미치는 것을 방지하거나 그에 따른 결정을 막기가 쉽지 않다. 특히 마케팅, 홍보, 광고와 관련하여 속기 쉬운 사람과 냉소적인 사람은 후광 효과로 인한 편향의 포로가 될 수 있다.

후광 효과의 극단적이고도 훨씬 더 해로운 결과는 유명 인사에 대한 스토킹이다. 스토커는 자신의 영웅 또는 롤모델을 만나야겠다는 생각이나, 그런 영웅 또는 롤모델이 되겠다는 생각에 사로잡혀 있다. 스토커는 자신의 영웅 또는 롤모델이 가는 곳마다 쫓아다니고, 그저 사인을 받기 위해서가 아니라 다른 목적으로 공적 장소와 사적 장소에 불쑥 나타나기도 한다. 슈퍼스타가 수많은 오빠부대, 팬들, 팔로어와 함께 한두 명의 스토커를 거느리는 것은 일종의 통과의례가 되었다. 비욘세Beyonce, 셀레나 고메즈Selena Gomez, 제시카 심슨Jessica Simpson, 제니퍼 로페즈Jennifer Lopez는 스토커의 위협에 시달린 유명 인사들 중 극히 일부일 뿐이다. 이러한 현상은 여성에게만 해당되는 것이 아니다. 배우 알렉 볼드윈Alec Baldwin, 콜린 파렐Colin Farrell, 존 쿠삭John Cusack은 정신 나간 팬들을 대면하다가 테러를 당했다. 비틀즈 멤버 두 명에 대한 공격도 잊지 말자. 존 레논은 1980년에 뉴욕 시 자택 앞에서 살해되었고, 조지 해리슨George Harrison은 1999년에 집 안에서 침입자의 칼에 찔렸지만 살아남았다.

유명해지는 것이 위험할 수 있다는 것은 분명하다. 로스앤젤레스의 잘 알려진 탤런트 양성 기관에서 일하는 내 친구는 자기 회사에서 '크레이지 라인crazy line'('이상한 전화'라는 뜻이다 - 옮긴이)을 만들어놓았다고 내게 알려주었다. 유명 인사와 통화하게 해달라는 사람들을 위한 것이라고 한다. (그들은 전화기를 들고 있다가 전화가 연결되면 곤욕스러운 배경음악을 듣다가 질려서 전화를 끊는다.)

마틴 스콜세지Martin Scorsese의 1982년 영화 「코미디의 왕The King of Comedy」에서 루퍼트 펍킨Rupert Pupkin(로버트 드 니로Robert De Niro)은 몹시 경외하는 우상인 희극배우 제리 랭포드Jerry Langford(제리 루이스Jerry Lewis) 역을 맡는다. 펍

킨은 랭포드를 납치하여 자기 집에 가짜 토크쇼 세트를 만든다(마분지 그림으로 배경을 장식했다). "여러분은 어째서 제리가 오늘 저녁에 시간에 낼 수 없는지 의아하게 여길 겁니다. 제리는 묶여 있습니다. 제가 묶어두었습니다"라고 루퍼트가 생방송으로 앞에서 말한다. "제가 농담하고 있다고 생각하시겠지만, 제리 랭포드를 납치하는 것이 제가 쇼 비즈니스에 뛰어들 수 있는 유일한 방법입니다."

재능, 외모, 카리스마를 동경하는 것은 좋은 일이고, 엔터테인먼트 사업에 손대는 것도 고무적인 일이다. 그러나 일단 유명 인사에 도취되어 자기 생활을 가지지 못하거나 루퍼트 펍킨처럼 되어버리면 지각지능이 때로는 회복할 수 없을 정도로 떨어진다.

「코미디의 왕」을 통해 유머의 세계에 들어가보았으니, 이제 유머가 우리의 지각지능에서 어떤 역할을 하는지 살펴보자.

코미디언은 '천박하다'? 그것은 보는 사람의 지각지능에 달려 있다

코미디만큼 취약하고 해석과 개인 취향에 좌우되는 것은 거의 없다. 한 사람에게 불쾌한 것이 다른 사람에게는 유쾌하다. 롱아일랜드의 유대교 예배당에서 열린 야간 코미디 쇼에서 이스라엘을 조롱하는 지각지능이 낮은 코미디언 또는 할렘(뉴욕 맨해튼의 동북부에 있는 흑인 거주 구역 - 옮긴이)의 아폴로 극장에서 단독으로 코미디 쇼를 하면서 흑인이라는 단어를 사용하는 지각지능이 낮은 코미디언에게 화 있을진저. 정치, 종교, 섹스, 경주, 장애, 죽음은 아주 좋은 코미디 주제일 수 있다. 코미디언은 경력, 명성,

기예를 쌓기 위해 과감히 위험을 무릅써야 한다. 또한 코미디언은 주의를 기울여야 한다. 우리의 지각지능은 타이밍이 맞고 관중이 100퍼센트 정상적일 것을 요구하고 연기자가 만들어낸 무대 이미지가 소재와 어울릴 것을 요구한다. 소수의 코미디언만 일반 관중과 소수민족 출신 관중에게 틀에 박힌 코미디를 선사하지 않을 수 있다. (돈 리클스Don Rickles를 생각해보라.) 그것은 그들이 무대 페르소나를 매우 독특하게 만들어내어 관중이 농담의 내막을 알고 있고, 코미디언이 '그저 농담하고 있다'는 것을 알기 때문이다.

잠시 시간을 거슬러 올라가보자. 오늘날의 단독 코미디에 대변혁을 일으킨 코미디언이자 풍자가인 레니 브루스Lenny Bruce는 장모 농담의 원조 격이라 할 수 있다(나는 살짝 바꾸어 말하고 있다).

"나의 장모는 내 결혼을 망쳤습니다. 어느 날 아내가 귀가하여 나와 장모가 함께 침대에 누워 있는 것을 발견했습니다."

이 말이 불쾌한가? 오늘날의 표준으로는 아마 그렇지 않을 것이다. 농담과 그에 대한 반응의 발전은 어떻게 문화 변화가 오랜 시간에 걸쳐 우리의 지각지능을 변화시키는지 보여준다. 그 순간의 실재(도덕)에 대한 지각에 따라 야한 유머, 부적절한 유머가 되기도 하고 시대가 달라지면 좋은 유머가 되기도 한다. 1960년대에 레니 브루스의 장모 농담은 많은 사람들에게 적절했던 것의 레드라인을 넘나들었다. 오늘날 사회적 표준은 레드라인을 뒤로 이동시켰고, 그 결과 우리의 지각지능은 훨씬 더 야한 농담을 받아들일 것이다.

그 당시 레니 브루스는 비속한 말을 사용하고 금기시되는 주제(친척과 간통하는 것 따위)에 초점을 맞추었기 때문에 많은 클럽에서 기예를 발휘하는 것이 금지되었을 뿐만 아니라 여러 차례 구속되었다. 몇 년에 걸친 법정 싸움은 자신을 농담이나 하는 희극배우 이상의 존재로 여기고 있던 브루스에게 상당한 고통을 야기했다. 헤니 영맨Henny Youngman, 밀턴 벌Milton Berle, 재키 글리슨Jackie Gleason을 포함해 다른 많은 유명한 코미디언이 수십 번이나 장모 농담을 했지만 결코 브루스만큼 멀리 나가지는 않았다. 브루스는 다른 코미디언들보다 나이가 많아 사회적 관행에 더 많이 부닥치면서 로빈 윌리엄스Robin Williams, 루이스Louis C. K., 조지 칼린George Carlin, 리처드 프라이어, 에디 머피Eddie Murphy, 에이미 슈머Amy Schumer, 사라 실버맨Sarah Silverman, 마거릿 조Margaret Cho 같은 후배들에게 길을 터주었다. 이들과 다른 많은 코미디언은 특이하게도 지각지능이 높은 경향이 있다. 왜냐하면 그들은 관중이 놓칠지도 모르는(또는 결코 큰 소리로 드러내지 않는) 진실을 보고 드러내기 때문이다(효과를 위해 과장하지만). 코미디언은, '천박하든' 그렇지 않든 간에 일상생활의 부조리와 거짓을 폭로하여 우리 자신과 우리의 약점에 대해 웃게 만들어주고 우리의 지각을 넓히며 지각지능을 향상시킨다.

잠자리에 들기 전까지 내내 웃는다

위계의 밑바닥에 있는 코미디언도 유명 인사의 후광이 코미디 클럽 관중의 지각지능에 영향을 미치는 것을 관찰했다. 작은 코미디 클럽의 무대에 선다는 것은 스포트라이트를 받는 유명 인사의 후광을 부여한다. 쇼가 끝나면 코미디언들은 종종 바 주변을 얼씬거린다. 그곳은 숭배하는 팬들이 불빛에 달려드는 나방처럼 몰려들 가능성이 높은 곳이다.

애교 섞인 전문 용어로 이런 코미디 팬들을 가리켜 '아둔한 녀석 chuckle fucker'이라고 한다. 코미디언은 자신감, 카리스마, 자신의 무대를 휘어잡는 능력을 어느 정도 가지고 있어야 하고 이런 속성들이 그들이 가진 매력의 원천이다. 대개 팬들은 유명 인사(때로는 삼류 유명 인사도 포함된다) 낌새가 조금 있다는 것과, 그런 연기자는 록 스타 또는 맞수인 배우들보다 더 쉽게 도달할 수 있는 상대라는 사실에 끌려든다.

리얼리티 TV와 셀카 만족

여러 해 동안 대중 연예지는 유명 인사의 약물중독, 불륜, 이혼, 삼각관계, 성형수술, 성형 부작용, 체중 증가, 외계인 접촉 등을 과장함으로써 (또는 조작함으로써) 이름을 떨쳤다. 이 장의 앞부분에서 다룬 유명 인사의 후광 효과에는 스타를 둘러싼 신비한 분위기도 포함된다. 여기서 다룬 유명 인사는 평균적인 사람을 훨씬 능가하기 때문에 그들에 대한 아무리 터무니없고 부정적인 이야기라도(그들을 뚱뚱하게, 후줄근하게 또는 세련되지 않게 보이도록 사진을 흐릿하게 찍고 이리저리 왜곡해도) 열렬한 독자에게는 그럴듯한 이야기, 마음을 사로잡는 이야기가 된다. 1주일이 멀다 하고 오프라 윈프리는 혁명적인 새로운 체중 감량 계획을 내놓고, 마이클 잭슨Michael Jackson은 외계인처럼 나타나고, 리즈 테일러Liz Taylor는 사랑에 빠졌다. 대중 연예지는 결코 사라지지 않았고(사실은 정반대이다. 왜냐하면 이제는 '내셔널'이라는 표제가 붙은 전국적인 대중 연예지가 두 개 있기 때문이다), 부자와 유명 인사의 삶에 대중이 매료되는 것도 줄어들지 않았다. 제니퍼 애니스턴Jennifer Aniston, 안젤리나 졸리Angelina Jolie, 브래드 피트Brad Pitt의 끝 모르는 최신 화제에 대해 알고 싶어 하는 사람들의 욕구는 여전히 채워지지 않을 것이다. 그런데 시간이 흐르면서 무언가가 일어났다. 소문에 굶주리고 유명 인사에 중독된 대중 연예계는 형태를 변화시켜 완전히 새로운 정보의 원천과 형태, 즉 리얼리티 TV와 인터넷, 특히 소셜 미디어를 포함시켰다.

리얼리티 TV는 독특한 형태의 오락이다. 일반적으로 쇼는 잘생긴 사람을 함께 출연시켜 (때로는 프로듀서의 부추김으로) 징징거리게 하고 주장을 펼치면서 입씨름을 하여 시청률을 높이려 한다. 손톱 손질이나 하고 호화로운 디너파티 따위만 생각하는 할리우드 여자들이 상스럽게 얽히고설킨 것이 어째서 그렇게 많은 관중을 매료시키는가? 그런 사람은 대개 배우도 아니고, 코미디언도 아니며, 록 스타도 아니다. 그들이 옷을 잘 차려입고(또는 대충 입고) TV에 나오고 유명 인사와 이런저런 방식으로 관련되어 있다는 사실은(심지어 조직폭력단의 아내를 다룬 쇼에서 볼 수 있듯, 범죄와 관련되어 있어도) 젊은 시청자뿐 아니라 오프라 윈프리나 존 트래볼타John Travolta의 사생활에 대한 관심을 접은 기성세대에게조차 저항할 수 없는 매력으로 작용한다. 왜냐하면 자신의 생활에서 낙담했을지 모를 관찰자에게 리얼리티 TV는 열쇠 구멍으로 다른 세계를 들여다볼 기회를 제공하기 때문이다.

늘어나는 골수팬들의 마음을 사로잡은 히트작 리얼리티 쇼「밴더펌프 룰즈Vanderpump Rules」에 출연한 톰 산도발Tom Sandoval과 시에나 메리Scheana Marie는 카리스마가 넘치면서도 귀여운 내 고객이다. (톰은 내가 고안한 강화 라식 수술을 했고 시에나는 컬러 콘택트렌즈를 착용하고 있다.) 그들은 일상생활 면에서 좋은 사람이었다. 그러나 TV에 출연하면 팬들을 지각했다. 단순히 〈내셔널 인콰이어러〉 같은 대중 연예지에 실리는 것 이상의 영향력을 미치기 때문에 리얼리티 TV는 그들의 화장과 화려한 옷, 가방과 사마귀가 노출되도록 카메라를 가까이 또는 멀리 갖다댄다. 리얼리티 TV는 이런 유명 인사들이 실재하는 사람처럼 행동하고 눈에 띄는 실수를 하며 감정을 터뜨리는 것을 관찰할 기회를 제공한다.

리얼리티 TV 현상은 엄청난 파급효과를 지닌 인터넷으로 매끄럽게 넘어갔다. 인터넷에서는 팔로어들이 인스타그램이나 다른 사이트를 통해 유명 인사를 보는 것을 유명 인사가 직접 통제할 수 있다. 딱 맞는 사례를 들어보겠다. 리얼리티 TV 쇼 「배첼러The Bachelor」에 출연하는 내 고객 코린 올림피오스Corinne Olympios는 나한테서 강화 라식 수술을 받았다.

앞서, 코린은 스냅챗 팔로어에게 다음 일정에 대한 정보를 올려놓았다. 코린이 올린 글에서 내가 받은 반응은 인상적인 것이었다. 소셜 미디어 스타들은 중요한 주제에 대한 자각을 제고하는 데 이용되는 엄청난 힘을 휘두를 수 있다. 다른 사람들을 도와주기 위해 소셜 미디어 플랫폼을 사용하는 좋은 예는 사랑스러운 '에이스 패밀리ACE family'이다. 이 유튜브 채널('에이스 패밀리')은 구독자가 1,800만 명이 넘는다. 그들은 원추각막증을 가진 가족 구성원이 있는 동영상을 올렸다. 그 원추각막증 환자는 내가 시력을 향상시키고, 칼을 대는 각막 이식수술을 방지할 수 있는 홀컴 C3-R 치료와 인택스Intacs(원추각막 링 삽입 수술 - 옮긴이) 치료를 한다는 것을 알고 갑자기 화를 내는 놀라운 정서적 경험을 했다. 이 동영상이 올라온 지 24시간이 채 되기도 전에 놀랍게도 조회 수가 90만 6,633개이고 댓글은 2만 6,000개를 넘었다. 이러한 예를 보더라도 소셜 미디어가 열성 팔로어에게 미치는 영향은 결코 과소평가될 수 없다.

한편 '셀카 스타'들은 스마트폰으로 자기 모습을 찍은 뒤 트위터, 인

스타그램, 스냅챗에 올려 수천 명, 수백만 명이 볼 수 있게 함으로써 자신을 과시한다. 셀카 세대가 무대를 공식 접수했으며, 누구나 파티에 참여하거나 구경할 수 있다. 일명 '셀카의 여왕' 또는 '인터넷의 파괴자'로 불리는 카다시안 웨스트는 셀카북 『셀피시Selfish』를 출간했다(그리고 재출간까지 했다).[4] 많은 소비자가 커피를 마시며 볼 요량으로 이 책을 샀고, 아마도 훨씬 더 많은 사람이 서점 통로에서 책을 훑어보며 고혹적인 사진들을 은밀하게 휙휙 넘겼을 것이다.

카다시안 웨스트가 거울에 비친 반라의 자신을 고혹적인 표정으로 바라본다. 주인이 사진을 만들어 팔로어에게 소셜 미디어로 직접 전송하고, 팔로어는 그에 대해 실시간으로 반응할 수 있다. 마케팅적인 측면에서 보면, 그저 연예인 잡지에서 카다시안에 관한 기사를 읽는 것보다 훨씬 더 강한 팬들과의 유대를 만들어낸다는 점에서 이것은 정말 대단하다. (유명 인사와 마케팅에 대해서는 제12장에서 더 자세히 다룰 것이다.) 팔로어들은 후광 때문에 마음의 눈이 멀어서 그것이 마케팅이라는 생각을 거의 하지 않는다. 대단한 낚시꾼이 아닌데도 킴 카다시안은 그 누구보다도 성공한 어부(또는 여성 어부?)이다. 카다시안은 동시에 5,000만 명을 갈고리에 꿸 수 있다고 자랑한다. 팬의 감정과 이 일방적인 사회적 교환(보는 사람이 댓글을 달 수 있어 쌍방적인 것처럼 보인다)의 즉각적인 만족은 곧바로 지각지능의 중심으로 간다. 또한 그 즉각적 만족은 유명인과 팬 사이의 재정의된, 거짓된 친밀감의 중심으로 곧바로 작용한다. 카다시안 웨스트는 전달하고자 하는 자신의 이미지를 완벽하게 통제한다. 카다시안이 팬과 자신 사이에 유대를 만들어낼 때 관계는 팔로어와 함께 시너지를 발휘한다. 팬들은 정기적으로 카다시안의 최신 셀카 사진을 받아서(소셜 미디어상의 진짜 친구로부터 받는 것처럼) 들여다보고 판단하며 의견을 말하고 공유하고 지각지능의 환상 속으로 흡수한다.

　이제 지각지능이 우리가 좋아하는 세 글자 단어인 'sex(섹스)'를 어떻게 해석하는지 살펴보기로 하자.

제10장

성의 지각지능

자기 자신의 매력

　지각지능과 관련하여 육체적 욕망에 대해 살펴보기에 앞서 나는 성
性과학자 또는 섹스 치료사인 체하지 않겠다는 점을 분명히 밝혀두고자
한다. 내 의료 행위는 눈과 시각에 집중되어 있다. 요컨대 나는 열정과 섹
스가 태곳적부터 인간의 상호작용과 결정을 추동하여 잘못된 지각과 오
해, 오류를 불러일으키고 이 영역에서의 지각지능이 낮은지 높은지를 드
러내 보였다는 것을 말하려는 것이다.

　우리의 상상력, 즉 실재하는 것을 실재하지 않는 것으로부터 구별하
는 우리의 능력과 우리가 관여하는 성행위는 사회와 우리 자신에 대해
많은 것을 말해준다. 몇몇 사례에서, 수음이 정상적이고 생물학적인 욕
구이고 도덕과 무관하다는 사실과 같은 사물의 자연적 질서를 수용하지
않는 것은 모든 유효한 과학적 증거에 배치되고 지각지능이 낮음을 보여
준다. 이런 사실을 부정하는 것은 지구가 둥글고 지구온난화가 존재하느
냐 그렇지 않느냐는 것과 같은 맥락이다. 정반대도 참이다. 불법적 또는

비도덕적 상상(아동 포르노, 근친상간, 강간 등)의 포로가 되는 사람은 지각지능이 낮아 동료 인간뿐만 아니라 사회 전체에 위험할 수 있다.

포르노, 수음, 불륜, 성적 선호, 성적 일탈처럼 논란이 많은 영역과 관련하여 우리는 신념체계의 어느 지점에서 선을 넘나드는가? 인터넷·TV·영화·광고에서, 그리고 사실상 일상생활의 도처에서 섹스에 둘러싸여 있는데 우리 자신의 지각이 지나치게 영향을 받아 규범을 넘어 왜곡되지 않았다는 것을 어떻게 확신할 수 있을까? 이 장에서 우리는 어떻게 성적 정보의 입력과 그에 대한 해석이 우리의 지각지능을 안내하고 오도하는지 살펴볼 것이다.

인터넷 : 성적 디즈니랜드 또는 가상의 소돔과 고모라?

만약 당신이 인터넷 포르노를 거부할 수 있고 포르노 보는 사람을 심판할 수 있는 소수의 사람에 속한다면 다음 통계를 살펴보라(다른 표시가 없는 한 '전 세계'에 해당한다).[1]

- 전체 인터넷 트래픽 중 30퍼센트가 포르노다.[2]
- 최대 포르노 사이트는 월 방문자가 3억 5,000만 명이다(미국 인구 전체와 맞먹는다).
- 미국 남성 중 64퍼센트가 적어도 한 달에 한 번 포르노를 본다(이 비율은 기독교도 남성 사이에서도 거의 같다).
- 18~30세 남성 중 79퍼센트가 적어도 한 달에 한 번 포르노를 본다.
- 31~49세 남성 중 67퍼센트가 적어도 한 달에 한 번 포르노를 본다.

- 기혼 남성 중 55퍼센트가 적어도 한 달에 한 번 포르노를 본다.
- 여성 세 명 중 한 명이 매주 포르노를 본다.[3]

포르노를 이렇게나 많이 보다니! 사람들은 고화질 동영상과 사진을 다운받기에 바쁘다. 누군가가 밥벌이하는 시간, 잔디 깎는 시간, 요가를 하러 가는 시간 또는 가족과 함께 최신 픽사 영화를 보는 시간을 갖는다는 것은 기적이다. 성적 성향, 관심사, 호기심에 관한 한 우리가 상상할 수 있는 꽤 많은 것들을 손쉽게 (24시간, 1주일 내내, 전 세계 어디서나) 입수할 수 있다. 키보드를 몇 번 두드리면 마음껏 볼 수 있다. 비록 호색적 이미지, 꿈, 행동, 그리고 색정적 이미지의 표현들이 오랫동안 존재해왔지만 이처럼 난잡한 내용의 홍수 같은 것을 세계가 경험한 적은 일찍이 없었다. 이전과 다른 점은, 오늘날 우리는 쉽게 사진을 찍고 영상으로 녹화하여 공유한다는 것과, 검색하여 경험하고 싶어 하는 것을 거의 어떤 것이든 찾아낸다는 것이다.

나는 토가*를 입으면 너무 섹시해

불법 콘텐츠에 대한 시각이 세기의 흐름을 바꿔놓았다. 오늘날 우리가 포르노로 간주하는 것은 언제나 존재했고, 몇몇 시각 방식 또는 형태로 역사의 전 기간에 수용되었다. 고대 그리스와 로마의 도자기, 음료수 잔, 램프, 장신구, 그리고 당시에는 흔했던 그 밖의 물건에 표현된 것을 보라. 아이를 데리고 미술관에 가서 어째서 남녀 조각상이 거의 언제나 나체인지(으레 팔 하나 또는 코가 없는지) 설명하는 데는 늘 약간의 망설임이 수반

---

* 고대 로마인의 헐렁한 겉옷과 비슷한 옷 – 옮긴이

된다. 그러나 그리스인과 로마인은 성행위를 일상적인 활동과 다른 것으로 보지 않았다. 화장실 벽의 그림(아직도 에페수스에서 볼 수 있다)을 포함하여 누드와 간통 묘사는 누구나 볼 수 있도록 신전과 온갖 공적 회의 장소에 전시되었다. 이들 고대인은 인간의 신체와 자연스러운 성적 성향(이성애든 동성애든)의 표현을 외설스러운 것으로 여기지 않았다는 점에서 지각지능이 높았다. 실제로 고대 이탈리아 폼페이(서기 79년 화산 폭발로 폐허가 되었다)의 욕실 주요 유물은, 오늘날의 표준으로는 노골적인 것으로 간주되는 예술을 보여줄 뿐만 아니라 쾌락을 고조시키기 위해 남근 대용품 같은 장난감을 사용했다는 것도 보여준다.[4] 고대 로마인은 성에 거리낌이 없었고 (난교 파티, 노예와의 섹스 등등 어쩌면 너무 나갔을지도 모른다), 심지어 자신들의 신들 (특히 황소 같은 동물 형태로 여성과 사통한 제우스)을 대단한 호색한으로 묘사했다.

인도는 한 단계 더 나갔다. 2세기 무렵 힌두 철학자 바츠야야나Vatsyayana가 세계 최초의 섹스 책 혹은 매뉴얼로 알려진 『카마 수트라Kama Sutra』를 썼다.[5] 이 책은 삶과 사랑에 대한 슬기로운 조언도 담고 있지만, 알려진 모든 체위를 아주 상세히 묘사해놓고 있다. 성적 쾌락 달성은 건강한 삶과 충실한 관계에 필수적인 것으로 간주되었고, 책에 묘사된 수많은 체위를 실연하는 것은 동반자와의 영적 행복을 획득하는 방법으로 생각되었다.

달라진 지각 : 주님의 이름으로 단속하기

우리는 그리스와 로마를 포함하여 수많은 고대 문화가 노골적으로 성을 장려하지는 않았더라도 성행위의 시각적 표현을 용인하고 있었음을 알고 있다. 그러나 지각지능은 동적인 과정이고, 역사는 똑같이 억압된 문화를 가진 사회의 무수한 예로 가득 차 있다. 억압은 무엇보다도 시간이 흐르면서 사람들의 지적 수준이 높아지고 종교적 교의가 삶의 모든 측면에 스며들어 이를 지배함에 따라 진화된 것처럼 보인다.

예컨대 빅토리아 시대의 영국 문화는 섹스를 쾌락과 결부시킨다는 생각이 없었고, 교회는 명백히 생식 의도로 행해진 성행위가 아니면 성행위와 관련된 거의 모든 것을 죄악으로 간주했다. 심지어 산아제한도 금지되었다. 아이러니하게도 섹스의 탄압은 그 시기 런던에 매춘이 더욱 창궐하게 만드는 데 일조했다. 섹스 산업은 교회의 섹스 탄압 선언 아래서도 거듭 붐을 일으켰다.

청교도가 미국에 처음 정착한 뒤 종교적 영향력은 섹스와 관련하여, 특히 무엇을 포르노로 간주하느냐는 것, 어떤 성행위가 용인되느냐는 것, 수음이 마음, 신체 또는 영혼에 해로우냐는 것과 관련하여 온갖 오해를 불러일으켰다. 성서 자체는 성행위에 대해 꽤 편협한 견해를 보여준다. 성서는 씨앗을 흘린 오난Onan에게 하나님이 어떤 벌을 내렸는지 기술하고 있다. (오나니즘onanism이라는 용어는 종종 수음을 의미하는 말로 사용된다.) 그 이후로 사제와 설교자는 수음의 죄악을 훈계했고, 수음을 하는 사람은 끔찍한 대가를 치를 것이라고 경고했다. 수백만의 기독교도 미국인이 오랫동안 세뇌되어 수음을 하면 ①음부가 떨어져나가거나, ② 장님이 되거나, ③곧장 지옥으로 떨어진다고 생각하게 되었다는 것은 분명하다(이들 중 하나 또는 전부가 일어날 것으로 여겼다).

정조대 신화

오늘날까지도 많은 사람들이 정조대는 기사나 영주가 돌아와서 적절한 종교적 결혼식을 치를 때까지 젊은 처녀가 순결을 유지하는 것을 보장하기 위해 중세에만 사용되었다고 굳게 믿고 있다.[6] 이것은 전혀 사실이 아니다. 정조대는 19세기까지 유행하지 않았다.[7] 이 무렵에 의사들은(심지어 미국의 의사들도) 수음을 방지하기 위해 주로 젊은이에게 정조대를 사용하라고 했다. 의사들은 수음이 건강에 해롭고 정신병, 심장병 또는 암을 유발할 수 있다고 생각했다.* (아이러니하게도 그 반대가 참이다.[8] 수음이 전립선암 발병 위험을 감소시킨다는 것은 과학적으로 증명되었다. 수음은 일종의 생물학적 욕구이다.) 또한 이 무렵에 정조대는 사장과 동료들이 부적절하게 접근하는 것을 방지함으로써 일부 여성 근로자들을 보호하려는 것으로 알려졌다. 그렇지만 소년이 푹푹 찌는 한여름에 더위를 식히려고 친구와 함께 호수로 뛰어들 때 수영 팬츠 안에 정조대를 반드시 차는 모습을 상상할 수 있는가?

1960년대부터 1980년대까지 예수회 사제이자 미디어 도덕Morality in Media이라는 단체의 창립자 중 한 명인 모튼 A. 힐Morton A. Hill 신부는 포르노 반대 운동을 벌이고 이 세상에서 섹스 콘텐츠를 없애기 위해 린든 B. 존슨Lyndon B. Johnson 및 로널드 레이건Ronald Reagan 대통령 행정부와 함께 일하기도 했다.[9] 힐 신부는 이 운동에서 결코 혼자가 아니었다.[10] 그 후로 다른

---

* 과거에 미국은 확실히 섹스와 의학의 교차점에 대하여 몇몇 추악한 작은 비밀을 가지고 있었다. 1900년대 초에 캘리포니아에서는 그저 호르몬에 반응하고 있을 뿐인 성적으로 적극적인 수많은 소녀들에게 인종 개량(비자발적 불임수술)이 (부모의 명령으로) 행해지기 시작했다. 1909년에서 1960년까지 골든스테이트(캘리포니아 주의 별칭 - 옮긴이)에서는 정신병을 앓는 남자를 포함하여 약 2만 명을 대상으로 불임수술이 시행되었다. 이것은 미국 전역에서 행해진 인종 개량 절차의 3분의 1에 해당하는 것이었다.

많은 종교 지도자와 전도사(제리 폴웰Jerry Falwell 같은)가 포르노 추방을 자신들의 주요 사명 중 일부로 여겼다. 여러 종파(특히 기독교 우파)가 수년간 이 운동을 더욱더 극단적으로 밀어붙여 잡지와 영화에서 포르노를 추방하려 했을 뿐만 아니라 그 콘텐츠가 뉴욕 메트로폴리탄 미술관에서 볼 수 있는 것보다 덜 불쾌한 것이 되도록 하기 위해 예술가, 작가, TV 프로그램, 영화, 음악을 적극적으로 검열하려 했다.

지각지능 평결 : 외설물 또는 성적 보조물?

대답할 수 없는 질문은 계속된다. 포르노의 기준은 누가 정하는가? 선을 어디에 그어야 하는가? 지각지능은 우리의 사고에서 중요한 역할을 한다. 지각지능이 낮은 종교적 광신자들은 극단으로 나아가 고대 로마 조각상의 가슴을 가리려 하고, 「채털리 부인의 연인Lady Chatterley's Lover」과 「보바리 부인Madame Bovary」 같은 명작을 금지하려 하며, 록 음악이나 랩 음악의 음반 커버와 CD에 경고 딱지를 붙이려 한다. 그런가 하면 포르노와 싸우는 페미니스트 단체는 다른 극악 범죄 외에도 여성의 의사에 반하는 모욕, 비하, 폭력 등에 연루된 여성의 이미지나 조금이라도 아동 포르노 낌새가 나는 것에 대해 격렬하게 반대한다.

인터넷 포르노의 엄청난 양과 즉각적인 접속 가능성은 우리의 지각지능에 나쁜 영향을 미치는가? 내 생각에는, 자기 집 안의 프라이버시 내에서 자신이 선택한 환상의 세계를 보고 싶은 유혹에 이따금 굴복하는 것은 지각지능의 규범을 벗어나지 않는다. 자신 또는 다른 사람들을 학대하는 것으로 넘어가는 경우(특히 미성년자와 관련된 경우)는 보다 깊은 곳에 깔려 있는 성 심리 문제를 드러내는 것이고, 그러한 문제는 적절한 형태의 치료가 뒤따라야 할 것이다.

강력한 성적 지각지능을 가진 사람은 하루에 몇 시간씩 키보드를 두드리는 정도 또는 그런 활동이 개인 생활과 직장 생활을 방해할 정도로 중독되지 않는 한 자신을 자극하는 것을 보고 즐겨도 좋다. 그러나 지각지능이 낮은 사람에게 성적 공상은 왜곡된 지각을 낳는다. 그런 사람은 선을 넘어 왜곡된 지각을 바탕으로 행동할 수 있는데, 이것은 결코 좋은 일이 아니다.

손대면 안 된다 : 수음과 지각지능

성적 충동은 사춘기에 생겨난다. 이때 호르몬이 폭발하여 우리는 완전히 광분하게 된다. 그러나 아이러니하게도 우리는 감성지능이 제로이거나, 그것을 통제할 경험이 전혀 없다. 비록 우리의 성향과 취향이 DNA와 뇌에 깊숙이 감춰져 있을지라도 우리는 양육 중에(프로이트에 따르면 양육은 엄마 젖을 물 때 시작된다) 형성된 성적 시각, 주위 사람, 이미지, 환경에 의존한다. 유명한 성치료사인 루스 웨스트하이머Ruth Westheimer 박사는 '섹스와 관련해 가장 중요한 6인치는 두 귀 사이의 6인치이다'라고 말한 적이 있다.

10대 소년은 성적 지각지능이 특히 낮아서 거의 매분 짜릿한 생각을 느끼려 한다. 그들의 야한 공상은 엄청나다. 한마디로 말해 마음을 온통 빼앗긴다. 보통 10대 소년은 최신 유튜브 포르노 동영상, 새 숙모(당연히 숙부와 재혼한), 엄마의 절친한 친구, 이웃집 여자, 커피숍 바리스타, 버스 정류장의 대학생, 생물 시간에 건너편에 앉아 있는 여학생, 강렬한 눈빛의 메간 폭스Megan Fox 사진 등등을 공상하며 수음을 한다고 한다. 이 모든 것을 하루 동안에 말이다!

필립 로스Philip Roth의 고전적인 1969년 소설 『포트노이의 불평Portnoy's Complaint』이 출간된 뒤로 별로 달라진 것은 없다.[11] 이 소설에서 섹스 중독자인 유대인 남자 주인공 알렉산더 포트노이는 자신의 환상을 설명하면서 누나의 브래지어, 야구 글러브, 생간生肝에다 수음을 하던 10대 시절을 회상한다. 그로부터 30년 후에 영화 「아메리칸 파이American Pie」에서 고3 학생 짐 레벤스타인(제이슨 빅스Jason Biggs)은 따끈한 애플파이로 그것을 한다. 결국 포트노이 이후로 적어도 10대 소년들은 메인 코스에서 디저트로 옮겨간 셈이다.

수십 년 전에 나도 그러한 10대에서 예외가 아니었음을 인정한다. 내가 젊었을 때 절친한 친구 키이스Keith는 캘리포니아의 산타모니카 21번가에 살고 있었다. 그때 우리는 길 건너에 사는 이웃집 주인인 액션 영화의 아이콘 아놀드 슈왈제네거Arnold Schwarzenegger의 메르세데스 세단과 오토바이를 세차했다. 어느 날 아놀드가 포르노 비디오를 빌려주겠다면서 내 의향을 알고 싶어 하더라고 키이스가 내게 말했다. 나는 신이 나서 말했다.

"오 예! 빌려주면 좋지!"

토요일 오후, 키이스와 나는 길 건너 아놀드의 집으로 가서 초인종을 눌렀다. 아놀드가 문을 열고 웃으면서 낯익은 투로 말했다.

"어서 와, 내가 가지고 올게."

그는 갈색 봉지를 들고 와 키이스에게 넘겨주면서 "재미있게 봐!"라고 말했다. 우리는 키이스의 집으로 되돌아갔다. 키이스의 방에 들어가자마자 우리는 봉지를 열고 「미스티 베토벤The Opening of Misty Beethoven」이라는 VHS 비디오테이프를 꺼냈다. 호르몬이 넘치는 우리 같은 10대가 수상 경력이 있는 영화 비디오를 손에 넣는 것은 로또에 당첨되는 것과 같왔다. 그날 밤 늦게, 키이스와 내가 거실에 있을 때 그의 부모와 형제들이 외출했다. 키이스가 비디오테이프를 틀었다. 이를테면 우리는 경주에 돌입한 것이었다. 우리는 영상을 처음부터 끝까지 즐겼다. 나는 몇 번이고 비디오를 정지시켰다가 되감으며 배우들이 그런 특이한 체위를 한 채 어떻게 몸을 뒤틀 수 있는지 생각했다. 얼마 뒤 우리는 비디오테이프를 돌려줄 때 아놀드에게 진심 어린 사의를 표했다.

나는 당신에게 천박해지라고 위의 이야기를 한 것이 아니라 우리의 생물학적 태생이 사춘기 아이들에게 성적인 콘텐츠를 찾게 만들고 그들의 강렬한 호기심을 만족시킨다는 것을 강조하려 했다. 10대 소녀들이 넘치는 호르몬의 영향을 받지 않는다고 착각하지 않도록 커버넌트 아이즈CovenantEyes('인터넷 책임 추적 및 필터링 사이트')의 통계를 보기로 하자. 그에 따르면 여자아이 열 명 중 여섯 명이 열여덟 살이 되기 전에 포르노에 노출되고 10대 소녀의 약 4분의 1이 온라인을 통해 신체 결박(성적 쾌감을 얻기 위해 밧줄 등으로 몸을 묶는 것 - 옮긴이)을 보았다.[12] 10대 소녀들도 곧잘 수음을 하고 나름대로 포트노이 같은 실험을 하고 성적 쾌감을 얻기 위한 특정 물건을 가지고 있다. 나는 식료품점에 있는 특정 물건(애호박, 오이, 당근…… 나머지는 당신의 상상에 맡긴다)과 가까이 지내는 여자 이야기를 많이 들었다.

마크 트웨인은 이 연설로 큰 박수를 받았다

1879년 세계적인 작가이자 유머가 넘치는 사람이 파리에서 열린 사고를 가진 프랑스 지성인들에게 '오나니즘 과학에 대한 몇 가지 생각'이라는 제목으로 연설을 했다.[13] 「톰 소여」, 「허클베리 핀」과 그 밖의 수많은 걸작을 쓴 마크 트웨인은 풍자적인 어조로 당시에는 금기였던 주제인 용두질에 대해 청중에게 말했다. 그의 연설은 생물학적으로 자연스러운 것을 하는 것은 전혀 잘못된 짓이 아니라는 뜻을 분명히 함축하고 있었다. 짧은 삽화책으로 출간된 『수음에 관한 마크 트웨인의 연설Mark Twain on Masturbation』은 역사적 인물의 재미있는 말을 살짝 비틀어서 인용하고 있다. 호머Homer는 『일리아드The Iliad』 2권에서 '나에게 수음이 아니면 죽음을 달라!'고 했고, 줄루족의 영웅 케츠와요Cetewayo는 '손으로 한 번 딸치는 것은 숲속에서 두 번 하는 것의 가치가 있다'고 말했다고 트웨인은 너스레를 떨었다.

오늘날 우리가 이런 말이 우스꽝스럽고 신랄하다고 여긴다면 1879년에는 사람들이 어떻게 생각했을지 상상해보라! 당시는 미국보다 프랑스가 이런 말을 더 잘 받아들이는 풍토였다는 것은 확실하다. 트웨인은 현명하게도 명성을 지키는 법과 이런 소재로는 건전한 청중만 즐겁게 해줄 수 있다는 것을 알고 있었다. 그렇다 하더라도 그런 보수적 시대에 수음을 인정하고 그것으로 농담을 하는 트웨인의 능력은 최고 수준의 제다이 기사단의 지각지능을 보여준다.

이것은 우리의 지각지능 수준이 성적 환상의 영화를 뇌에 얼마나 많이 저장해두었는가에 달려 있다는 것을 의미하는가? 잠재의식 깊은 곳에서 우리는 모두 어느 정도의 성도착자인가? 우리가 그런 환상을 바탕으로 행동하고 우리의 안전한 삶을 흐릿한 판단과 시원찮은 위험 감수로 위태롭게 할 때에만 그렇다고 나는 생각한다. 충격적일 만큼 자주 발생하여 남녀를 파멸시키는 불륜의 경우도 그와 마찬가지다.

비싼 대가를 수반하는 불법 행동

HBO TV 시리즈 「웨스트월드Westworld」(예측 불허의 흥미진진한 테마파크를 좋아한 마이클 크라이튼Michael Crichton이 각색하고 감독한 1973년도 율 브린너Yul Brynner 주연의 영화를 바탕으로 한 것)에서, 돈 많은 '손님들'은 웨스턴 무대에서 시청자들이 누가 누군지(또는 뭐가 뭔지) 이해하기 힘들 만큼 실물과 똑같은 로봇 '주인'과 그들의 가장 내밀한 환상을 펼칠 기회를 갖는다. 마음껏 탐닉할 수 있게 된 남녀 손님들은, 이들 로봇 주인이 수천 번의 재시동 후 그런 충격적인 경험을 기억하는 동시에 진짜 감정을 발전시킬지도 모른다는 것에는 아랑곳없이, 닥치는 대로 섹스(또는 강간)를 하고 기발한 희열(엄청난 요금을 냈다고 한다)을 맛보기 위해 로봇 주인을 괴롭힌다(또는 마구 죽인다). 이 쇼는 리얼리티/판타지에 매우 가까운 윤리적 환각제이다. 그런데 여기서 우리가 생각해야 할 주요 문제는 '기혼 남녀가 실물 같은 로봇 주인과 섹스를 하면 그것은 바람을 피우는 것인가?', '(로봇이 아닌) 다른 사람에 대해 성적인 생각을 하는 것은 괜찮은가?', '공상에 잠기는 것은 좋은가?' 하는 것이다. 남성은 슈퍼모델과 스리섬(세 명이 함께 하는 성행위 - 옮긴이) 하는 것을 생각한다는 이유로 결코 이혼당하지 않을 것이고, 아내가 남근 대용품을 사용하여 조지 클루니George Clooney를 상상하면서 오르가슴을 열 번 느꼈다고 남편을 배신했다고 할 남성은 거의 없을 것이다.

오늘날 미국에서는 커플 중 무려 41퍼센트가 한쪽 또는 쌍방이 바람피운다는 것을 인정한다.[14] 조사에 응한 모든 파트너가 100퍼센트 정직했다면 그 수치가 얼마나 높을지 상상해보라. 그렇다면 TV 프로그램과 영화가 넌더리날 정도로 불륜을 주제로 다루는 것, 그리고 그 관계가 거의 언제나 불행으로 끝나는데도 기혼자들이 즐겨 시청한다는 것은 당연하다. 대표적인 TV 프로그램으로 「스캔들Scandal」, 「미스트리시스Mistresses」, 「비잉 메리 제인Being Mary Jane」, 「굿 와이프The Good Wife」, 「어페어The Affair」, 「디보스Divorce」, 「범죄의 재구성How to Get Away with Murder」 등이 있고 영화로는 「이중 배상Double Indemnity」, 「중독Addicted」, 「위험한 정사」, 「언페이스풀Unfaithful」, 「타일러 페리의 템테이션 : 결혼 상담사의 고백Tyler Perry's Temptation: Confessions of a Marriage Counselor」 등이 있다.

「웨스트월드」와 달리 위의 모든 불륜 상황에서는 가해자 측이 거짓말을 하고, 증거를 은폐하며, 금지된 에로틱한 밀회를 즐기면서 심각한 죄의식과 싸운다. 다이앤 레인Diane Lane(바람피우는 아내 코니)과 리처드 기어Richard Gere(오쟁이진 남편) 주연의 「언페이스풀」은 전 세계 매표소에서 1억 1,900만 달러를 긁어모은다.[15] 성관계 장면, 특히 코니가 애인(올리비에 마르티네즈Olivier Martinez)에게서 빠져나가려고 할 때(그러나 섹스가 너무 좋아서 그러지 못한다) 애인이 뒤에서 코니에게 들어가는 복도에서의 장면이 지나치게 난잡하고 기억에 오래 남기 때문에 그럴 만도 하다. 이것은 정확히 '공주' 판타지가 아니라 포르노 같은 노골성, 위험, 복도에서의 적나라한 섹스로 아내와 남편을 둘 다 흥분시키는 판타지이다. 등장인물들에게 상황이 몹시 섬뜩하게 전환된다는 사실에도 불구하고(나는 이 영화를 못 본 사람을 위해 스포일러로 이것을 망치지 않겠다) 나는 대다수 커플이 영화가 끝난 뒤 집으로 돌아가 침실 문을 쾅 닫고 빗장을 지른 다음 토끼처럼 그 짓을 한다는 데 내 퀴노아 칩 봉지를 걸겠다.

「언페이스풀」처럼 에로틱한 영화를 보고 난 뒤 서로 격렬한 섹스에 빠지는 커플은 지각지능이 낮은 것일까, 높은 것일까? 나는 높은 쪽이라고 생각한다. 왜냐하면 판타지를 해석하여 로맨틱한 생활에 연결시킬 수 있는 커플은 대개 부정한 충동에 따라 행동하는 것을 피하기 때문이다. 가려운 곳은 긁었고, 파트너들은 아무런 해를 끼치지 않고 둘 다 심장 박동 수가 최고에 이르렀다. 진짜 웨스트월드 테마파크가 개장할 때까지(생각만큼 오래 걸리지 않을지도 모른다) 높고 건강한 지각지능을 반영하는 활동을 통해 우리의 관계를 생기 있고 온전하게 유지하기로 하자.

그것이 잘못되었다는 것이 아니다

이 장에서 나 자신의 준거틀인 이성 관계에서의 지각지능을 살펴보았다. 이제 많은 이성애자들이 성적 취향을 달리하는 사람에 대해 가진 오해와 편견이라는 주제를 다루고자 한다.

키가 196센티미터인 할리우드의 거물 록 허드슨Rock Hudson이 1985년에 에이즈로 사망했을 때 대중 연예지는 신나게 떠들어댔다. 이 무서운 질병(당시에는 대표적인 치명적 질병이었다)에 주요 유명 인사 중 첫 번째로 허드슨이 죽자 그의 명성은 '록Rock'이라는 사내다운 이미지(그는 여배우 도리스 데이Doris Day와 그 밖의 주연급 여배우들을 수십 년간 쫓아다녔다)가 영원히 더럽혀진 데 충격을 받고 실망한 무지한 사람의 과잉 반응과 지저분한 헤드라인의 먹잇감이 되었다. 그들의 마음속에서 허드슨은 할리우드 스타에서 성도착(예를 들어 동성애)의 상징으로 바뀌었다. 그러한 극단적 반응을 감안할 때 어째서 허드슨이 생전에 사생활을 벽장 깊숙이 감추었는지 이해할 수 있다.[16] 허드슨이 사랑했다고 고백한 증권 중개인 리 갈링턴Lee Garlington은 "다들 제정신이 아니었습니다…… 그것은 각자의 경력을 망가뜨리는 짓이었습니다"라고 말했다.

몽고메리 클리프트Montgomery Clift, 폴 린드Paul Lynde, 마를레네 디트리히Marlene Dietrich, 그레타 가르보Greta Garbo, 조세핀 베이커Josephine Baker, 딕 사전트Dick Sargent, 로버트 리드Robert Reed, 레이먼드 버Raymond Burr, 캐서린 헵번Katharine Hepburn, 랜돌프 스코트Randolph Scott와 바버라 스탠윅Barbara Stanwyck을 포함하여 게이, 레즈비언 또는 양성애자로 생각되는 다른 많은 스타들은 자신을 노출시키지 않음으로써 이미지를 온전히 유지할 수 있었다.[17] 당시의 할리우드에는 동성애가 사람들이 생각하는 것보다 흔했다. 스코티 바워스Scotty Bowers의 책 『완전한 서비스Full Service』와 보즈 헤이들리Boze Hadleigh의 『인 오어 아웃In or Out』은 깜짝 놀랄 만한 개인적 일화를 소개한다.[18] 현역 활동 중에 그 배우들의 성적 관심사가 새어나갔다면 그들의 공적 페르소나가 크게 훼손되었을 것은 분명하고, 팬들이 등을 돌렸을 것이다.

과거(때로는 현재) 세대, 특히 신앙심이 매우 깊었던 세대는 성적 선호가 일종의 전염병이라도 되는 듯이, 그리고 명령과 통제로 다스릴 수 있는 듯이, 동성애homosexuality와 여성 동성애lesbianism를 도덕적 사회에 대한 위협이자 젊은이에 대한 위험으로 간주했다는 점에서 지각지능이 꽤 낮았다. 한 세기도 더 전에 뛰어난 극작가(「진지함의 중요성The Importance of Being Earnest」), 소설가(「도리안 그레이의 초상The Picture of Dorian Gray」), 시인, 동화 작가이자 재사才士였던 오스카 와일드Oscar Wilde는 동성애 성향 때문에 조롱을 받았을 뿐만 아니라 투옥되기까지 했다.[19] 소수 집단이었던 그의 팬과 지지자들은 그를 외면했고, 이 예술가는 폐인이 되어 죽었다.

다행히도 오스카 와일드의 시대 이후로, 심지어는 록 허드슨의 죽음 이후로 사람들의 의식이 크게 달라졌다. 그들(또한 다른 사람들)의 명성이 치른 적지 않은 대가 덕분에 이제는 배우, 음악가, 미술가들이 눈썹 하나까딱하지 않고 자랑스레 벽장에서 나오는 일이 흔하다. 덕분에 지금 우리에게 엘런 드제너러스Ellen DeGeneres, 엘튼 존Elton John, 조지 타케이George Takei, 닐 패트릭 해리스Neil Patrick Harris, 완다 사익스Wanda Sykes, 네이선 레인 Nathan Lane, 이언 매켈런Ian McKellen, 데이비드 하이드 피어스David Hyde Pierce, 레이철 매도Rachel Maddow, 사이먼 캘로Simon Callow, 조디 포스터Jodie Foster, 레이디 가가Lady Gaga, 릴리 톰린Lily Tomlin, 그리고 그 밖의 많은 슈퍼 탤런트들이 있다.[20]

우리는 먼 길을 왔다. 그러나 세계는 동성애자 및 여성 동성애자 공동체에 대한 오해와 편견을 해결하지 못하고 있다. 당신은 학교 운동장에서 아이들이 동성애자라고 생각하는 사람을 놀리기 위해 '호모', '레지 lezzie'('레즈비언'의 속어 - 옮긴이) 같은 말을 사용하는 것을 여전히 볼 수 있을 것이다. 결혼의 상징적 신성함(이것이 무엇을 의미하든지 간에)에 있어서 격식을 차린 의식과 종잇조각이 우리의 지각지능을 크게 훼손하기라도 하는 것처럼 정치판에서 동성애자 결혼보다 더 많은 논란을 불러일으키는 문제는 거의 없다. 이런 잘못된 일련의 사고에 대해 가수이자 소설가인 킨키 프리드먼Kinky Friedman은 "나는 동성애자 결혼을 지지한다. 나는 그들에게도 다른 사람들처럼 비참해질 권리가 있다고 생각한다"라고 빈정댔다. 지각지능이 높고 자신의 성적 취향에 껄끄러움을 느끼지 않는다면 성적 취향이 다른 사람을 껄끄러워할 이유가 전혀 없다.

고개를 돌린 올림픽 선수와 지각지능

2015년 7월 〈배너티 페어〉는 트랜스젠더 여성으로 출전한 케이틀린 제너Caitlyn Jenner를 커버스토리로 다루었다.[21] 우리 모두는 그녀가 바로 올림픽 챔피언, 제품 대변인, 리얼리티 TV 프로그램의 아빠이자 〈플레이걸〉 모델이었던 세계적 육상선수 브루스 제너Bruce Jenner라고 알고 있었다. 수백만 명이 그 정체를 알고 아연실색했다. 그들은 여성인 케이틀린이 1976년 올림픽 10종 경기 금메달리스트이자 바로 그 경기에서 창을 던지는 모습이 휘티스 시리얼 상자에 당당하게 나오는 사내답고 역동적인 바로 그 사람이라는 사실을 받아들일 수 없었다. 가족, 친구, 유명 인사, 운동선수, 팬들이 지지를 표명하고 트윗을 날린 반면에 많은 사람이 제너의 등 뒤에서 비웃고 몇몇 사람은 제너 앞에서도 비웃었다. 한 TV 앵커, 즉 폭스 뉴스의 닐 카부토Neil Cavuto는 생방송 중에 케이틀린을 조롱하기까지 하고 찰스 페인Charles Payne을 '샤를린 페인Charlene Payne'이라고 했다. CNN 앵커 캐롤 코스텔로Carol Costello도 그에 못지않았다. 코스텔로는 제너의 사내다운 체격을 이제 볼 수 없어서 '슬프다'고 했다. 왕년의 니켈로디언Nickelodeon(미국의 어린이 프로그램 채널 – 옮긴이) 스타 드레이크 벨Drake Bell은 '안타깝지만 아직도 당신을 브루스라고 부른다'라는 트윗을 날려 치명적인 실수를 저질렀다. 이것은 온라인 커뮤니티에서 곧바로 소동을 불러일으켰다.

우리의 지각지능은 사람들의 인상을 거의 순간적으로 형성하게 하지만 시간이 흐르면서 그 인상은 진전되고 고착될 수 있다. 케이틀린 사례에서, 트랜스젠더 여성이라는 것은 브루스 제너가 남성 10종 경기 챔피언이라는 기정사실과 상관없는데도 몇몇 사람은 오늘날까지도 그것을 이해하지 못하고, 따라서 결코 받아들이지 않으려 한다. 케이틀린 자신도 사실 어떤 식으로든 그들의 동의를 필요로 하지 않는다. 실제로 케이틀린은 용감하다고 상을 여러 번 받았다(이 또한 몇몇 사람 사이에서 논쟁의 원천이 되었다).

케이틀린 제너 때문에 공공연하게 제기된 트랜스젠더 문제는 미국 전역에서 교내 화장실과 공중화장실에 대한 논쟁을 촉발시켰다. 트랜스젠더 남성의 여자 화장실 출입을 허용해야 하는가? 그와 반대되는 경우는 어떻게 해야 하는가? 화장실 출입이 '정당한 신체 부위'를 가진 사람에게 제한된다면, 확인은 누가 할 것인가? 이런 문제를 걱정하는, 성적으로 보수적인 사람들에게 그들(그리고 그들의 자녀)이 이미 트랜스젠더들이 들락거린 화장실을 눈곱만한 의심도 없이 사용했을 거라는 사실은 중요하지 않았다(가장 중요한 것은, 아직까지 어떤 사건도 일어나지 않았다는 것이다).

일종의 타협으로, 많은 학교와 기관이 출입 허용자의 경계를 확실히 정한 표지가 없는, 남녀 불구분 화장실을 만들었다. 아이러니하게도 이런 화장실이 아마도 우리가 볼 수 있는 화장실 중에서 가장 깨끗하고 안전할 것이다. 그들은 (그녀를 받아들일 만큼 성숙한 지각지능을 가진 사람에게 용기의 상징인) 케이틀린 제너에게 대단히 고맙다고 해야 한다. 지각지능이 낮은 다른 사람들은 '괴물superfreak'이 되어버린 올림픽 챔피언이라는 편향된 이미지를 계속 고수할 것이다.

짐승, 누가?

이탈리아의 발 카모니카에는 동물에 막 삽입하려고 하는 남성을 묘사한 기원전 8000년경의 동굴 그림이 있다.[22] 앨프리드 킨제이Alfred Kinsey 박사가 1950년대에 조사한 성적 취향 추세에 따르면 미국에서는 남성의 8퍼센트, 여성의 3.6퍼센트가 동물과 성관계를 가졌다.[23] 이 비율은 농장에 사는 사람들(특히 양치기)의 경우보다 훨씬 높다. 통계는 동물성애(동물 에로티시즘으로 인한 흥분)와 수간(동물과 신체적 성관계를 맺는 것)이 과거 그 어느 때보다 만연하고 있음을 보여준다. 인터넷에서 가장 많이 검색되는 포르노 용어도 이와 관련된 단어이다. 그럴 만도 하다. 왜냐하면 대부분의 경우 그것은 병리학적 욕망이 아닌 생물학적 욕망으로 규명되어왔기 때문이다. 동물에게서 성적 충동을 느끼는 사람은 성적 지각지능이 낮은가, 높은가?

결국 가장 중요한 것은 각 사회의 문화적 관행에 따라 받아들일 수 있는 것과 받아들일 수 없는 것이 결정된다는 것이다. 수간은 남아메리카의 여러 나라는 물론 러시아, 멕시코, 태국, 일본, 핀란드 같은 나라에서도 합법적인 것이다. 덴마크는 최근에 수간 금지법을 통과시켰다.[24] 미국은 어딜 가나 이 문제로 떠들썩하다.[25] 몇몇 주는 수간을 경범죄로 간주하는 반면 텍사스와 켄터키 같은 주는 합법적인 것으로 간주한다. 수많은 '동물원 포르노'가 러시아에서 만들어진 것은 그저 우연이 아니다. 그런 비디오에서 러시아 여성은 개, 원숭이, 말, 그 밖의 온갖 동물과 섹스를 한다[캐서린Catherine 대제(예카테리나 2세 - 옮긴이)가 말과 섹스를 하다가 죽었다는 이야기는 믿을 만한 것이 못 되지만]. 러시아 문화는 수세기 동안 그런 행동을 비교적 관대하게 받아들였다. 그리하여 그것은 러시아인의 마음속에 자리 잡았고, 더 많이 공개되어 볼 수 있게 되었다.

한 가지 중요한 고려 사항은 수간이 동물 학대냐 아니냐는 것이다. 동물이 고통스러워하거나 성기 접촉 시 부상을 입는다면 그것은 아주 명백하다. 그러나 그런 신호가 나타나지 않으면 어떻게 되는가? 동물이 파트너에게 '동의하지' 않았다는 이유로 수간은 언제나 위법으로 간주되는가? 몇몇 동물종의 경우 수컷이 허락 없이 암컷을 밀어붙이지 않는가?

둘리틀Doolittle 박사가 나타나서 개 짖는 소리, 양 울음소리, 나귀 울음소리, 말 울음소리를 해석할 때까지 우리는 이 문제에 대해 아무것도 모른다. 한 가지는 확실하다. 그런 성적 성향이 있어서 동물에 올라타고 싶은 충동을 주체할 수 없는 사람은 어떤 짐승도 부상을 당하지 않는다는 것과, 헛간 문이 꽉 닫혀 있어서 동물을 포함한 모든 사람의 프라이버시와 미덕이 보호된다는 것을 확실히 해야 한다. 암소 베시Bessie에 '주홍글씨 A'가 붙어 있는 것을 보고 싶어 하는 사람은 없다.

유감스럽게도 우리는 이제 부정행위를 다룬 이 장을 마치고, 어째서 비용이 많이 들고 희귀하며 능력이 미치지 않는 것을 죽기 살기로 갈망하는지를 다루는 장으로 넘어가야 한다. 그런 것들 중 하나는 소중한 양¥이 아니라 공교롭게도 매우 특이한 동물의 꼬리 끝에서 나온 귀중품이다.

제11장

가져야 하는 것

사향커피와 소량 생산의 유혹

당신은 몹시 갈망하던 무엇(또는 누구)이 당신의 능력 범위 밖에 있을지도 모른다는 것을 깨달은 적이 있는가? 그것은 새 차일 수도 있고 보석일 수도 있으며 도달하기 힘든 매력적인 사람일 수도 있다. 충족하기 힘든 욕망의 대상은 엄청난 노력을 기울여야 손에 넣을 수 있다. 그런데 도대체 왜 당신은 그것을 원하는가? 그것을 얻는 것이 당신이 생각하는 만큼의 가치를 가지고 있는가? 그것을 가지면 분명히 삶의 질이 향상되는가? 아니면 당신이 가질 수 없는 것에 대한 욕망의 안개 속에 그저 휩쓸린 것인가?

희귀하거나 손에 넣기 힘들 것으로 지각하는 것을 더욱 원하는 것은 인간 행동의 기본적 교의이다. 입수 가능성이 제한되어 있다고 확신하면 기회는 더욱 소중하게 여겨질지도 모른다. 실제로 거듭된 연구 결과에 따르면 무언가 희귀하고 독특하거나 손에 넣기 힘든 것으로 여겨질 때 그것의 가치와 매력은 급등한다. 지각지능이 높은 사람조차도 이 영역에서는 희생자가 될 수 있다.

런던의 한 커피숍에서는 사람들이 코피루왁 커피 한 잔에 자그마치 100달러 상당의 돈을 지불한다.[1] 이것은 색다르고 먹음직하며 아침에 귀리 머핀과 함께 먹으면 기운을 크게 북돋워준다고 한다. 이게 뭘까? 한번 맞혀보시라. 그것은 사향커피. 그렇다, 바로 맞혔다. 코피루왁 커피는 다음과 같이 특이한(또는 관점에 따라서는 역겨운) 방식으로 만들어진다. 말레이사향고양이(일명 '토디 고양이')라는 아시아의 이상한 야행성 동물은 커피 열매를 통째로 삼켜서 과육을 소화한다.[2] 사람들은 이 희귀하고 귀여우며 때로는 학대를 받는 짐승의 꼬리 끝에서 나온 제품을 땅에서 수집한다.[3] 이 짐승의 변을 걸러내어(나는 그런 일을 하고 싶지 않다) 그 인기 있는 커피 빈에 프리미엄을 붙여 전 세계에 내다 판다. 김이 모락모락 나는 똥덩어리 몇 개를 입수하려고 고양이 변기를 체질하러 가기 전에 말레이사향고양이는 집고양이와 공통점이 거의 없다는 점에 주의해야 한다. 내가 보건대 이 동물은 여우원숭이와 미국너구리의 잡종에 더 가까운 것 같다.

제7장에서 우리는 난처한 물음, 즉 어떻게 그리고 어째서 어떤 사람은 치즈를 넣어서 구운 샌드위치를 2만 8,000달러에 사려고 하느냐는 물음에 대해 살펴보았다. 이 커다란 지각 오류와 사람들이 향긋한 사향커피를 위해 터무니없이 비싼 값을 지불하는 지각 오류 사이에는 지각지능 연관성이 있는가? 이 두 가지는 연관성이 있다. 그러나 다른 사고, 감정, 망상이 또한 후자의 완전히 불필요한 낭비적 구매와 관련하여 우리에게 충격을 준다.

나는 이것을 원한다, 그것도 지금 : 양배추 인형과 비니 베이비 인형

상품의 '희소성'은 그것을 소유하려는 욕망을 인위적으로 증가시켜 우리의 판단을 반대로 바꾼다. 그 소중한 이미지가 떠오르면 우리는 어린아이 같은 욕구와 욕망으로 되돌아가 균형 감각이 완전히 없어진다. 무언가가 비싸고 입수하기 어려우면 더 소중한 것이라고 지각할 때 희소성이 작동한다. 일반적으로 지각지능이 낮은 사람들은 곧잘 이에 굴복하여 구매를 한다. 왜냐하면 그들은 마음속에서 작동하는 것을 꿰뚫어보지 못하기 때문이다. 그러나 대부분의 문제에서 지각지능이 높은 사람들조차도 터무니없이 비싸고 화려하며 번쩍거려서 소유하고 싶은 물건이 그들의 상상을 자극할 때 어려움을 겪는다.

위에서 말한 물건의 두드러진 예는 수많은 아름답고 번쩍거리는 물건으로 바뀌는 금과 은 같은 것이다. 인류가 출현한 이래 사람들은 이런 금속을 찾아내어 소중히 간직했다. 왜냐하면 이런 금속이 마법처럼 하늘에서 떨어지는 않기 때문이다. 우리가 사탕수수를 재배하듯이 금과 은을 재배할 수 있는 외계인이 또 다른 행성에 존재한다면, 단언컨대 이런 소중한 물건들이 무가치한 것 또는 고작 곰돌이 젤리 정도로 여겨질 것이다.

사람들은 종종 그 물건이 잘 가공되었는지, 소매가에 걸맞은 가치가 있는지와 같은 완전한 정보 없이 감질나게 하는 제품에 대해 듣거나 읽는다. 따라서 얼마나 비싼가, 수량이 얼마나 제한되어 있는가와 같은 입수하기 쉬운 단서에 의존하여 제품의 가치를 결정한다. 모든 사람이 최신 유행의 크리스마스 장난감을 사려고 아우성친다면 그 장난감은 (실제로는 그저 그런 것이거나 더 형편없는 것일지라도) 좋은 것임이 틀림 없다. 많은 사람들은 몇 년 전 양배추 인형과 비니 베이비 인형 열풍 때의 강렬한 열정을 기억할 것이다.[4] 이 열풍이 최고조에 이르렀을 때 이 인형이 아이들에게뿐만 아니라 수집할 수 있다고 생각한 부모에게도 꼭 필요한 것이라고 보이게끔 만든 것은 한정된 이용 가능성, 치솟는 가격, 그리고 이 인형을 가진 사람들은 무언가 가치 있는 것을 소유하고 있다는 지각이었다.[5] 아이가 정품 양배추 인형이나 비니 베이비 인형을 선물로 받지 못하면, 휴가철 내내 폭설이 아니라 눈물의 폭풍우가 휘몰아칠 것이다.

신형 스포츠카든 아이폰이든 정교한 평면 스크린 TV와 음향 설비든 비싼 목걸이든 또는 사향커피 한 잔이든 간에 어른들이 소유하고 싶어 하는 강도는 양배추 인형을 죽기 살기로 갖고 싶어 하는 아이의 욕망의 강도와 조금도 다르지 않다. 희귀한 물건, 비싼 물건, 신분 과시용 물건 또는 가게에서 고객들이 아우성치는 물건이라는 이유로 그것을 손에 넣어야 한다는 의식이 우리의 뇌에 일단 박히면 우리의 욕망은 온통 그것에 사로잡히고 낮은 지각지능은 우리를 보호하지 못하거나 신용카드 명세서를 보호하지 못한다.

금지되어 있거나 왠지 위험한 일에 성공하는 것이 더 가치 있게 느껴진다. 10대들은 할 수 없거나 해서는 안 된다고 어른들이 말하는 행동과 관계에 몰두한다. 로미오와 줄리엣은 적어도 부분적으로는 두 집안이 원수지간이기 때문에 서로 반했다. 그들은 둘의 관계가 위험하다는 것을 알고 있었다. 바로 그것이 줄리엣 집의 발코니에서 꿈에도 그리는 여자에게 구애하는 로미오의 흥분을 고조시킨다. 만약 몬태규 가와 캐퓰릿 가가 나폴리에서 함께 휴가를 보냈다면, 과연 그들의 자녀가 그렇게 가까워졌을까? 10대들에게 마리화나를 피우지 말라고 하면 종종 강렬한 호기심과 피우고 싶은 욕망의 증가라는 의도하지 않은 효과를 불러일으킨다. [이것은 당신이 10대 자녀들과 (마리화나 흡입용) 물담뱃대 채우는 것을 내가 옹호한다는 것을 의미하지 않는다.] 어떤 책을 금서로 지정하면 우리는 밖으로 나가서 복사본을 살 것이다(또는 더 큰 비밀을 알고 싶어서 다운로드받을 것이다).* 증거를 무시하라는 지시를 받은 배심원은 어떻게든 그 정보를 입수하겠다는 생각에 사로잡힐 것이다. 그것이 무엇일까라는 의구심은 사건 전체에 대한 그녀의 견해를 바꿔놓을 수도 있다. 낮은 지각지능 때문에 허를 찔릴 때 우리는 종종 호기심에 굴복한다.

어째서 청소년은 더 이상 장난감을 갖고 놀지 않는가?

당신은 100달러짜리 사향커피, 즉 코피루왁 커피를 꿀꺽 마셔버렸다. 당신은 끼익 소리를 몇 번 내며 최신형 페라리를 몰고 한 바퀴 돌았다. 당신은 가장 친한 친구 결혼식 때 한정판 티파니 다이아몬드 목걸이를 과시했다. 심지어 새 아이폰을 사기 위해 발매 전날 밤새 줄을 서서 기다렸다.

당신이 크리스마스를 축하하면 그 이후의 전형적인 장면은 이렇다. 크리스마스트리 주위에는 찢어진 포장지, 박스, 플라스틱 커버, 개봉하

---

* 1960년대와 1970년대에 「호기심 많은 나I Am Curious Yellow」, 「칼리굴라Caligula」, 「목구멍 깊숙이Deep Throat」 같은 영화들이 X 등급을 받아 상영이 금지되었을 때, 단언컨대 사람들은 이 영화들을 꼭 봐야 할 영화 목록에 올려놓았다. (플리머스에서 일하는 몇몇 영리한 마케팅 담당자가 1970년대 고성능 자동차의 색상에 '큐리어스 옐로Curious Yellow'라는 이름을 붙여주었을 때, 뜻밖의 재미있는 상황이 벌어졌다. 이 이름에는 원래 회사 경영진을 놀리려는 의도가 담겨 있었지만, 경영진의 레이더를 피해 정식 이름으로 승인되었다.)

지 않은 사용설명서가 온통 뒤덮여 있고, 잊힌 장난감들이 어딘가에 외롭게 흩어져 있다. 불과 얼마 전에 포장이 뜯겨 "엄마, 짱이야! 오늘이 내 생애 최고의 날이야!"라는 기쁨의 탄성을 내지르게 한 바로 그 장난감이다.

당신이 장난감을 가진 어린아이이든 능력 범위 밖에 있는 물건을 몹시 갖고 싶어 하는 어른이든 간에 후유증에 시달리기는 마찬가지다. 후유증은 몇 달, 며칠, 몇 시간 또는 심지어 몇 분 후에 나타날 수 있다. 일단 소유가 현실이 되면 우리는 허탈감을 느끼기 시작할지도 모른다. 어린아이는 장난감에 곧 싫증을 내는 경향이 있고, 지각지능이 높아진 어른은 꿈에서 깨어난 것처럼 제정신으로 돌아와 비로소 자신이 구매한 물건의 진짜 가치를 객관적으로 본다. 지각지능이 높을수록 구매자의 후회는 그만큼 통렬하다. 당신은 스스로를 믿지 못하며 생각한다. 아니, 그냥 소변으로 내보낼 사향커피 한 잔에 100달러를 내질렀단 말인가? 바보도 이런 바보가 없어. 그건 진짜 쓸데없는 짓이었어. 맙소사, 벌써 속에서 꾸르륵 소리가 난다. 얼른 오줌을 한바탕 갈기고 발로 흙을 덮어야겠다!

우리의 지각지능과 감정이 구매 당시에는 흐려졌다가 비로소 본모습을 되찾는다는 것이 슬픈 진실이다. 원하는 것을 갖게 되면 우리는 정신을 차리고(그러나 언제나 그런 것은 아니다) 무슨 짓을 했는지 깨닫는다. 언제나, 우리는 멍청했고 쓸데없이 낭비했으며 속았다는 생각이 들어 당황하고 실망한다. 우리는 현실이 엄청난 착각과 결코 일치할 수 없을 정도로 터무니없이 구매 물건의 가치를 부풀렸다.

우리는 다음번에는 더 나은 결정을 하리라고 기대한다. 그렇지 않은가? 틀렸다. 뇌에서 전격적으로 분출한 도파민 때문에 구매할 때의 느낌이 들떠 있어서 우리는 지난번에 얼마나 어리석게 굴었는지 잊어버린다.

잠재의식적으로 원하고 가진다는 어린아이 같은 그 경탄할 만한 느낌만 기억하고, 지갑에서 이루어진 지출과 그 후의 실망감은 깡그리 무시한다. 우리가 저항할 수 없는 신호와 이미지를 또 받아들일 만큼 그 느낌이 좋았기 때문에 교훈이 학습되지 않는다. 사향커피? 이 새로운 것은 그따위와 달라, 완전히 다른 거야. 이게 훨씬 좋아! 이번에는 사향커피 에스프레소를 마실 차례. 꼭 마시고야 말겠다고 합리화할 정도로 우리의 지각지능은 낮다. 이것을 구매자의 자책 합리화라고 한다.

이런 유혹을 피하는 가장 좋은 방법은 단골 가게로 향할 때 당신에게 소중한 사람 또는 가까운 친구에게 신용카드를 맡기는 것이다. 당신은 물건 사진을 찍어두었다가 지각지능이 흥분을 가라앉힐 때 구매할 수도 있다. 시간은 당신 편이다. 물건에서 떨어져 보내는 시간이 많을수록 충동을 피할 기회가 많아진다. 클릭 몇 번만으로 구매가 이루어지는 웹사이트를 돌아다니는 시간을 줄이는 것도 고려할 수 있다.

신적인 힘을 가졌다는 착각

우리 모두는 때때로 우스개 선물 또는 색다른 물건을 좋아한다. 그런 기이한 몇몇 물건이 어떻게 인기를 끌어, 심지어 값이 수백만 달러에 이르게 되는지는 논리적 설명이 불가능하다. 그런 물건들에 대한 환상은 우리의 어린 시절에 깊이 뿌리박혀 있다. 1970년대에 자란 이들 중 많은 사람은 『아키』, 『리치 리치』 또는 『스파이더맨』 같은 만화를 휙휙 넘기고 몇몇 꽤 색다른 물건의 광고에 빠져든 달콤한 기억이 있다. 그렇다, 단돈 1.25달러에 씨몽키(애완용 바다새우 – 옮긴이)가 잔뜩 들어 있는 수족관을 통째로 살 수 있었다.[6] 인쇄물 광고에서 씩 웃는 외계인 같은 얼굴에 사람 몸을 갖고 있는 것으로 묘사된다. 진기한 '즉석 애완동물'은 가상의 무無로부터 생명체가 된 것처럼 보인다. 당신은 수돗물만 넣으면 된다. 보라! 이 불가사의한 생명체는 날 때부터 '훈련받을' 준비를 한 채 수족관을 헤엄쳐 돌아다닐 것이다.

상상해보라. 만약 어린아이인 당신에게 부모가 개, 고양이, 새 또는 심지어 게르빌루스쥐를 사주지 않는다면, 당신은 푼돈인 1.25달러를 지불하여 씨몽키 세계에 생명을 불어넣을 수 있을 것이다. 씨몽키가 물이 공급되어 '되살려질' 때까지 그 상태를 유지하고 있도록 화합 물질과 소금으로 만들어진 새우에 지나지 않는다는 것을 알아차린 아이는 당시에 별로 없었다. 아직도 씨몽키를 믿는 누군가를 실망시켜 미안하다. 그러나 이 모든 것이 신문 배달로 어렵게 번 당신의 돈을 낚아채기 위한 사이비 과학 실험에 불과하다는 내 말은 믿어야 한다. 내가 확인했더니 씨몽키는 플랑크톤처럼 쉽게 훈련 가능했고, 귀엽기도 했다.

우리가 어린아이일 때와 지각지능이 낮을 때는 그런 과대 선전에 곧잘 속는다. 우리의 상상력과 덜 발달한 자기 지각은 이미 제멋대로 날뛰고 있다. 그래서 우리는 착각하여 생명-형태를 만들어낼 힘이 있고 이를 애완동물이라고 주장할 수 있다는 것을 받아들인다.

이런 황당한 만화책에 현혹되는 이유는 과대망상뿐이 아니다.[7] 몇몇 사람은 그 악명 높은 특수 'X선 안경' 광고를 즐겁게 회상할지도 모른다. 그 광고는 씨몽키 수족관보다 25센트 적은 단돈 1달러에 사람들의 옷 속을 볼 수 있다, 알몸을 엿볼 수 있다고 선전했다. 그것은 특히 호르몬이 넘치는 10대들(인터넷을 통해 누드가 널리 유포되기 전 시절의)에게 어필할 가능성이 꽤 높았다. 씨몽키와 그 밖의 속임수 장치들을 '창조'하여 부자가 된 해럴

드 본 브론헛Harold von Braunhut의 이 제품은 완전한 속임수여서(렌즈는 엿볼 수 있도록 아주 작은 구멍이 뚫린 판지로 만들어졌다) 많은 젊은 구매자에게 투시력을 지닌 안경을 소유할 수 있을 뿐만 아니라 1주일 용돈 정도만 지출하면 이 엄청난 힘을 가질 수 있다고 생각하게끔 만들었다. 그에 넘어가서 X선 안경을 구매한 이들은 잘 속는 사람일지는 모르지만 멍청한 것은 아니다. 그들은 이렇게 취약한 마음 상태에 있었기 때문에 지각지능이 낮았고(몇몇 어른도 분명히 그 안경을 주문했다), 쉽게 속아 넘어가서 X선 안경을 착용하면 옷 속을 들여다볼 수 있다고 생각했다. 어째서 그렇게 되었느냐는 물음에 대한 답변은 간단하다. 옷 속을 들여다보고 싶은 열망이 너무 강렬하여 환상이 논리적 사고를 대체했기 때문이다.

한 단계 더 파고들면, 그 안경은 초능력을 가진다는 환상을 그들에게 부여하고, 어쩌면 광고에 언급되지 않은 다른 숨은 능력도 부여할 것이었다. X선 안경을 구매하도록 부추기는 테스토스테론의 힘은 과소평가될 수 없다. 제10장에서 언급한 온라인 포르노의 엄청난 쓰나미를 생각해보라.

당신은 속임수 장치를 손에 넣었다 : 빅 마우스 빌리 배스 피시

유감스럽게도 우리는 나이가 들어 더 현명해졌다고들 해도 여전히 신기한 물건과 싸구려 제품에 곧잘 돈을 쓴다. 우리는 알게 모르게 평생 쓸데없는 장난감에 속아 넘어감으로써 온갖 조작과 착취의 표적이 된다. 우리는 어떤 영역에서 엄청 똑똑하고 명민할지도 모르지만, 원하는 것과 필요한 것을 구별하고 충동을 억제하는 것에 관한 한 아직도 지각지능이 낮다. 몇몇 사례에서, 물건 구매는 빼앗긴(또는 망가진) 어린 시절부터 마음 속에 남아 있는 공허함을 채워준다. 이제부터 설명하려는 사례에서는 그런 물건을 둘러싼 과대 선전이 우리 본성의 어린아이 같은 면에 어필하고 있음을 잘 보여준다.

의치義齒와 고전적인 코주부 안경 같은 매력적인 물건들 중 몇 개는 시대를 초월한 우스개 선물이 되었다.[8] 좀 더 최근에는 요들을 부르는 피클yodeling pickles과 「나를 강으로 데려가줘Take Me to the River」를 부르는 그 악명 높은 빅 마우스 빌리 배스 피시Big Mouth Billy Bass Fish 같은, 소리를 내는 싸구려 우스개 선물이 휴일 파티나 생일 파티에 등장하여 포장을 뜯으면 곧바로 폭소를 자아내게 했다.[9]

재미 삼아 주려고, 또는 함께 모여 웃고자 이따금 우스개 선물을 사는 것은 즐거운 일이다. 그런데 도대체 누가 디하이드레이티드 워터dehydrated water['물만 부으면 된다'!(베르나르드 사의 제품 – 옮긴이)], 치아 펫chia pet, 다리 램프leg lamp(영화 「크리스마스 이야기A Christmas Story」를 상기시키는 것), 애완 돌멩이pet rock, 화장실 골프 게임 또는 우산 모자를 사지 않을 수 없게 되었을까? 믿거나 말거나 사업가들은 이런 속임수 장치로 돈을 꽤 벌었다. 적어도 그들은 이런 것을 구매하려는 고객이 있다는 것을 틀림없이 감지했다.

신기한 물건 광고는 당신의 회의적인 태도를 묻어버리고 지각지능을 떨어뜨린다. 아마도 당신은 온라인 팝업, 스펜서 기프트 또는 TV상의 해설식 광고에 여러 번 나오는 물건을 보았을 것이다. '500만 개 넘게 팔렸음' 또는 '한정된 공급'이라는 피치 선pitch line은 당신의 뇌를 속여 충동적 행동을 하게 만든다. 이 물건이 반복 노출에 의해 검증되고 다른 구매자 수에 의해 보증이 되었기 때문에 당신은 이것을 사야만 한다. 당신은 이것을 친척, 동료, 이웃에게 과시하고 싶은 억누를 수 없는 충동에 사로잡힌다. '실제로 밥Bob 삼촌은 낚시할 때 별난 낚시 모자를 쓰지 않는가? 노래하는 물고기 빅 마우스 빌리 배스를 생일 선물로 주면 무척 좋아할 거야!'라고 당신은 생각한다.

우리는 모두 (자신을 위해서든 다른 사람을 위한 선물로든) 어리석게 구매한 물건을 과시하다가 눈동자를 굴리며 킬킬대는 사람들에게 둘러싸였던 경험이 있을 것이다. 친구들은 그것에 전혀 반하지 않는다. 그것은 지각지능이 낮은 사람을 강타하여 현실로 돌아오게 만들고 당황한 탓에 두 뺨이 홍당무가 되게 만든다. 지각지능이 낮은 사람들은 다른 사람들이 그런 '수집품'이 잔뜩 있는 지하실, 차고 또는 사무실에 어떻게 반응하는지 아마도 알아채지 못할 것이다. 그런 것은 다음번 야드 세일yard sale(개인 주택의 마당에서 사용하던 물건을 파는 것 – 옮긴이) 때 몇 센트에 팔릴지도 모른다.

이 글을 쓰고 있는 지금 아이들 사이에서 크게 유행하는 것은 피젯 스피너fidget spinner이다. 지루함을 덜어주는 이 휴대용 플라스틱 장난감은 집중력 향상과 스트레스 해소에도 유용하다. '다들 이것을 가지고 있다'는 이유로 이 장치를 구매하는 것은 지각지능이 낮다는 것을 보여준다. 이것이 위에서 말한 문제의 해결에 도움이 되고 정말로 혜택을 가져다준다면, 지각지능의 방정식이 다른 방향으로 향할 것이다.

관광객이 될 때 낮아지는 지각지능

꼭 짚고 넘어가야 할 장면은 휴가와 특별한 관계가 있다. 그토록 고대하던 휴식을 위해 집을 나서면, 우리는 몹시 물러져 평소라면 거들떠

보지도 않을 온갖 물건에 곧잘 돈을 지출한다. 제멋대로 구는 '휴가 뇌 vacation brains'에 관한 한 우리들 대부분은 정말로 지각지능이 낮다.

다음 장면은 아마도 무척 낯익을 것이다. 한 가족이 차를 몰고 뉴욕에서 플로리다로 딱 한 시간 반 갔는데 벌써 휴게소에 들러야 할 일이 생겼다. 아들이 급히 소변을 봐야 했기 때문이다. 가족들이 스포츠 유틸리티 차suv에서 내려 공중화장실로 간다. 가족들은 각자가 볼일을 다 보고 나오기를 기다리며 선물 가게(이것은 으레 공중화장실 바로 옆에 있다) 옆에서 서성인다. 어느새 아빠와 엄마는 가족들에게 줄 물건을 사서 계산대에 와 있다. 잡지, 십자말풀이 책, 매드립Mad Libs, 마술 속임수 카드 세트, 뿡뿡 쿠션(앉으면 방귀 소리가 나는 고무 쿠션 - 옮긴이), 스노글로브snow globe(유리에 장식을 넣고 투명한 액체를 넣어 흔들면 눈이 내리는 것처럼 보이게 하는 물건 - 옮긴이), 치아 펫······ 우와, 어떻게 된 거야?

휴가를 떠나는 순간 우리는 긴장이 풀리는 느낌에 사로잡힌다. 우리는 업무 스트레스를 어깨에서 내려놓고 경계를 늦춘다. 우리는 다들 행복해지기를 바란다. 불필요한 물건에 돈을 지출하면 이 욕구를 충족시킬지도 모른다. 게다가 아이들은 물건을 가지고 놀기 바빠서(우리는 그러기를 바란다) 엄마 아빠 속을 썩이지도 않고 디즈니 비디오가 끝날 때까지 서로 싸우지도 않는다.

휴가에 의해 유발된 낮은 지각지능은 여행하는 내내 개선될 가능성이 없다. 실제로 여행을 오래할수록 종종 우리의 지각지능이 감소한다. 우리는 반바지와 티셔츠 차림으로 시내를 돌아다니다가 처음 본 쇼윈도 안의 비싼 시계를 그냥 보아 넘길지도 모른다. 그러나 시계 이미지는 결코 마음속에서 사라지지 않는다. 우리는 시계를 특히 '세일' 가격으로 살 또 다른 기회를 잡지 못할지도 모른다고 생각하기 시작한다. 두 번째 또는 세 번째로 쇼윈도 옆을 어슬렁거리면 시계가 '우리를 부르기' 시작한다. 우리는 합리화한다. '아무려면 어때, 이제 휴가다!' 이렇게 우리는 '휴가 존vacation zone'에서 길을 잃는다.

휴가 중에 우리를 따라다니는 쇼핑 충동은 아이들을 꼬드겨 반들거리는 새 싸구려 장치를 가지고 놀게 하는 데 머물지 않는다. 우리가 지각지능과 조화를 이루지 못하면 지각지능이 곤두박질칠 수 있으며, 그러면 우리는 모두 휴가의 따스하고 보송한 느낌에 넘어가 시간 때우기에 좋은 물건을 구매하게 될지 모른다. 휴가 중인 사람은 물건 사기를 좋아한다. 스노클링이나 일광욕을 하지 않을 때 우리는 들떠서 현지의 명물이나 신기한 것, 옷 가게를 보러 신나게 돌아다닌다. 처음에 우리는 이런 일을 재미로 시작한다. 그러나 우리가 깨닫지 못하는 것은 지출에 신경 쓰지 않고 느슨해진 환상의 세계로 흘러 들어감에 따라 우리의 지각지능이 제압되어 작동하지 못하고 있다는 사실이다. 휴가 갔다가 자신을 위한 선물 하나 없이(집에서 기다리는 사람을 위한 선물뿐만 아니라) 빈손으로 돌아온다는 생각을 좋아할 사람은 없다. 그럴 만도 하다. 현지 선물 가게의 물건은 집에 있는 물건보다 훨씬 더 좋아 보인다. 아니, 더 좋은가? 그래서 당신은 호텔의 목욕 가운을 사고(또는 '빌리고'), 테마가 있는 머그잔, 작은 유리잔, 셔츠 등등을 구매한다. 진짜 '현지' 냄새를 물씬 풍기는 것들(메인 주의 메이플 시럽, 버뮤다의 럼주, 루이지애나 주의 핫소스)은 집에 돌아오면 구할 수 없다거나 현지에서 사는 게 더 낫다고 착각하게끔 만들고, 따라서 몹시 갖고 싶어진다. 휴가 때 해변에서 구매한 향수병에 담긴 다층의 색깔 있는 모래는 정말로 당신의 욕실에서 근사하게 보이는가?

우리는 또한 차를 멈추는 곳마다 선물과 기념품(뉴욕 시에서는 미니 자유의 여신상, 필라델피아에서는 아주 작은 자유의 종, 보스턴에서는 폴 리비어Paul Revere의 색칠공부 책, 워싱턴 DC에서는 대통령 퍼즐)을 사달라고 '졸라대는' 아이들에게 맥을 못 춘다. (그렇다, 나는 이것을 인정한다. 나는 딸아이 때문에 이 지각지능에 중죄를 저질렀다.) 우리 모두는 이런 물건들이 몇몇 잠재적인 교육적 가치를 가지고 있다고 합리화할 수 있다. 그러나 결국 어딘가 다른 곳으로 가는 경험이 우리의 지각을 헷갈리게 만들어 어렵사리 번 돈을 물건값으로 내질러도 좋다고 말하는 것이다.

나는 휴가 가서는 신용카드를 호텔 금고에 넣어두라고 하지는 않는다. (라스베이거스를 여행하는 사람을 비롯해 몇몇 사람에게는 그것이 좋은 생각일지라도.) 수입 범위 내에서 지출한다면, 가끔씩 한턱 쏘는 것과 무언가에 대한 '욕구'에 사로잡히는 것도 좋다. (당신의 다음번 휴가를 위해 다음과 같이 제안한다. 항우울제에 취해 흥분한 사람이 함께 공동 소유 리조트의 설명회에 가자고 초대하면, 반대 방향으로 냅다 뛰어 우샤인 볼트Usain Bolt의 100미터 세계기록에 도전해보기 바란다.*) 그러나 형형색색의 선물 가게에 있을 때 경계의 문턱이 낮아진 틈에 주변 환경 때문에 사고 싶은 유혹을 받는지 아닌지를 곰곰 생각해보는 것은 중요하다. 똑같은 물건이 당신이 사는 곳의 주유소 미니마트 선반에 있다면 그걸 사려고 돈을 내지를 것인지 자신에게 물어보라.

다음 장에서 우리는 사람들의 집단이 당신의 소비 습관뿐만 아니라 의사 결정과 행동 전반에 어떻게 영향을 미치는지 살펴볼 것이다.

---

* 당신은 지금 이 조언에 대해 내게 고맙다고 할 것이다.

제12장

당신은 케냐의 누와 다른가?

사회적 영향력의 역동성

나는 케냐에 있을 때 독특한 형태의 동료 집단으로부터 받는 사회적 압박을 직접 목격할 기회를 가졌다. 식욕이 왕성하기로 유명한 누라는 일종의 수염 난 영양을 사파리에서 관찰하고 있을 때였다. 나는 약 350만 마리의 누 떼가 케냐의 마사이마라 사바나에서 탄자니아의 세렝게티로 이동하는 광경을 유심히 관찰했다. 인근 어디에나 있는 사자, 호랑이, 치타와 그 밖의 포식자들이 탁 트인 곳에서 곧장 다가오는 푸짐한 진수성찬을 보고 입맛을 다시고 있었음이 틀림없다고만 말해두겠다. 그렇다 하더라도 어쩌면 무리 중에는 다른 동료들과 함께하는 것을 거부하며 '어, 이건 아닌데. 난 누군가의 누 고기가 되고 싶지 않아'라고 자유롭게 생각하는 누가 한 마리는 있었을 것이다.

당신이 깨닫고 있든 그렇지 않든 간에 우리는 맹목적으로 무리를 따라가는 대다수의 누와 공통점이 많다. (DNA에 대해서는 다른 기회에 논의하기로 하고 넘어간다.) 당신이 두 다리로 걷고 엄지손가락을 갖고 있기는 하지만 네발짐승보다 우월하다고 생각해서는 안 된다. 우리는, 누구처럼, 태어날 때부터 사회적 영향을 받는다.

아장아장 걷는 아기일 때 당신은 노크노크knock-knock 조크('노크 노크'로 시작하는 문답식 익살 - 옮긴이)를 이해하지 못하면서도 엄마, 아빠, 누나가 큰 소리로 웃을 때 따라서 웃었다. 초등학생일 때 당신은 반 아이들 앞에서 걸려 넘어져 반에서 가장 인기 있는 여학생에게 음료수를 엎지른 급우를 조롱하는 무리에 가담했거나, 아니면 당신이 바로 그 불행한 아이였고 다른 급우들이 당신을 조롱했다. 나이가 더 들어 대학생이 된 당신은 원인이 무엇인지 전혀 이해하지 못하면서도 공공연한 차별에 맞서 캠퍼스 캠페인을 벌이는 친구들에게 처음에는 망설이다가 결국에는 합세했다. 어른이 되어 직장인이 된 당신은 팀장과 회의를 할 때 마음속으로 팀장의 행동 방침에 약간의 의구심을 가지면서도 다른 사람과 함께 그 형편없는 제안에 찬성한다고 고개를 끄덕였다.

지도자를 따르는 그러한 반응은 많은 정서적 욕구에 의해 촉발된다. 주요한 욕구에는 공포, 위험 회피, 그리고 수용 욕망이 있다. 순응은 직접적으로 개인의 인정을 가져다준다. 우리는 집단의 일부가 되었을 때 편안하다고 느낀다. 동료나 관리자가 우리의 머리를 선선히 넘겨주지 않을 것이라는 데에 안도하기도 한다. 심리적으로 보면, 우리는 다수를 따를 때 '음, 그렇게 많은 사람이 그것에 찬성해……. 아마도 그들이 옳고 달리 생각하는 내가 틀렸을 거야'라고 합리화하기 시작한다. 때로는 흐름을 따라가는 것이 더 안전하다고 느껴진다.

사회적 영향력에 대한 지각지능이 낮은 것은 축복일 수도 있고 저주일 수도 있다. 그것은 상황에 따라 다르다. 당신이 교수단 내의 성비 불균형을 바로잡기 위해 학교에 청원하는 운동에 가담한 지각지능이 낮은 대학생이라면 (그런 생각을 실제로는 한 번도 해보지 않는데도) 당신은 운 좋게도 역사의 옳은 편에 서게 된다. 그러나 당신이 지각지능이 낮고 교내 식당에 나오는 유기농 치즈 대 유전자 변형 치즈의 싸움(치즈를 넣어 구운 샌드위치를 본관 건물에 던지는)에 가담한다면 당신의 낮은 지각지능은 당신을 남학생 클럽 하우스로부터 블루토Bluto(뽀빠이의 영원한 연적 – 옮긴이)의 길로 데리고 간다.

　　로버트 치알디니는 『설득의 심리학』에서 '사람들은 확신이 서지 않을 때 어떻게 행동해야 할지 결정하기 위해 다른 사람의 행동을 곧잘 이용한다는 것은 분명하다'고 주장한다.[1] 치알디니는 우스갯소리로 이것을 '한 사람이 하는 대로 모두가 따라 하기'라고 한다. 똑똑한 마케팅 담당자와 광고 담당자는 이와 관련하여 우리의 낮은 지각지능을 이용한 현장 행사를 한다. 높은 지각지능은 사람들을 이것으로부터 보호한다. 왜냐하면 그들은 자기 자각을 가지고 있고 '한 사람이 하는 대로 모두가 따라 하기' 현상을 꿰뚫어보기 때문이다. 반면에 지각지능이 낮은 구매자는 팔로어와 유명 인사의 광고가 아주 많은 제품 또는 서비스를 곧잘 선택한다. 만약 TV 광고가 경기장에서 펩시를 꿀꺽 마시며 환호성을 지르는 5만 명을 묘사하면 지각지능이 낮은 사람들은 집에서 그 장면을 보고 잠재의식적으로 '코카콜라로는 안 될지도 모르지'라고 생각하면서 기꺼이 경쟁 제품을 마셔보려고 한다.

　　2014년에 발표된 「사회적 기본값 : 관찰된 선택이 선택의 기본값이 된다Social Defaults: Observed Choices Become Choice Defaults」라는 논문에서 연구자들은 '행동 모방behavioral mimicry'이라고 알려진 자동적 과정을 언급한다.[2] 중국 음식점 두 개가 나란히 붙어 있다고 상상해보라. 한 곳은 손님이 꽉 차 있고 다른 한 곳은 텅 비어 있다. 메뉴와 가격을 비롯해 모든 조건이 엇비슷하다면 당신은 어느 곳으로 들어가겠는가? 더 많은 사람이 있어서 입증이 되었다는 이유만으로 당신은 붐비는 음식점으로 들어갈 가능성이 높다. 실제로 우리 모두는 그렇게 한다. 당신은 아마도 그루폰(세계 최대의 소셜커머스 기업 - 옮긴이) 판촉 활동 또는 다른 몇몇 숨겨진 요인이 사람들을 그 음식점으로 몰아넣었을 가능성을 생각하지 않을 것이다. 손님이 더 적으면 서비스가 더 신속하고 더 좋을 것이기 때문에 덜 붐비는 음식점으로 가는 것이 더 이로울지도 모른다는 생각은 어째서 좀처럼 떠오르지 않는가?

무리를 따르지 않아도 괜찮다고 당신에게 충고해준 사람은 십중팔구 없었을 것이다. 그보다는 노골적으로 말하지 않더라도 '큰 집단에 순응하라, 그러지 않으면 불안할 것이다'라고 생각하게끔 압력을 받았을 것이다. 사정이 그렇다 해도, 순응하는 것이 실제로 가장 좋을 때 그것을 당신은 어떻게 아는가? 다음의 예에서 우리는 낮은 지각지능이 무언가를 판단하는 데에 긍정적인 요인이 될 수도 있고 부정적인 요인이 될 수도 있다는 것을 볼 것이다. 그것은 어떤 종류의 사회적 영향력과 관련되어 있느냐에 달려 있다.

'우리는 우주의 티끌이다' 대 '우리는 욕망 자체다' : 하나님의 자녀 대 변소에 대한 분노

만약 당신이 베이비붐 세대라면 인생의 어느 시점에서 1969년 우드스톡 페스티벌(1969년 8월 15일부터 3일간 뉴욕 주의 베델 평원에서 개최된 축제 - 옮긴이)의 실황 음반을 들었거나 아카데미상 수상 기록영화를 보았을 것이다.[3]

또는 둘 다를 경험했을 것이다. 어쩌면 당신 또는 당신이 아는 사람이 뉴욕 주 베델 평원에서 개최된 이벤트에 참석하여 음악사의 한 장면을 목격했을 것이다. 우리 시대의 최고 연주자 32명이 약 40만 명(약 4만 명이 참가할 것으로 예상했다) 앞에서 연주했다. 사람들의 말로는 지미 헨드릭스Jimi Hendrix, 재니스 조플린Janis Joplin, 리치 헤이븐스Richie Havens, 더 후the Who, 조 코커Joe Cocker, 슬라이 앤 더 패밀리 스톤Sly and the Family Stone(미국의 펑크 밴드 - 옮긴이), 알로 거스리Arlo Guthrie, 존 바에즈Joan Baez 같은 전설적인 스타들이 만들어낸 불후의 명곡을 제외하면 이 이벤트는 미증유의 재앙이었다. 만연한 약물 사용과 예상치 못한 비로 인한 진창은 말할 것도 없고, 어이없게도 이벤트 기획자들은 고속도로가 정체되자 수많은 사람들이 주변 지역으로 쏟아져 나와 평원을 짓밟는 사태에 대비하지 못했다. 약물과 성욕libido 같은 원초적인 것은 넘쳐나는데 의료 서비스, 음식, 물, 화장실은 부족했다. 무대 담당자들은 전선이 비에 젖어서 연주자가 감전사할까봐 똥줄이 탔다. 기적적으로, 피해는 페스티벌이 잦아들었을 때 발생했다. 두 명이 죽고(한 명은 헤로인 과다 복용으로 사망했고, 다른 한 명인 10대는 침낭에서 자다가 트랙터에 치여 비명횡사했다), 여덟 명이 유산했다.* 엉망이 되어버릴 수도 있었던 이 모든 것에도 불구하고 실제로 페스티벌은 '사흘간의 평화, 사랑, 음악'이라는 명성을 얻었다. 유일한 사건은 행동주의자 애비 호프먼Abbie Hoffman이 수감된 마리화나 흡연자 존 싱클레어John Sinclair를 석방하라고 무대 위에서 장광설을 늘어놓은 것이었다. 그러다가 호프먼은 훗날 더 유명해진 기타리스트 피트 타운센드Pete Townshend한테 기타로 머리를 얻어맞았다(대체적으로 그는 기타를 연주하다가 무대 위에서 박살내는 것을 즐기는 것 같았다).

---

* 한 명 또는 세 명이 태어났을지도 모른다. 그러나 아무도 공식적으로 '우드스톡 아기'라고 내세우지 않았다.

록그룹 카운팅 크로우즈Counting Crows, 셰릴 크로Sheryl Crow, 데이브 매튜스 밴드Dave Matthews Band, 록그룹 레드 핫 칠리 페퍼스Red Hot Chili Peppers, 키드 록Kid Rock, 메탈리카Metallica 밴드, 앨러니스 모리세트Alanis Morissette 같은 슈퍼스타가 참가한 세 번째 우드스톡 페스티벌이 30년 후인 1999년 8월에 로마와 뉴욕에서 개최되었다.⁴ 참가자 수가 첫 번째 우드스톡 페스티벌의 절반(20만 명)이고 조직자들이 다른 많은 대규모 페스티벌 콘서트는 말할 나위도 없이 두 번의 우드스톡 이벤트로부터 깨달은 바가 있는데도 이 페스티벌은 완전 실패작이었다. 아무도 38도의 폭염에 책임이 없지만 누군가는 여름 기온이 문제가 될 수 있다는 것을 알아채고 뙤약볕을 피할 수 있는 구역을 더 많이 마련해야 했던 것이다. 또한 조직자들은 그 자리를 뜰 수 없는 관중을 확보한다는 매력이 있는데도 대체 음료수가 거의 없을 때 물 한 병에 4달러를 지불하는 것이 꽤 비인도적인 생각이라는 것을 깨달았어야 했다. 분수대 앞에 늘어선 줄이 수 마일이나 되었기 때문에 700명은 결국 탈수 증세를 보였다. 사람들은 불만을 터뜨리며 분수대를 많이 파괴했다. 그러나 그것은 대실패의 일부에 지나지 않았다. 폭동과 약탈이 일어나고 구역들이 불타고 39명이 체포되었다. 적어도 여성 네 명이 강간당하고(공공연한 윤간을 포함하여) 한 사람이 일사병 관련 증세를 보이며 죽었다.

첫 번째 우드스톡 페스티벌은 난관을 극복하고 대성공을 거두었는데, 어째서 세 번째 페스티벌은 (음악을 제외하고) 완전 실패작이었는가? (창작자로부터 기획자, 노동자, 음악가, 베델 경찰, 지원자, 소도시 사람들, 다른 많은 이름 없는 영웅들에게서 나온) 1969년 첫 번째 우드스톡 페스티벌의 기운은 한결같이 '평화, 사랑, 음악'이라는 만트라mantra였다. 그렇다. 시대의 낭만, 혁신적인 록 사운드와 포크 사운드의 폭발, 마음을 일그러뜨리는 온갖 약물이 중요한 역할을 했다고 말할 수 있을 것이다. 그러나 나는 1999년에는 중요한 역할을 하지 않았던 다른 무엇, 즉 긍정적인 사회적 영향력이 승리했다고 생각한다.

1960년대 후반의 히피 문화는 반전反戰을 표방했다. 그러나 특히 조건이 나빠질 때 반전을 부르짖는 것과 실천하는 것은 완전히 별개의 문제이다. 어째서 1969년 여름에는 폭동, 강간, 방화, 농장에서의 체포가 없었는가? 그 이유는 이벤트 전에 공동체 감정이 이미 확립되었고, 기획자를 필두로 모든 사람이 격정과 열정을 가지고 한배를 탔기 때문이다. 냉정을 유지하며 함께 온 형제자매들을 돕자는 메시지는 전염성이 있었다. 첫 번째 우드스톡 페스티벌은 콘서트 참가자에게 무료였을 뿐만 아니라 (그래서 투자자들에게는 재정적인 대참사로 끝났다), 히피족이 평화를 사랑하고 온화했으며 (많은 쓰레기를 남긴 것을 제외하고는) 어떠한 문제도 일으키지 않았기 때문에 소도시 전체와 주변 지역에서 사흘 동안 큰 불평 없이 협력했다. '평화, 사랑, 음악'의 사회적 영향력은 한 개인 또는 집단과, 다른 개인 또는 집단 사이에 공유되었기 때문에 모든 면에서 그들을 사로잡았다. 관련자들은 그것을 알아차리지 못했다. 그러나 이벤트를 현대판 폼페이로 만들어버릴 수 있었던 모든 부정적인 상황에도 불구하고 평화로운 순응의 낮은 집단적 지각지능은 그 상황에 도움이 되었다.

슬라이 스톤의 높은 지각지능

1969년 우드스톡 페스티벌의 절정은 슬라이 앤 더 패밀리 스톤의 공연이었다. 밴드 리더, 가수, 작곡가, 그리고 오르간 연주자인 슬라이 스톤은 「하이어Higher」 도입부를 효과적으로 처리했다. 그것은 관중을 참여하게 하는 그의 재능을 보여준 것이었다. 심지어 그는 몇몇 사람은 떼창을 불편해한다는 것과, 사람이 있는 데서 노래하려면 허락을 필요로 한다는 것을 약삭빠르게 인정하면서 시작했다. 그는 지각지능이 높은 사람들에게 함께 노래해도 좋다는 것을 확인해주었다. 내가 모든 스타일과 비트를 전달할 수는 없지만, 부디 핵심은 이해되길 바란다.

우리는 다 같이 노래를 함께 부르려 한다.[5] 요즘은 많은 사람들이 다 같이 부르는 것을 한물갔다고 생각해서 좋아하지 않는다. 그러나 당신은 이것이 유행이 아니라는 사실을 먼저 알아야 한다. 이것은 느낌이다. 이것은 과거에 좋았다면 지금도 여전히 좋다. 우리는 「하이어」라는 노래를 부를 것이다. 만약 누구나 따라 부르게 할 수 있다면 우리는 실제로 이것의 진가를 인정할 것이다……. 당신이 해주었으면 하는 것은 「하이어」를 부르고 평화의 V사인을 해 보이는 것이다. 그렇게 한다고 해롭지는 않을 것이다. 당신에게 이로움을 주는 것에 참여하기 위해 동의를 필요로 하는 상황이 있기 때문에 지금도 몇몇 사람은 그것을 해서는 안 된다고 생각한다…… 만약 당신이 평화의 V사인을 해 보일 수 있다면 모든 사람이 그렇게 하도록 하라.

만약 마음이 내키면 유튜브에 들어가서 활동 중인 카리스마 넘치는 가수와 그 '가족family'을 확인해보라. 당신은 연예인이 집단적 지각 지능에 어필하기 위해 사회적 영향력 기법을 이용하여 어떻게 통합 과 역사적 순간을 만들어내는지 발견할 것이다. 이제 사회적 영향 력 기법에 호감이 간다!

반면에 1999년의 이벤트는 돈벌이밖에 모르는 최악의 상업주의였 다.[6] 물병 하나에 4달러를 청구하는 것 외에 이벤트 조직자들은 뜨거운 타맥tarmac 생각을 거의 못했거나 전혀 하지 않은 것 같다. 아니면 참석자 에게 기본적인 서비스를 충분히 제공한다는 생각을 거의 못했거나 전혀 하지 않은 것 같다. 심지어 과거에 개최된 우드스톡 페스티벌의 교훈을 알면서도 화장실은 여전히 부족했다. 무슨 일이 벌어지는지 위부터 아래 까지 아무도 신경 쓰지 않았으며, 윌리엄 골딩William Golding의 소설 『파리대 왕Lord of the Flies』에서처럼 야만이 밀려왔다. 제멋대로의 행동이 연주자를 포함해 지각지능이 최하인 사람들 사이에 들불처럼 번졌다. 〈샌프란시 스코 이그재미너〉에 따르면 키드 록은 '아이들에게 무대를 향해 물병을 던지라'고 요구하면서 재활용recycling에 대한 성명을 발표하는 어설픈 짓 을 저질렀다. 이것은 원하는 효과 이상을 가져왔고, 그의 제안을 따른 목 이 너무 마르고 실망한 군중을 열 받게 했다. 그러나 캐나다의 밴드 트래 지컬리 힙Tragically Hip이 「오 캐나다」(캐나다 국가 - 옮긴이)를 연주하는 동안에 관중이 부적절하게 「별이 빛나는 깃발」(미국 국가 - 옮긴이)을 부르기 시작 한 것처럼, 관중들 자체가 부정적인 영향력의 소용돌이 속에 놓여 있었다. 1950년대 스타일의 보컬 그룹 샤나나Sha Na Na와 함께 라비 샹카르Ravi Shankar(인도의 음악인이자 힌두스타니 고전음악 작곡가 - 옮긴이)의 음악을 따뜻하게 받아들인 첫 번째 우드스톡 페스티벌과 달리 1999년의 페스티벌은 음악이 아니라 탐욕, 인간애의 결여, 공격성과 폭력으로 악명 높았다고 기억될 것이다.

우리는 카리스마 넘치는 연기자들이 조건에 따라 긍정적이거나 또는 부정적인 목적을 달성하는 지각지능이 낮거나 혹은 높은 사람의 중요한 공동체에 영향력을 미칠 수 있다는 것을 밝혀냈다. 율리우스 카이사르Julius Caesar에서 훈족의 아틸라Attila, 나폴레옹, 히틀러, 푸틴에 이르는 독재자와 폭군이 지각지능이 바닥인 추종자들에게 직접 호소하여 통합 메시지로 순진한 무리들을 규합하고 결국에는 대규모 파괴를 초래했다는 것을 지적하기 위해 구체적인 예를 들먹일 것까지는 없다. 덜 폭력적인 방식으로 수백 명, 수천 명, 어쩌면 수백만 명을 한꺼번에 속이는 장사치, 마술사, 사기꾼은 어떤가? 그들은 지각지능 지형의 어디에 적합한가?

매순간 얼간이 100만 명이 태어난다

스티븐 스필버그, 래리 킹, 샌디 쿠팩스, 엘리 위젤Elie Wiesel, 존 말코비치John Malkovich의 공통점은 무엇일까? 이들은 복을 받아 지능, 행운, 명성, 재능을 누리는 (또는 아직도 누리고 있는) 세간의 이목을 끄는 소수의 사람들이다. 이런 인물들은 한창때 자기 분야의 선두에 있는 것으로 인정되었다. 몇몇 사람은 이들이 역사상 재능이 가장 뛰어난 사람들 축에 속한다고 말할지도 모른다. 그러나 이들은 모두 (수백 명의 다른 영리한 사람들, 잘 보호된 주요 조직과 마찬가지로) 바보 취급을 당했고, 충심으로 신뢰했던 한 악명 높은 사람 버니 매도프Bernie Madoff에게 이용

당했다.

　새로운 세기로 접어들기 전에 전문가들이 가장 존경하는 월스트리트 금융가는 버니 매도프였다.[7] 자신의 이미지를 친화력이 뛰어나고 현명하고 친절하며 점잖고 관대한 사람으로 만듦으로써 몇 년간 모든 사람의 눈을 속이고 500억 달러 규모의 폰지 사기를 친 이 투자의 귀재는 직원들의 사랑을 받았고, 겉으로는 자선단체와 공동체에 온 마음을 바치는 것 같았다. 오스카 남우주연상을 받기에 손색이 없는 수십 년간의 성과를 바탕으로 매도프는 엘리트 컨트리클럽, 종교 기관, 영향력 있는 기업, 국제 은행, 일상 투자자를 포함하여 금융계 안팎에서 나무랄 데가 없는 사람으로 간주되었다. 매도프는 제2의 남자 마더 테레사Mother Teresa가 될 수도 있었을 것이다.

　돌이켜보면 심리학자와 사회과학자들은 매도프를 병적인 사람이라고 생각한다.[8] 심지어 그는 누구한테서나 사랑을 받고 자선단체에 기부를 했기 때문에 '좋은 일'을 하고 있다고 생각했을지도 모른다. 실재를 환상으로부터 구별하는 것에 관한 한 매도프는 지각지능이 낮았을 가능성이 있다. 그러나 그가 자신의 매력을 이용하여 투자자들이 돈을 어떻게 해야 할지(로버트 치알디니의 또 다른 말을 빌리자면 '불확실성') 모르고 있을 때 (치알디니가 말한) '사회적 증거'라는 겉모습에 맹목적으로 속아 넘어간 지각지능이 더욱 낮은 사람들에게 어필했다는 것은 분명하다.[9] 한 걸음 더 나아가, 나는 이 낮은 지각지능이 거대한 환각의 공유와 합쳐졌다고 생각한다. 위에서 말한 유명 인사들은 매도프의 활동을 분석하여 그의 능력을 판단할 수 있는 금융의 귀재가 아니다. 당연히 그들은 동료들의 투자 방법에 의존함으로써 쉬운 길을 택했다. 커튼이 들춰지고 매도프가 돌팔이임이 드러났을 때 세계는 마치 공유하는 악몽으로부터 깨어나는 것처럼(그들의 재산은 큰 타격을 받았다) 눈을 뜨고 집단적으로 생각했다. 어떻게 우리는 그렇게 멍청했는가? 매도프가 내 친구라고 생각했는데! 심지어 유명한 사람들조차 전문 분야 밖에서는 지각지능이 낮을 수 있다.

P. T. 바넘Barnum은 '1분마다 얼간이가 한 명씩 태어난다'는 유명한 말을 했다(또는 일부 소식통에 따르면 안 했다고도 한다). 나는 1나노초마다 얼간이가 100만 명씩 태어난다고 말하는 것이 더 정확하다고 생각한다. 왜냐하면 우리는 성공한 사람, 자수성가한 사람, 다른 사람들에게도 똑같이 하라고 인도하면서 성자 같은 페르소나를 물씬 풍기는 사람을 존경하고 추종하고 싶어 하기 때문이다. 우리가 신뢰할 수 있는 사람이 존재하기를 고대한다는 점에서 우리의 지각지능은 상당히 낮은 것이다. 이렇게 한 원숭이가 마지막 원숭이를 따르고, 또 다른 원숭이가 이 원숭이를 따르는 식으로 상호 연결된 원숭이들의 무한한 복합체가 형성된다. 그리고 무기력한 희생자는 통 안에서 폭발되기만을 기다릴 뿐이다.*

무리 조종하기 : 유명 인사와 거짓 광고로 대중에게 영향 미치기

앨프리드 히치콕Alfred Hitchcock의 고전적 영화 「북북서로 진로를 돌려라North by Northwest」에서 캐리 그랜트Cary Grant는 광고는 거짓말이 아니라 '진실의 편의적 과장'이라고 말함으로써 광고를 변호하는 광고인 역을 맡는다. 우리는 광고를 문화 구조의 일부로 받아들이고, 많은 경우 크게 성공한 TV 프로그램 「매드맨Mad Men」에 나오는 것과 같은 교활한 광고인의 묘사를 즐긴다. 그러나 이 '편의적 과장'은 언제 선을 넘게 되는가?

지난 몇 년간의 다음과 같은 예를 살펴보자.[10]

---

* '배럴 오브 멍키즈Barrel of Monkeys'는 원숭이 팔을 서로 연결하는 인기 게임이다. 플라스틱 원숭이들이 독특한 통 안에 들어 있다.

- 라이스 크리스피(아침식사용 시리얼 - 옮긴이)는 '하루치 항산화제와 영양소의 25퍼센트를 함유하고 있다'.
- 익스텐지(남성용 복합 기능 제품 - 옮긴이)는 '남성 신체의 특정 부위를 확대시킨다는 것이 과학적으로 입증되었다'.
- 로게인은 피부과 전문의가 추천한 최고의 모발 재성장 브랜드다. '로게인 제품에 함유된 유효 성분 미녹시딜은 수축된 모낭을 활성화하여 시간이 지나면 모발의 재성장을 촉진하고 모발을 더 두껍게 만든다.'
- 스플렌다는 '설탕으로 만들어진다'.
- 액티비아는 다른 요구르트보다 건강에 더 좋다는 것이 '임상적으로'도, '과학적으로'도 입증되었다.
- 카시의 시리얼 제품은 '모두 자연산'이고 '인공적인 것은 전혀 들어 있지 않다'.

이러한 광고를 보고 수백만 명이 위의 유명 제품을 구매했다.[11] 그런데 이들 문구 중 딱 하나만 참인 것으로 생각된다. 그 외의 제품은 모두 허위 광고라고 맹비난을 받았고, 변호사 비용과 벌금으로 엄청난 돈을 날렸다. 그 하나가 어떤 제품인지 짐작되는가? 좋다, 걱정을 덜어주겠다. 로게인이 위 목록의 제품들 중에서 광고 내용에 맞는 유일한 제품이다. 정답을 맞혔는가?

내 말은 라이스 크리스피, 스플렌다, 카시 등이 좋은 제품이거나 나쁜 제품이라는 것이 아니라 이들 제품의 광고가 사람들을 오도한다는 뜻이다.[12] 광고인은 속임수와 과장을 이용하여 커다란 집단의 사람들을 기만하고, 그것은 지각지능이 낮은 사람들에게 문제가 된다. 어떤 것을 '필요로 하거나' 원할 때, 특히 일상생활 때문에 압력을 받고 있거나 서둘러야 할 때 우리 중의 누군가가 바로 그런 사람이 될 수 있다.

우리는 보는 곳마다 '진실의 편의적 과장'과 거짓 광고에 맞닥뜨린다. 식품의약국 같은 집단이 인터넷상에서 이뤄지는 그런 활동을 감시하고 적발하기는 매우 어렵다. 왜냐하면 제품들이 눈 깜빡할 사이에 나타났다가 사라지기 때문이다. 그러한 점을 염두에 두고 이런 물음에 대해 생각해보라. 구매한 제품들 중에서 광고 내용에 미치지 못하는 것은 무엇인가? 제품을 구매하도록 부추긴 것은 무엇인가? 반품하고 회사에 편지를 보냈는가, 아니면 그냥 넘어갔는가?

당신의 지각지능(과 당신의 건강)을 지키는 주요 방식은 쇼핑할 때마다 눈을 부릅뜨는 것이다. 의심하라. 그냥 버리는 포장지에 적힌 '모두 자연산' 같은 광고를 곧이곧대로 믿지 마라. 제품 정보를 늘 주의 깊게 읽어라. 실제로 구매하는 것이 무엇인지 알아야 한다. 어떤 제품은 'MSG(글루탐산나트륨) 무첨가' 같은 것을 내세울 수도 있다. 그것은 음식에 이미 약간의 MSG가 들어가 있을지도 모르고, 그래서 더 이상 첨가할 필요가 없다는 것을 의미하는가?

지금까지 나는 이 책에서 주로 인터넷의 부정적인 측면에 초점을 맞추었다. 그러나 출처가 평판이 좋다고 확신하는 한, 인터넷에는 바로 사용 가능한 좋은 정보도 있다. 많은 사이트에는 제품에 대한 사용자 리뷰가 있고, 그 리뷰는 구매를 결정하는 데 유용할 수 있다. 그럼에도 여전히 주의를 기울여야 하고, 모든 리뷰를 심각하게 받아들이지 말아야 한다. 몇몇 리뷰는 이런저런 방식으로 편향된 측면을 숨겼을지도 모르고(제조자의 친구 또는 가족이 리뷰를 썼을지도 모르고, 스펙트럼의 다른 쪽에 있는 경쟁자가 썼을지도 모른다), 심지어 제품 또는 서비스를 이용해보지도 않고 리뷰를 쓴 경우도 있었다. 또한 별다른 이유 없이 공공 사이트에 말도 안 되는 소리를 늘어놓는 사람들도 있다.

나를 믿어라 : 광고를 위해 특정 배우를 선택하는 이유

대중을 조종하여 제품과 서비스를 구매하게 하는 대가로 돈을 받는 전문가가 광고인이라는 것은 누구나 알고 있다. 많은 회사가 유명 인사를 내세워 제품을 광고한다. 마케팅 암(댈러스에 있는 홍보 회사 - 옮긴이)의 DBI(유명 인사 지수)는 신뢰성을 근거로 유명 인사의 등급을 매긴 것이다. 톰 행크스Tom Hanks는 수년간 이 목록에서 상위를 차지했다.[13] 만약 말총을 이용한 제품으로, 남자의 벗겨진 머리를 보완해준다고 내세우는 광고에 그가 등장하면 많은 사람들은 그저 톰 행크스와 그의 '쾌남아' 페르소나를 신뢰한다는 이유만으로 그 제품을 구매할 것이다.*

배우 제이미 리 커티스Jamie Lee Curtis는 소화 효능을 내세우며 대중에게 요구르트를 판매하는 액티비아의 광고에 출연했다. 만약 커티스처럼 재능 있고 아름다우며 유명한 배우가 액티비아 요구르트는 장 기능을 촉진하여 '건강한 생활양식'의 일부가 될 것이라고 열렬히 주장하면 누가 믿지 않겠는가?

우리는 커티스에게 무슨 일이 있었는지 모른다. 커티스는 어쩌면 후원자의 거짓 주장을 몰랐을 것이다. 그러나 지각지능이 낮고 어느 요구르트 브랜드가 다른 것보다 나은지 모르는 수백만 명에게 커티스의 말은

---

* 나는 톰 행크스가 정말 좋은 사람이라는 것을 개인적으로 증명할 수 있다. 1988년 대학 시절 나는 데이트를 할 때 1958년식 내시 메트로폴리탄을 몰았는데, 갑자기 배터리가 나갔다. 언제나 친절한 행크스가 '어이!'라고 소리 지르며 앞뜰을 가로질러 도로로 뛰어와서는 미등에 손을 얹고 차를 함께 밀어줘서 '다시 시동이 걸리게 해주었다'.

결정적인 영향을 미쳐 그녀가 추천하는 제품을 사게 만들었다.

배터리가 얼마나 오래갈지, 피부용 크림을 바르면 얼굴이 얼마나 탱탱해질지, 보조 식품이 체중 감량에 얼마나 도움이 될지 등을 판단할 때는 혹시 유명 인사의 추천, 사회적 동기의 활용 기법, 참이라기엔 너무 근사한 주장 등을 바탕으로 그 제품이 우리의 낮은 PI를 공략하고 있지는 않은지 한 걸음 뒤로 물러서서 살펴보는 것이 아주 중요하다.[14]* 광고의 타당성과는 무관하게 수백만 명이 계속 속아 넘어가 특정 제품에 유혹되더라도 그 파장은 거짓 메시아와 광신자들의 선전과 선언에 추종자들이 속아 넘어갈 때만큼 심각하지 않다. 이 전염병은 사회에 훨씬 더 위협적이고 파괴적인 것이 될 수 있다. 다음 장에서는 경고 신호가 무엇인지 알아볼 것이다.

---

* 유명 인사와 마찬가지로, 확고히 자리 잡은 브랜드도 여러 해에 걸쳐 쌓아 올린 브랜드 가치 덕분에 지각지능이 낮은 사람들에게 영향력을 행사할 수 있다. 2년 전, 선글라스의 자외선 차단 정도를 평가하는 연구를 할 때 딸들이 나를 도와주었다. 우리는 싼 제품부터 비싼 제품까지 검사한 모든 선글라스의 자외선 차단 효과가 뛰어나다는 것을 발견했다. 심지어 우리는 자외선 측정기를 가지고 베니스 비치 보드워크에 가기도 했다. 그곳 가게에서 판매하는 값싼 선글라스조차 자외선 차단 효과가 뛰어나다는 것을 알고 우리는 깜짝 놀랐다. 우리가 검사한 주유소에서는 디토 선글라스를 팔았다. 우리는(이 연구를 하기 전의 나도 포함해서) 비싼 브랜드가 자외선 차단 효과가 더 뛰어나다고 생각한다. 그러나 실제로는 10달러짜리 선글라스도 이 부문에 대한 연방 규정 덕분에 자외선 차단 효과가 뛰어날 수 있다. 그러니 돈을 조금 모아서 (적어도 미국에서는) 적정 가격의 선글라스를 안심하고 구매하라.

제13장

광신

극단적 신념의 본질

광신과 열광적 행동이 전 세계 곳곳에서 날뛰고 있다고 말해도 지나치지 않을 것이다. 급진적인 행동과 종교의 계시를 받은 테러가 전 세계에 걸쳐 하루가 멀다 하고 급박하게 전해지면서, 어느새 우리는 쇼핑몰 총격 사건, 테러리스트가 포로의 목을 벴다는 소식, 사람들이 운집한 장터에서 일어난 자살 폭탄 테러 등등에 익숙해진 듯하다.

극단주의는 여러 형태를 띨 수 있으며, 반드시 물리적 폭력이나 종교와 결부된 것은 아니다(물론 앞으로 살펴보겠지만, 숭배 행동이 나타날 때는 이런 요인이 자주 등장한다). 잘 알려져 있듯이 동물의 권리를 옹호하는 광신자들은 모피 옷을 입은 유명 인사에게 빨간 페인트를 뿌리곤 한다. 급진적인 금연운동가들은 담뱃불을 붙이는 모든 사람에게, 심지어 흡연 구역에서 담배를 피우는 사람에게까지 비난을 퍼붓는다. 흥분한 반전시위대는 미국의 해외 참전에 저항하기 위해 '구토' 퍼포먼스를 벌이기까지 한다.[1] (샌프란시스코에서 실제로 이런 일이 있었다.)

강력한 관점을 견지하고 그것을 표현 또는 옹호하며 다른 사람을 설득하거나 다른 사람에게 영향을 미치려고 합리적인 방법으로 노력하는 것만으로는 그 사람을 광신자라고 부를 수 없다. 나는 특정 종교나 종교 지도자 또는 헌신적인 추종자들에 대해 판정을 내리거나 그들을 범주화하려는 생각은 전혀 없다. 이 장에서 우리의 목표는 지각지능이 낮으면 어째서 논리와 이성이 완전히 결여된 관점을 옹호하면서 부도덕하고 위험한 행동으로 쉽게 이어지는 광신의 세계로 빠져들기 쉬운지를 살펴보는 것이다. 나는 지금 플레이스테이션에 푹 빠진 10대 게이머 군단에 관해 이야기하는 것이 아니다. 우리가 이제부터 살펴볼 것에 비하면 그것은 말 그대로 애들 장난일 뿐이다.

앞에서 우리는 광신의 비교적 가벼운 예들을 다루었다. 예컨대 스포츠 팬이나 연예인을 졸졸 따라다니는 무리 등은 자신의 경력, 우정, 연애 같은 정말로 중요한 것들보다 자신의 열정을 더 우선시하는 낮은 PI의 소유자들이다. 그러나 자신의 신념 때문에 다른 사람의 의견에 귀를 기울이지 않고 자신의 행동만 옳다고 주장하면서 그 밖의 모든 것은 차단해 버리는 것은 가장 낮은 수준의 PI를 드러내는 것이다. 사회적 영향력에 함락되어 아마도 너무 많은 상품을 사들이는 쇼핑객과 달리 종교적 극단주의자와 숭배주의자의 낮은 PI는 세뇌에 취약하기 때문에 그들 자신과 그들의 가족과 사회에 돌이킬 수 없는 해를 입힐 위험이 있다.

극단적인 집단에 가입하는 것이 미친 짓이 아닌 이유

개인의 사고는 오랜 시간 동안 쌓여온 수백수천 가지의 지각, 판단,

경험, 편향 등의 결과이다. 어린 시절 안정된 가정에서 자라지 못했거나, 상당한 정서적 충격을 경험했거나, 기초적인 교육조차 제대로 받지 못한 경우 그 사람의 마음은 텅 빈(또는 반쯤 편향된) 상태와 낮은 PI로 특징지을 수 있다. 그런 사람은 무엇이든 주위 환경을 배회하는(또는 요즘은 주위의 디지털 환경을 침투하는) 강력한 영향력에 쉽게 넘어가며, 그래서 결국에는 실재와 환상을 구별할 수 없게 된다. 방향감각을 상실한 채 방황하거나 너무 많은 고통을 겪어서 기세가 크게 꺾인 현실을 살고 있는 사람은 자신도 모르게 어떤 사상에 젖어들고 거기서 쉽게 헤어나지 못한다. 결손가정 또는 학대가 난무하고 사랑이 결여된 가정에서 자란 사람들의 정서적 기질에는 채워야 할 공백이 있게 마련이다. 고독, 배신감, 버려진 느낌 또는 그저 남들과 다르다는 느낌이 그들을 지배할지 모른다. 그런 사람이 바닥까지 도달하면, 상실감과 절망감에 휩싸일 것이다. 그들은 미쳤는가? 아니면 그저 따뜻한 포옹이 필요한 것인가?

주위 사정과 시점만 맞으면(예컨대 우리가 무언가에 잔뜩 겁을 먹고 있거나 가족과 크게 충돌한 뒤에는), 우리 중의 누구라도(그리고 당신의 아이들도 포함해) PI가 매우 낮아져서 우리의 마음을 현혹하는 이교 집단 지도자의 교활한 수법에 쉽게 넘어간다. 아마도 당신은 그렇지 않다고 머리를 흔들 것이다. '어떻게 내 자식이 그렇게 쉽게 속아 넘어가겠는가?' 나는 당신에게 어떻게 그런 일이 벌어지는지 말해줄 수 있다. 지도자의 무조건적인 사랑, 새 가족에 대한 지원과 동지애, 인생의 새로운 임무 또는 새로운 전망 등을 통해 그렇게 된다.

그것의 일반적인 작동 방식은 다음과 같다. 이교 집단의 신입 회원은 무슨 짐을 지고 왔든 상관없이 지도자와 그 집단의 전폭적인 환영을 받는다. 부모의 비현실적인 기대, 직장이나 학교에서의 지루하기 짝이 없는 압박, 사회의 냉혹한 시선 등이 사라진다. 이교 집단의 세뇌에 넘어가는 사람은 과거에서 해방되고 완전히 새로운 정체성을 획득한다. 한마디로 말해 신선하고 새로운 시작의 기회를 얻는다. (실제로 의식 절차 또는 교화 과정 중에 새 이름을 얻기도 한다.) 그렇게 새로운 페르소나를 장착한 사람들은 무언가 위대하고 흥미진진하며 중요한 임무의 일부가 된 것 같은 느낌을 선사하는 환상의 세계로 이끌려 들어간다. 잃을 게 없는 사람이라면 왜 그런 세계에 가입하지 않겠는가?

이교 집단의 모든 구성원이 미쳤다는 주장이 사실이 아닌 것처럼, 그들의 지능이 낮다는 것도 잘못된 이야기이다. 실제로 세뇌 과정을 극복하고 이교 집단에서 탈출한 사람이 써낸 책을 읽어보면, 오히려 정반대가 참인 듯하다. 뉴저지 종교 집단의 구성원으로서 겪은 일을 2011년에 『이웃집의 이교 집단 The Cult Next Door』이라는 책으로 발표한 엘리자베스 R. 버처드 Elizabeth R. Burchard의 이야기는 너무나 충격적이다.[2] 도시에 살았던 10대 소녀 버처드는 지적으로 뒤처진 아이가 결코 아니었다. 그녀는 고등학교를 수석으로 졸업한 뒤 스와스모어 대학에 다니고 있었다. 그녀는 맨해튼의 한 심리상담소에서 치료를 받던 중에 세뇌를 당했으며, 결국에는 세계 종말의 날에 선과 악이 벌이는 최후의 결전인 아마겟돈에 대한 예언을 믿으면서 근친상간을 벌이는 이교 집단에 빠지고 말았다. 세뇌를 당한 사람에게는 환상이 실재가 되고 과거에 일탈로 간주되었던 행동이 새로운 정상이 된다. 잘못된 행동과 올바른 행동을 구별할 수 있는 능력이 별로 없는 상태에서 주위 동료들의 부추김까지 더해지면, 반사회적이고 사악하며 파괴적인 행동이 가능해진다. 노선은 더 이상 흐릿하지 않으며, 이교 집단의 구성원들은 부여받은 임무를 완수하는 데 모든 주의력을 집중하면서 어떤 희생도 마다하지 않는다. 극단적인 행동을 하는 사람들은 목적이 수단을 정당화한다고 믿는다. 그들은 낮은(또는 아예 존재하지 않는) PI 탓에 도덕적 스펙트럼의 양극단에 있는 두 실재의 차이를 알지 못한다.

신의 이름으로 몇 세기에 걸친 전쟁을 개시한 교황

1096년부터 1272년까지 세계에서 가장 공격적인 세력은 자신이 속아서 '씨몽키'를 샀다는 사실을 깨달은 아이들이 아니었다. 중동에서 낙타를 운송 수단으로 사용하는 것에 반대한 동물보호운동가들도 아니었다. 그 세력은 이슬람교도와 터키인들로부터 성지(예루살렘)를 '회복'하려한 유럽의 기독교도들이었다. 아홉 차례에 걸친 군사행동은 십자군이라는 그럴싸한 이름으로 불렸으며, 그로 인한 사망자 수는 100만~900만 명에 달했다. (틀림없이 당시에는 누구도 이런 하찮은 것을 정확히 세려하지 않았을 것이다.)

그렇게 장기간의 야만적인 대량 살인을 촉발한 것은 무엇이었을까? 신을 두려워하는 병사들이 어느 날 아침에 일어나 '자, 오늘은 성지를 점령하러 가자. 성수를 병에 담아 팔면 한밑천 잡을 수 있을 거야!'라고 말하지는 않았을 것이다. 이 사태를 촉발한 것은 당연히 신이었으며, 교황 우르바노Urbanus 2세의 선동적인 자극이 거기에 약간 가미되었다.[3] 1095년 11월 27일, 이 프랑스 교황은 (관용차를 타고 여러 도시를 돌아다니며 재미를 좇는 유와는 달리) 후세에 남을 만한 감동적인 연설을 했다. 그는 자그마치 10만 명의 무장 기독교도가 '하나님께서 이것을 원하신다'('이것은 하나님의 뜻이다'라고 번역되기도 한다)라고 외치면서 예루살렘으로 진격하도록 선동했다. 교황 우르바노 2세는 병사들에게 이렇게 숭고한 정복을 통해(다시 말해 다른 사람들을 대량 학살함으로써) 그들의 죄가 경감될 것이며, 물질적 부와 이루 말할 수 없는 온갖 보상이 천국에서 기다리고 있을 것이라고 약속했다.

과연 신이 교황 우르바노 2세에게 개인적으로 내부자 정보를 흘렸을까? 과연 주님께서 1인당 얼마나 많은 무고한 사람을 죽여야 과거의 죄까지 감면받을 수 있는지 알려줬을까? 그런데 잠깐만, '살인'은 십계명이나 성서에 따르면 죄가 아닌가?

애초에 교황 우르바노 2세는 셀주크투르크족으로부터 아나톨리아의 기독교 영토를 방어하려는 비잔틴 황제 알렉시오스 1세 콤니노스 Alexios I Komnenos의 지원 요청에 응한 것이었지만, 재능 있는 연설가였던 그에게는 성지 행진을 선동한 자기만의 동기가 있었다. 교황은 성지가 예수 그리스도가 죽고 다시 부활한 곳이기 때문에 기독교도가 그곳을 통제해야 한다는 신조를 굽히지 않았다. 또한 그는 이슬람교도들이 상당한 부를 축적했다는 사실도 어느 정도 알고 있었다. 궁극적으로 그는 자신과 다른 신념을 가진 이교도의 사고에 겁이 나서 움츠러든 선동꾼이었다. 종교의 이름으로 이루어진 그의 연설은 몇 세기 후 아돌프 히틀러 Adolf Hitler가 공동의 적으로 지각된 대상에 맞서 사람들을 단일한 신조로 묶기 위해, 대중을 세뇌시킬 목적으로 행한 연설과 본질적으로 다르지 않았다. 교황은 이슬람교도를 가리켜 '악마를 숭배하는 이교도'라고 불렀으며, 기독교 병사들에게 하나님이 '그들의 안내자'로서 길을 이끌 것이라고 믿게 만들었다. 그리고 일단 전쟁에 나서자 기독교 병사들은 주님이 지켜주실 것이라는 확신 속에 흔들림 없이 임무를 수행했다. 비록 병사들이 이 세상에서 받은 보상은 변변치 않았지만(우리는 내세에서 그들에게 무슨 일이 일어났는지 알지 못한다), 그들의 낮은 지각지능 덕분에 이런 정서가 유럽 전체로 여러 세대에 걸쳐 확산될 수 있었다.

아이러니하게도 교황 우르바노 2세는 예루살렘의 최종 함락 소식을 듣지 못한 채 사망했으며, 예루살렘의 점령도 그리 오래가지 않았다. 그는 그 후에 잇단 수많은 십자군 전쟁과 그 와중에 희생된 100만(또는 수백 만) 명의 생명에 관해 전혀 알지 못했겠지만, 이 모든 것이 그가 개시한 섬뜩한 기획에서 비롯되었다는 사실에는 변함이 없다.[4]

종교는 언제 이교 집단으로 변모하는가?

십자군 전쟁은 가장 오래 지속된 종교전쟁이었고 종교미술과 문학에서도 가장 많이 묘사되었지만 유일한 종교전쟁은 당연히 아니었다. 인류의 역사는 지도자가 지옥의 불을 설파하면서 정당화한 대의명분을 철저하게 내면화한 추종자들이 종교의 이름으로 또는 신의 이름으로 이방인을 살육한 수많은 전쟁의 기록으로 점철되어 있다.

최근의 한 사례인 제2차 수단 내전은 1983년부터 2005년까지 이어졌으며 100만~200만 명의 목숨을 앗아갔다.[5] 갈등을 촉발시킨 것은 수단인들에게 이슬람 율법을 강요하기로 한 가파르 니메이리Gaafar Nimeiry 대통령의 결정이었다. 그런데 과연 누가 이 수단인들의 저항을 비난할 수 있을까? 이슬람 율법에는 범죄와 이단적인 신념에 대한 극단적인 처벌이 포함되어 있다. 예컨대 도둑질한 사람의 손을 절단하거나 혼전 성교, 간통, 동성애 등을 범한 사람에게 최대 100대의 태형을 내린다.

오늘날 아프가니스탄을 비롯해 많은 국가에서 이슬람교도 인구의 절대다수는 여전히 이슬람 율법을 신봉한다.[6] 그러나 이에 대한 해석도 다양하고 엄격함에도 차이가 있으므로 자연스럽게 다음과 같은 의문이 제기된다. 과연 종교가 급진적인 관행을 통해 이교 집단으로 변모하는 지점은 어디인가?

한 이론에 따르면, 사회운동이 수백 년간 지속되면 종교로 간주되는 반면에 이교 집단은 상대적으로 신흥 집단에 붙는 이름이다. 이교 집단은 종종 기존 종교에서 갈라져 나온 철학을 옹호하며 일부 측면에서는 기존 신념, 의례, 관행 등의 전도된 형태를 옹호하기도 한다. 위에서도 언급했듯이 이교 집단의 꼭대기에는 보통 역동적이고 카리스마가 있으며 추종자들의 지지를 받는 지도자가 존재하는데, 그의 변덕에 따라 모든 의사 결정이 좌우되는 경향이 있다. 이교 집단은 권력, 통제, 지배, 돈, 섹스 혹은 이 모든 것의 복합적 측면에서 고도로 착취적이며 다양한 형태의 세뇌 또는 마음을 전면적으로 통제하기까지 한다. 이교 집단에 가입하는 사람들은 대개 전체를 위해 자신의 자아의식을 희생하는 반면, 대다수 종교에서는 주요 계율 밖에서 적어도 약간의 개성을 허용한다.

내가 보기에 이슬람교는 종교다. 그러나 '과격 이슬람 테러리즘'은, 특히 ISIS(이라크-시리아 이슬람국가)는 다분히 이교 집단의 성격을 띠며, 이 집단의 구성원들은 인지지능 측면에서는 정상이거나 정상 이상일지 몰라도 PI 측면에서는 낮은 수준에 머문다. 이슬람교 계열이든 다른 계열이든(나는 결코 테러가 이슬람교도만의 현상이라고 생각하지 않는다) 테러 집단은 구성원의(보통 젊은 구성원의) 충원과 세뇌, 무고한 사람들을 향한 무작위적인 공격(그리고 희생자들 중 동포가 섞여 있을지 모를 가능성에 대한 노골적인 외면), 내세에 약속된 보상을 위해 자신의 생명을 기꺼이 바치려는 태도 등과 같은 특징을 나타낸다.

있는 그대로 오라 : 이교 집단의 황홀한 포섭

마빈 갤퍼Marvin Galper 박사는 샌디에이고에서 활동하는 임상심리학자로, 다수의 이교 집단 탈출자를 상대했다.[7] 수년에 걸쳐 그는 야음을 틈타 이교 집단 구역으로 잠입하는 구출팀과 함께 이교 집단의 젊은 구성원들을 구해내는 데 힘을 보태기도 했으며, 나아가 그들에게 상담을(즉 이교 집단에서 세뇌된 마음의 재교육을 위한 치료를) 제공했다. 그는 내게 이교 집단이 새로운 구성원을 선정하는 과정에 대해 이렇게 설명했다.

"그들은 시험에 낙방해 가족의 지원을 상실한 대학생처럼 위기에 처한 사람을 찾습니다. 그들은 이혼이나 사별 등으로 해체된 가정의 아이들을…… 종종 가족의 따돌림을 받는 아이들을 찾습니다."

다시 말해 이교 집단은 정서적으로 불안정한(물론 이것은 주위 사정 때문에 야기된 일시적인 현상일 수 있다), 그래서 PI가 낮거나 아예 없는, 즉 제안을 받은 것이 참인지 거짓인지 분별할 능력이 없는 사람들을 노린다.

갤퍼 박사는 세뇌를 당한 이교 집단의 구성원들이 '끔찍한 의식 상태'에 있다고 말한다. 이교 집단은 점진적인 기법을 동원하기 때문에 그 희생자들은 자신에게 무슨 일이 일어나는지 제대로 알아차리지 못한다. 종종 그들은 지도자의 개인적인 환영을 받는데, 지도자는 그들에게 (많은 경우 그들이 지금까지 살면서 누려보지 못한) '무조건적인 사랑'과 넘쳐나는 동정심과 과거의 괴로움에 대한 지원을 제공한다. 그들은 이교 집단에서 '있는 그대로' 받아들여진다. 오랜 시간 동안 그들은 (햇빛 같은) 감각의 박탈, 수면 박탈, 칼로리 제한 등을 포함해 그들의 정신과 육체에 대한 무수한 조작과 공략 작업을 당한다. 그리고 결정적인 것은 순응이다. 이교 집단의 구성원들은 개성을 버리고 자기표현을 옥죄는 소속감과 집단의 일

체감을 발달시키도록 프로그래밍된다. 때때로 이교 집단은 PI가 낮고 휘둘리기 쉬운 사람들의 마음속에 내장된 상상력을 자극하기 위해 상징, 암호, 단조로운 노래 등을 활용한다. 그런 것들은 이미지에 대한 막연한 친숙성을 바탕으로 균형감, 수용적인 태도, 정당성, 질서 등을 새로 만들어내는 데 기여한다. 그렇게 비어 있는 컵에 이교 집단의 신조가 채워진다.

이교 집단은 다른 종교나 종파로부터 이런저런 측면을 빌려오기도 하지만, 갤퍼 박사에 따르면 지도자는 '전능한 존재다…… 그는 신과 완전하게 접촉하며 다른 모든 사람은 어둠 속에 있다고 가르친다'. 갤퍼 박사에 따르면 이교 집단 지도자들의 공통된 특성은 '권력, 지배, 부'에 집착하고 '카리스마가 넘치며 파렴치한 아버지상'과도 같다. 많은 경우 그런 지도자들은 자신의 지배적인 지위를 십분 활용해 자신의 성적 욕망을 다른 여성과 남성 모두에게 강요한다.

이 사람들의 공통점[8]

톰 크루즈Tom Cruise, 켈리 프레스턴Kelly Preston, 존 트래볼타, 커스티 앨리Kirstie Alley, 엘리자베스 모스Elisabeth Moss, 아이작 헤이스Isaac Hayes, 벡Beck, 앤 아처Anne Archer의 공통점은 무엇일까? 이들은 모두 사이언톨로지 교회 소속이다. 사이언톨로지는 종교인가, 아니면 이교 집단인가? 이들 추종자는 영적인가, 아니면 광신적인가? 아니면 이들은 '과학자'인가? 어째서 그렇게 많은 유명 인사가 사이언톨로지에 끌리는가? 이들의 PI는 낮은가, 아니면 높은가?

사이언톨로지는 공상과학소설 작가 L. 론 허버드L. Ron Hubbard의 발명품이었다.[9] 1950년에 그는 마음의 영성에 관한 자신의 독특한 사고를 정리한 『다이어네틱스Dianetics』를 내놓아 베스트셀러가 되었는데, 이 책에서 그는 질병이 심신의 복합 현상이며 유해한 생각을 뇌에서 제거함으로써 질병을 예방 또는 치료할 수 있다는 이론을 전개했다.[10] 그뿐만이 아니다. 허버드의 열성적인 상상력을 바탕으로 사이언톨로지는 그가 '은하계 연합Galactic Confederacy'의 지배자이며 7,500만 년 전에 수십억 명의 사람들을 지구로 데려왔다고 주장한다. 나는 많은 천체물리학자와 인류학자가 이 두 주장이 조금이라도 참일 가능성에 동의하지 않을 거라고 생각한다. 수십억 명의 인간이 6,500만 년 전에 소멸한 공룡의 주변을 뛰어다녔을 리가 없다. 그러나 허버드의 생각은 수백만 명의 신자를 거느린 거대한 현상이 되었다. 그들 중 많은 사람들은 기꺼이 자신의 삶을 포기하고 허버드가 제시한 대의에 동참했다. 이것은 마치 조지 루카스George Lucas가 그의 블록버스터 공상과학영화 「스타워즈」 프랜차이즈를 바탕으로 스타워즈 종교를 창설한 것과도 같다.

나는 비록 사이언톨로지가 몇몇 피상적인 측면에서 종교를 닮았지만,[11] 이교 집단에 더 가까우며 그 구성원들은 낮은 PI를 지니고 있다고 생각한다. 왜냐하면 그들은 매우 부족한 현실감을 가지고 있기 때문이다. 그들은 사이언톨로지가 온갖 불가사의하고 초자연적인 재능을 내면으로부터 해방시키는 힘을 가지고 있다고 믿는다. 만약 당신이 '긍정적 사고의 힘'을 계발하는 데 관심이 있다면, 노먼 빈센트 필Norman Vincent Peale의 후기 작품을 읽으라고 권하고 싶다.[12]

왜냐하면 그의 주장이 더 탄탄하고 그의 책이 사이언톨로지 교회에 가입하는 것보다 엄청나게 돈이 덜 들기 때문이다.

잘 알려져 있듯이 몇몇 이교 집단은 집단 자살이라는 비극적인 종말을 맞았다. PI가 낮은 사람들이 극도의 세뇌를 당할 경우, 그들은 지도자가 내리는 지시가 아무리 불합리해도 그것을 믿고 실행할 수 있다. 1978년에 인민사원Peoples Temple의 창시자인 짐 존스Jim Jones는 '918명의 인민에게'(거기에는 276명의 아이들도 포함되어 있었다) 포도향 쿨에이드를 닮은, 그러나 청산가리가 첨가된 치명적인 음료를 들이켜라고 지시했다.[13] 그로부터 거의 20년이 지난 1997년에는 천국의 문Heaven's Gate(마샬 애플화이트Marshall Applewhite와 보니 네틀스Bonnie Nettles가 창시자다)이라는 이교 집단에서 신도 39명에게 치명적인 팅크처tincture를 마시라고 부추겨 그들을 사망에 이르게 했다. 왜? 왜냐하면 그들은 헤일-밥Hale-Bopp 혜성의 뒤를 쫓고 있는 우주선에 어떤 식으로든 탑승할 것이라고 믿었기 때문이다. 믿기 힘들겠지만, 이 이교 집단은 아직도 존재하며, 몇백 명의 남은 추종자들은 아직도 수송기의 전원이 켜질 날만 기다리고 있다.[14]

이교 집단의 형태는 다양하며 자기애 성향이 강한 사람들, 예컨대 신앙치료사, 전도사, TV 전도사 등등이 이교 집단을 이끌 수 있다. 그들의 대리인이 우리의 현관문 앞에 나타날 수도 있으며 인터넷, 이메일 스팸, 재래식 편지 등을 통해 우리를 유혹하면서 우리의 삶에 침투할 수도 있다. 만약 주변에 스물한 살이 안 되어 집에서 쫓겨난 사람이 있다면, 혹시 그가 특이한 행동을 하지 않는지 예의 주시할 필요가 있다. 미심쩍은 신념을 내뱉거나(아리아나 그란데Ariana Grande나 니키 미나즈Nicki Minaj의 노래를 끊임없이 읊는 것은 여기에 해당되지 않는다), 특이한 옷차림이거나, 과거에 좋아하던 것을 갑자기 싫어하거나, 수상한 팸플릿을 들고 있거나, 비판적 사고력이 없어 보이는 행동 등이 그런 것이다. 만약 주변에서 누가 당신을, 또는 당신이 아는 누군가를 이교 집단으로 끌어들이려 하는 것 같으면, 다양한 반反이교 핫라인, 지원 단체 또는 행정 당국에 연락하는 것이 좋다.

　　몇몇 이교 집단 지도자는 자신이 영원히 존재하는 신이라고 확신하지만, 세월의 증거는 그와 다르다. (나는 아직도 L. 론 허버드가 몇 명의 사람들과 함께 다시 나타날 날을 기다리고 있다. 그가 100만 또는 10억 명을 데리고 오리라고 기대하는 것도 아니다.) 앞에서도 이야기했듯이, 이교 집단에서 탈출한 몇몇 사람은 재교육을 통해 세뇌의 폐해를 다시 정화할 수 있었다. 그러나 갤퍼 박사는 "이교 집단의 공동체와 맺었던 끈의 상실을 극복하려면 강력한 지원 체계가 필요합니다. (이교 집단의 옛 구성원이) 평범한 삶으로 돌아왔을 때, 그들은 또 다른 공동체를 찾을 필요가 있습니다"라고 경고한다. 그럴 때 가장 강력한 지원 체계는 가족과, 가까운 친구들일 것이다.

　　이교 집단의 교육이 가짜임을 확실히 깨닫고 사실과 허구를 구별하게 되는 순간, 다시 말해 지각지능이 제대로 작동하기 시작하는 순간, 이교 집단의 구성원은 다시 정상으로 돌아올 수 있다. 다음 장의 주제는 그런 일이 일어나는 순간 또는 '시간'이다. 우리가 시간의 흐름을 어떻게 해석하는지, 시간이 우리의 기억을 어떻게 왜곡하는지, 우리 자신의 경험을 바탕으로 시간이 어떻게 변화할 수 있는지 등은 우리의 PI를 좌우하는 핵심 요소이다. 테레사 수녀의 명언을 인용하자면, '어제는 지나갔다. 내일은 아직 오지 않았다. 우리에게는 오늘이 있을 뿐이다. 이제 시작하자'.

제14장

시간의 주관적 경험

그리고 버킷리스트의 기원에 관하여

일요일 밤이다. 여드름투성이의 열두 살 소년 조너선Jonathan은 다음 날 제출할 작문 숙제를 아직 못했다는 사실을 깨닫자 걱정이 밀려온다. 그는 주말 내내 영화 「해리 포터」를 두 번씩이나 보면서 시간을 허비했고, 이제 쪼그리고 앉아 숙제를 해야 한다. 책상 앞에 몸을 던진 그는 컴퓨터를 켜면서 중얼거린다.

"왜 이렇게 오래 걸려? 일요일 밤은 정말 싫어. 되게 빨리 오잖아."

같은 집 다른 곳에서, 조너선의 아버지는 집 안에 차려놓은 사무실에서 노트북을 켠다. 그는 내일 아침 사장 앞에서 중요한 프레젠테이션을 해야 하지만, 파워포인트 슬라이드를 1주일 이상 들여다보지도 않았다. 그는 준비할 시간이 충분하다고 생각했지만, 아들을 차에 태워 농구장 또는 축구장으로 데려다주고 또 데려오기를 수차례 반복했고, 집에서는 얼굴에 페인트칠을 한 형제들과 TV로 농구 경기를 시청하면서 연이어 맥주를 마시다 보니, 어느새 시간 감각을 잃고 말았다. 사장으로부터 이메

일이 왔는데, 그의 프레젠테이션이 한 시간 당겨졌다고 한다. 그는 프레젠테이션 파일이 천천히 뜨는 것을 지켜보면서 거의 돌아버릴 지경이다.

"제기랄, 도대체 지금까지 준비하지 않고 뭘 한 거야? 주말이 정말 쏜살같이 지나갔네."

아버지와 아들이 각자 노트북 앞에서 허둥대는 모습을 보면, 미루는 버릇도 유전되는 모양이다. 이때 갑자기, 초인종이 울린다. 여든이 된 할아버지가 잠깐 들른 것이다. 잠시 후 어머니가 식구들에게 외친다.

"여보! 조너선! 할아버지 오셨어! 빨리 내려와!"

아버지와 아들이 미적거리며 모습을 드러낸다. 뭔가 낌새를 챈 할아버지가 말한다.

"얘들아, 왜 그러냐? 내가 잘못 왔나?"

사위가 말한다.

"장인어른 때문이 아니에요. 내일 아침에 중요한 프레젠테이션을 해야하거든요."

조너선이 말한다.

"어…… 나는 숙제를 끝내야 해요."

"미안하게 됐네. 나는 그런 줄 몰랐지."

할아버지가 그렇게 말하자 딸이 끼어든다.

"아버지, 일요일 밤이잖아요. 아버지도 무슨 느낌인지 잘 알잖아요? 시간이 정말로 눈 깜짝할 사이에 흘러가네요. 어느새 주말이 다 갔으니."

"이런! 오늘이 일요일 밤이야? 주말이 오자마자 가버렸네! 나는 가봐야겠다. 너무 늦었어. 글로리아Gloria랑 두 번째 저녁 데이트를 하기로 했거든. 글로리아의 미소는 정말로 아름다워. 얘들아, 잘 있어라!"

이것은 그저 시간 감각이 별로 없는 3대의 이야기가 아니다. 이 이야기는 시간을 '해석'할 때 낮은 PI가 어떻게 작동하는지를 잘 보여준다.

- 숙제를 미룬 아들은 '일요일 밤이 되게 빨리 온다'고 믿는다.
- 자질구레한 일과 프로 농구 경기에 정신이 팔려 프레젠테이션을 준비하지 못한 아버지는 '주말이 쏜살같이 지나갔다'고 확신한다.
- 어머니는 시간이 '눈 깜짝할 사이에 흘러가고', '어느새 주말이 다 갔다'는 것을 할아버지에게 상기시킨다.
- 오늘이 무슨 요일인지 신경도 쓰지 않았던 할아버지는 '주말이 오자마자 가버렸다'고 생각한다.

네 사람은 똑같은 주말에 똑같은 집에서 서로 다른 단어를 사용해 시간이 얼마나 빨리 흘러갔는지를 묘사한다. 이 가족이 로드 설링Rod Serling과 함께 '환상 특급The Twilight Zone'을 타고 여행한 것이 아닌 이상, 주말은 언제나 모두에게 똑같이 48시간일 것이다.

〈과학보고서저널〉에 실린 2016년의 한 연구에서 연구자들은 인간의 뇌가 가끔씩 시간을 부정확하게 지각한다는 사실을 발견했다.[1] 일련의 실험에서 다양한 시청각 패턴 사이의 시간 간격을 보고하라는 요청을 받은 피험자들은 실제 시간과 '시간이 얼마나 지났을지, 그리고 다음에는 무엇이 나타날지'에 대한 그들의 지각 사이의 어느 지점에서 시간을 추정하는 경향을 보였다. 이런 현상은 인간에게 좋은 점도 있고 나쁜 점도 있다. 우리의 시간 추정은 부정확하지만, 우리가 그런 식으로 시간을 앞질러 간다면, 우리의 지각은 미래의 사태를 대비하는 데 오히려 도움이 된다. 버밍엄 대학의 맥스 디 루카Max Di Luca 박사는 '그런 예측은 생존에 매우 중요한데, 왜냐하면 우리가 환경에 더 빨리 반응하면서 무슨 행동을 취할지 계획할 수 있기 때문이다'라고 말했다. 우리에게 이롭거나 자기 보존과 관련된 무언가를 예상할 때는, 시간의 정밀성을 무시하는 것이 오히려 높은 PI를 의미할 수 있다.

나이가 들면 젊었을 때보다 시간이 훨씬 더 빨리 가는 것처럼 느껴진다. 2016년 브라질 산호세 의과대학의 연구에 참여한 모든 연령 집단(15~89세)은 시간의 흐름을 너무 빠르게 잘못 추정했는데, 특히 가장 나이 많은 집단에서 가장 심각했다.[2] 그 이유는 아직 명확히 밝혀지지 않았지만, 과학자들의 추측에 따르면 노화와 함께 일어나는 도파민의 변화가 기억력과 집중력을 방해하고, 그래서 시간에 대한 지각이 변화하는 듯하다. 또한 노화는 심리에도 잠재적 영향을 미치며, '아직 시간이 있을 때 일을 마무리해야 한다'는 욕구 때문에 사람들은 '버킷리스트bucket list'(죽기 전에 꼭 할 일의 목록 - 옮긴이)를 만들기도 한다. (이 용어는 '버킷을 차다/죽다kicking the bucket'라는 어구와 관련되어 있는데, 이것은 스스로 목을 맨 다음에 문자 그대로 발밑의 버킷을 찬다는 뜻에서 유래했다.)

시간의 구조 : 시대가 바뀌면 신념도 바뀐다?

시간의 이해와 관련된 우리의 지각지능은 역동적인 능력이다. 나는 사회적 지각이 변화하고 진화함에 따라(마지막으로 감사의 인사 카드를 손으로 직접 쓴 것이 언제였던가?) 우리의 집단적 사고도 변화하고 진화할 것이라는 이론을 가지고 있다. 몇백 년 전에 사람들은 지구가 평평하고 달이 치즈로 되어 있다고 생각했다. (내가 착각한 것이 아니라면, 특히 스위스 치즈로 되어 있다고 생각했다.) 그러나 버즈 올드린Buzz Aldrin과 닐 암스트롱Neil Armstrong 덕분에 이제 우리는 달이 치즈로 되어 있지 '않다'는 것을 아주 확실하게 알고 있다(물론 미국항공우주국NASA에서 큰돈을 썼다).

기후변화와 진화를 말해주는 모든 과학적 근거에도 불구하고 그렇게 확실한 사실을 부정하는 사람이 주위에 넘쳐나며, 그중 몇몇은 교육 수준이 높고 사회적 지위가 탁월하다. 그렇게나 확실한 과학을 고집스럽게 부정하는 태도는 두 가지 근본적인 원인에서 비롯된다. ①해당 주제가 그들의 금전적·정치적·종교적 관심과, 또는 오랫동안 간직해온 신념과 충돌하기 때문이며, ②플로리다 주가 바닷속으로 가라앉는 것처럼 구체적인 증거를 봐야만 기후변화를 실재하는 것으로 받아들이려 하기 때문이다. 많은 사람들은 자신의 신념에 대한 통제력을 갖고 있지 않은 듯한데, 왜냐하면 그들의 의견이 옴짝달싹 못하도록 그들의 편향이 꽉 붙들고 있기 때문이다. 진화와 관련해서는, 과학자들이 석기시대의 혈거인을 복제하거나 소생시키지 않는 한(또는 우리가 역진화해서 원숭이가 되지 않는 한) 회의론자들의 마음을 돌이키기가 쉽지 않을 것이다. 기후변화는 훨씬 더 까다로운데, 왜냐하면 과학적 의견을 수용하려면 많은 경우에 금전적 문제가 의견을 흐리게 만들고, 그래서 이 분야의 낮은 PI를 초래하기 때문이다. 몇몇 사람에게 기후변화는 100년 후에(또는 훨씬 더 후에) 빙산이 녹아내려 우리 모두가 보트 위에서 살게 될 때에야 비로소 실재가 될 것이다.

나는 시간이 거의 모든 것에 대한 우리의 지각과 의견을 변화시킬 수 있는 능력을 가지고 있다고 믿는다. 제10장에서 우리는 오스카 와일드가 동성애 성향 때문에 어떤 박해를 받았는지 얘기했다. 비록 오늘날에도 여전히 차별이 존재하지만, 그리고 일부 지역은 다른 지역보다 더 심하지만, 사회 전체로 보면 그래도 성적 취향에 대한 이해심이 크게 증가했으며, 온갖 분야의 사람들이 자신의 비밀을 털어놓고도 별다른 불이익을 받지 않고 있다. 엘런 드제너러스 같은 공공연한 레즈비언 코미디언이 진행하는 토크쇼는 1960년이나 1970년, 또는 심지어 1980년에도 불가능했겠지만, 오늘날 그녀는 인기 있고 사랑받는 인물로서 높은 시청률의 장수 프로그램을 이끌고 있다.

삶의 경험은 우리의 PI가 낮은지, 아니면 높은지에 상당한 영향을 미칠 수 있다. 평생을 동성애 혐오자로 지냈지만 아들의 게이 결혼식에 참석해 사위를 끌어안으며 가족으로 받아들이는 반전을 경험했거나, 그와 비슷한 경험을 한 사람이 우리 주변에 적어도 한 명쯤은 있게 마련이다. 심지어 당시에는 획기적이었던 1970년대 TV 프로그램 「올 인 더 패밀리 All in the Family」에 나오는 극중 인물인 고집불통의 동성애 혐오자 아치 벙커 Archie Bunker도 시간이 흐르면서 말년에는 무척 부드러워졌다(물론 그의 자유분방한 사위 마이크를 얼뜨기라고 부르는 버릇은 못 고쳤지만).

시간을 정말로 아는 사람이 있을까?

우리의 시간 지각은 연령, 주거 지역, 각 개인의 장·단기적 상황 같은 매우 다양한 요인의 영향을 받아 천차만별이다. 걸음마를 배우는 아이의 시간 지각은 아이를 유모차에 태운 채 목표물을 향해 걸어가는 어머니의 시간 지각과 다를 것인데, 아동발달심리학자 페넬로페 리치 Penelope Leach에 따르면 아이는 기억이 미발달 상태라서 '무엇이든 1초도 기다리지 못하기' 때문이다.[3] 교통국에서 끝이 안 보이는 줄 안에 서 있는 여성의 기다리는 시간은 그녀가 디즈니월드에서 똑같은 시간을 즐겁게 보낼 때보다 훨씬 길게 느껴질 것이다. 어느 회사의 대표는 음료수와 전채 요리가 나오기까지 10분이 걸렸다는 이유로 식당 서비스가 너무 느리다고 투덜댈지 몰라도, 이 식당을 찾은 젊은 연인은 똑같은 시간이 걸려 나온 음료수와 전채 요리를 기쁘게 맞이하고 나중에 이 식당에 관해 '번 개처럼 빠른 서비스'였다고 우호적인 온라인 리뷰를 올릴지 모른다. 이렇게 회사 대표와 젊은 연인이 똑같은 서비스에 대해 완전히 다른 시각을 갖는 것은 시간에 대한 그들의 마음가짐이 다르기 때문이다. 회사 대표는 사업 거래가 잘 안 풀려서, 또는 회의 시간에 늦어서 스트레스를 받고 있을지 모른다. 반면에 젊은 연인은 즐거운 이 순간이 오래 계속되길 바라기 때문에 아주 느긋할지 모른다.

이제 시간에 관한 상투적 표현을 중지할 시간이다

아마도 다른 어느 주제보다도 시간에 관한 상투적 표현이 많을 것이다(아마도 사랑은 빼고). 아래에 열거한 상투적 표현들 중 한두 개를 당신이 지난주에 들었거나, 어쩌면 별다른 생각 없이 직접 내뱉었을 가능성이 상당히 높을 것이다.

- 시간이 멈췄다.
- 제때 한 번 꿰매면 아홉 번을 덜 꿰맨다.
- 모든 것은 때가 있다.
- 마지막 순간에.
- 1초만 기다려.

- 1분만 기다려.

- 로마는 하루아침에 생긴 것이 아니다.

- 마치 어제 일 같다.

- 한평생이 지나간 것 같았다.

- 또 다른 일생을 산 것 같았다.

- 늦더라도 하지 않는 것보다 낫다.

- 제기랄, 1분만 기다려.

- 빨리 해. 기다리다 늙겠다.

- 시간은 모든 상처를 아물게 한다.

- 시간은 내 편이다.

- 시간은 기다려주질 않는다.

익숙하게 들리지 않는가? (마지막 두 개는 확실히 그럴 것이다. 왜냐하면 완전히 정반대되는 메시지이지만 롤링 스톤스Rolling Stones의 노래 제목이기도 하기 때문이다.) 과연 이런 표현들에 진실이 담겨 있을까? 아마도 그렇지 않을 것이다. 적어도 가공되지 않은 형태로는 공감할 만한 맥락을 찾기 어렵다. 왜냐하면 시간에 대한 인간의 지각지능이 드러나려면 생각을 정리하고 결론을 도출하는 데 필요한 맥락 정보가 구체적으로 있어야 하기 때문이다.

동물들은 인간과 완전히 다른 시간 지각을 가지고 있다. 파리를 찰싹 치려고 할 때 우리는 파리에 비해 거의 절름발이가 된 느낌인데, 〈사이언티픽 아메리칸〉에 따르면 이 곤충은 우리보다 초당 네 배나 더 많은 시각 정보를 처리할 수 있기 때문이다.[4] 동물의 시간 지각은 주로 몸 크기, 신진대사율, 환경 변수에 따라 좌우된다. 작은 동물일수록 모든 것이 더 느리게 보인다. 동물 전문 방송국인 애니멀 플래닛에 따르면 길들여진 많은 개들은 매우 감성적이고 불안하기 때문에(그래서 오늘날에는 멍멍이 신경안정제도 있다) 사랑하는 주인과 떨어질 경우 시간 지각에 큰 혼란이 생길 수 있다.[5] 당신이 집을 5분 비우든 아니면 다섯 시간을 비우든, 당신의 개는 마치 한평생이 지나간 것처럼 현관 입구에서 당신을 기다릴 것이다.

우리에게 영향을 미치는 많은 요인 중에서도 연령은 우리의 시간 감각과 지각의 정확성에 큰 영향력을 행사한다. 만약 나의 어린 딸에게 '늙은이'를 정의해보라고 하면, 아마도 '어, 아빠가 늙은이지'라고 말할 것이다. 아이고, 나는 이제 겨우 50세에 접어들었는데, 내가 늙었다고? 오늘날의 기준으로 보자면 50세는 전혀 늙은 것이 아니지만, 어린아이들에게는 동년배에 비해 그렇게 보일 수 있다. 이런 아이의 PI는 연령과 관련해 아직 형성되지 않았다. 그런데 남성의 평균수명이 45.6년이었던 1907년에 내가 살고 있다면, 나는 이미 전성기를 다 보낸 늙은 괴짜 취급을 받을 것이다.[6] 만약 고대 그리스로 돌아간다면, 평균수명은 겨우 25~28년에 불과했다. 그 당시 기준으로 보자면 나는 이미 화석이거나, 적어도 화석화 과정 중에 있을 것이다.

문화적 요인도 우리의 시간 지각에 영향을 미친다. 의학의 발전과 생활수준의 향상이 급격히 진행되면서 수명이 계속 늘어나고 있으며 우리의 연령 지각도 덩달아 변화하고 있다. 만약 당신이 운 좋게 모나코에 살고 있다면, 그곳의 평균수명은 무려 89.52세이다.[7] 그러나 이 세계의 다른 지역에서는 열악한 의료 제도와 모진 기후 탓에 수명이 줄어들고 있다. 예컨대 아프리카의 차드에서는 평균수명이 49.81세밖에 되지 않는다. 차드의 '늙은이'는 모나코의 '늙은이'와 매우 다를 수밖에 없다.

최근에는 '60세는 새로운 50세다'라던가 '50세는 새로운 40세다' 같은 말을 곧잘 듣게 되는데, 이것은 우리 자신의 연령 지각 측면에서 심리적 자극을 제공한다. 피부용 크림, 특별 식이요법, 정교한 운동 프로그램, 성형수술 등이 만연한 현실을 고려하면, 그리 이상할 것도 없다. 그러나 실제로는 89세이고 신체 상태도 꽤 좋지 않은 사람이 마치 19세 운동선수라도 되는 것처럼 행동한다면, 그것은 상당히 낮은 PI를 말해주는 확실한 신호라고 할 수 있다.

기억 안에 있는 단층

인간의 기억은 그리 믿을 만한 것이 아니다. 어떤 사태에 대한 우리의 기억은 결코 사태 자체를 정확히 재현하지 않는다. 기억은 끊임없이 진화하는 우리의 창조 행위이다. 우리의 연령, 생활 경험, 심지어 우리의 꿈조차도 우리의 기억과 시간 해석을 왜곡할 수 있기 때문에, 우리의 시간 지각은 언제나 주관적일 수밖에 없다. 그렇게 모든 사람이 시간을 제각기 다른 렌즈로 보고 있다면, 시간에 관한 우리의 PI가 낮은지, 아니면 높은지 어떻게 알 수 있을까? 만약 20분 동안 다음과 같은 상황이라면 어떤 느낌일지 상상해보라.

- 연인과 사랑을 나누는 중이다.
- 아이스크림선디를 먹는 중이다.
- 아주 좋아하는 드라마의 마지막 회가 시작하길 기다리는 중이다.
- 상관의 엄한 신문을 받는 중이다.
- 죽을병에 걸려 누워 있다.

위에 열거한 상황에 따라 똑같은 20분이 아주 다르게 느껴질 것이며, 그 차이도 사람마다 천차만별일 것이다. 만약 당신이 상관을 좋아하거나 존경하고 그의 지적이 옳다고 받아들인다면, 20분은 좋은 학습경험이 될 것이며 마냥 길게만 느껴지지 않을 것이다. 그와 반대로 당신이 상관을 싫어하거나 두려워하고 그가 장황한 훈계를 늘어놓는 중이라면, 20분이 100년처럼 느껴질 것이다. 그런데 이 모든 것은 똑같은 크기의 시간 안에서 벌어지고 있다.

시간 자체는 변경할 수 없을지 몰라도, 시간에 대한 우리의 지각은 확실히 변화한다. 나아가 우리 인간은 시간 지각을 바꾸어 그로부터 이익을 얻을 수 있는 능력을 가지고 있는데, 이것은 다른 동물종이 흉내 낼 수 없는 것이다. 많은 요가 수행자와 영적 권위자 등은 '순간을 사는 법'을 터득함으로써 자신의 지각을 늦추고 내면의 자아와 더 긴밀하게 연결되며 주위 세계를 온전히 끌어안기 위해 평생의 노력을 기울인다. 그러나 가장 존경할 만한 요가 수행자조차 시간의 실재 앞에서는 평범한 우리와 마찬가지로 겸손해질 수밖에 없다.

필은 긴 겨울이 될 것이라고 말한다

아마도 많은 사람이 기억하고 있을 1993년의 유쾌한 영화 「사랑의 블랙홀Groundhog Day」에서 빌 머레이Bill Murray가 연기한 필Phil이라는 이름의 기상예보관은 똑같은 날을, 즉 성촉절을 계속 반복해서 살아야 하는 운명에 처했다가 마침내 이를 바로잡을 방법을 알게 된다. 필은 펜실베이니아의 펑크서토니라는 작은 마을에서 이미 지나간 하루가 다람쥐 쳇바퀴 돌듯 무한히 반복되는 상황 속에서 삶의 온갖 기복을 경험한다. 그는 반복해서 똑같은 물웅덩이를 밟게 되고, 실존적인 우울에 빠져 온갖 희한한 방법으로 자살을 기도하지만[욕조에서 감전사하기, 빌딩에서 뛰어내리기, 우연히 필이라는 똑같은 이름을 가진 마을의 명물 마멋(북아메리카의 다람쥣과 동물 – 옮긴이)을 훔쳐 차를 타고 달아나다 절벽 아래로 돌진하기] 계속 목숨을 부지하며, 아름다운 여성들을 유혹하기 위해 연구하고, 뛰어난 피아노 연주자가 되며, 얼음 조각품을 만들어내는 등등의 일을 모두 계속 반복되는 똑같은 날에 수행한다!

그런데 영화의 마지막 장면에서(브로드웨이 뮤지컬로도 공연된 이 영화를 만에 하나 당신이 보지 않았을 수도 있으므로, 이 장면을 여기서 구체적으로 누설하지는 않겠다) 시간에 대한 필의 지각지능은 신과도 같이 완벽해진다. 즉 그는 하루를 완벽하게 만들기 위해 매순간 무엇을 해야 할지 일분일초의 오차도 없이 준비할 수 있게 된다. 그는 무한히 반복되는 환상의 세계에서 빠져나올 수 없는 자신의 운명을 받아들이면서 마을 주민들에 대한 자신의 완벽한 지각을, 더 이상 악의가 아니라 선의로 이용한다. 어찌 보면 그는 마음챙김의 경지에 도달했으며 시간을 온전히 존중하게 되었다고 말할 수 있을 것이다. 그래서 자신의 여건을 있는 그대로 받아들이고 자신의 모든 과거와 단절함으로써 자신과 주위의 모든 사람에 관해 더 높은 진실에 도달한다.

우리의 시간 지각을 늦추거나 더 빠르게 할 수 있을까? 2015년의 한 연구에 따르면, 답변은 '그렇다'이다.[8] 제임스 쿡 대학의 연구자 아오이페 맥로린Aoife McLoughlin은 오늘날 우리의 부정확한 시간 지각이 대부분 기술 탓이라고 진단한다. 스마트폰과 노트북 덕분에 우리는 많은 것을(예컨대 조사, 통신, 그 밖의 온갖 사업을) 예전보다 훨씬 더 빠르게 처리할 수 있지만, 그러는 사이 우리는 시간이 실제보다 더 빠르게 간다는 착각에 빠져들고 있다. '그 덕분에 더 빨리 일할 수 있게 되었지만, 다른 한편으로는 시간의 압박을 더 느끼게 되었다'고 맥로린은 말한다. 이것은 그런 과학기술을 이용하는 사람들과 그렇지 않은 사람들을 비교해 드러난 결과이다.

간단한 해결책? 전원을 뽑는 것이다. 전자기기를 끄고 전자기기 없는 휴식을 취하는 것이다. 만약 당신이 휴대전화와 인터넷 사용 시간을 하루에 두 건의 일정 약속에 한정하여 각각 30분 정도씩만 사용할 수 있다면, 당신은 온갖 잡음으로부터 훨씬 덜 시달리게 될 것이다. 그러면 시간이 늦게 가는 것처럼 느껴질 것이며, 편히 쉬거나 당신이 할 일을 하는 데 더 많은 시간을 할애할 수 있을 것이다. 주말이나 휴가 때는 그 효과가 더욱 뚜렷하다. 바깥바람을 쐬면서 하고 싶은 일을 하고 재미있게 놀면서 시간이 더 천천히 가는 것처럼 만들 수 있다면, 굳이 소중한 여가 시간을 전자기기에 허비할 이유가 없지 않은가?

그러나 당신이 교통국에서 긴 대기 행렬 안에 있거나 대기실에서 배심원의 결정을 기다리고 있다면, 그리고 그런 상황에서 전자기기를 사용하는 것이 허용된다면, 무조건 온라인에 접속하라. 그러면 너무나도 더디게 비생산적으로 흘러가는 듯한 시간의 속도를 한껏 높일 수 있을 것이다.

지금까지 살펴보았듯이, 우리의 시간 지각은 결코 고정되어 있지 않다. 그것은 우리를 이리저리 구부리고 즐겁게 하거나 좌절감에 빠뜨릴 수도 있다. 그것은 우리의 마음속에서 우리의 연령, 문화, 의지 등에 따라 변화하며 우리의 운명까지 좌지우지한다. 우리는 PI의 변화에 따라 그것을 늦출 수도 있고 빠르게 할 수도 있다. 이를 통해 우리는 과거에 집착할 수도 있고 더 생산적으로 현재를 살 수도 있다. 우리의 시간 지각이야말로 우리를 원숭이, 개, 파리, 그리고 마멋과 다르게 만드는 것이다. 나아가 우리의 직관이야말로(우리가 그것에 얼마나 주목하느냐에 따라) 우리가 지구상에 머무는 짧은 시간 동안 진심으로 추구하는 것을 이룰지, 아니면 이루지 못할지를 좌우하는 것이다. 이제 그것을 살펴보기로 하자.

제15장

육감의 메시지

직관 따르기

당신의 휴대전화가 울린다. 왠지 모르게, 무언가 큰일이 났다는 불길한 느낌이 든다. 다정한 이모가 세상을 떠났다는 생각이 머리를 스치면서 등골이 오싹해진다. 한 달 전에 이모를 보았을 때만 해도 건강했으며, 그 후로는 바빠서 이모 생각을 전혀 못했다. 그런데 왜 하필 이 순간에 난데없이 이런 불길한 생각이 드는 걸까? 전화벨 소리가 다르게 울렸나? 당연히 아니다. 전화를 받는다. 어머니가 당신에게 당신이 이미 아는 사실을 전한다. 그러나 당신은 정말로 이미 알고 있었는가? 어떻게 이런 일이 가능한가?

좋은 일이든 나쁜 일이든, 무슨 일이 곧 일어날 것만 같은 기이한 느낌을 가리켜 '직감' 또는 '육감'이라고 부르곤 한다. 보통 그런 경험을 할 때, 그것을 어떻게 설명 또는 기술해야 할지 막막할 뿐이다. 그럴 때 우리는 그저 직관의 신호에 귀를 기울이거나, 아니면 그것을 무시했다가 나중에 후회할 뿐이다. 순간적인 직감을 인식하고 그에 관해 제때 올바른 결정을 내리는 능력은 우리의 지각지능이 높은지, 아니면 낮은지를 보여주는 척도이다.

흥분할 필요 없다. 나는 초자연적인 힘을 끌어들여 이 현상을 설명하는 뉴에이지 이론을 설파하려는 것이 아니다. 나는 그저 우리 모두가 어느 정도 경험하는 '직관'이라는 현상을 탐구하려 할 뿐이다. 그것은 우리가 타고난 또 다른 감각 능력인데, 다만 우리는 거의 이해하지 못하고 어떻게 활용해야 할지 전혀 감을 잡지 못할 뿐이다. 그런 만큼 그것은 우리의 PI를 향상시킬 아주 좋은 기회이기도 하다.

육감은 좀처럼 논리나 이성에 근거하지 않는다. 그것은 어떤 생각이 그냥 머릿속에 떠올랐다가 잽싸게 사라지는 것처럼 느껴질 수도 있다. 또한 꿈이나 환각 형태로 나타날 수도 있으며, 당신에게 중요한 사태에 관한 것일 수도 있고 다른 사람에 관한 것일 수도 있다. 우리가 내면의 목소리에 증거가 없는데도 귀를 기울이기로 작정할 때, 다시 말해 '우리의 직감을 믿을' 때, 종종 우리는 우리의 추측이 옳았음을 나중에 깨닫곤 한다. 상황에 따라서는 그런 '추측'이 성공과 실패의, 경우에 따라서는 삶과 죽음의 차이를 만들어낼 수 있다.

나는 직관을 두 가지 방식으로 이해한다. 즉 '뜬금없이' 또는 꿈에서 매우 놀라운 아이디어가 떠오를 때와 같은 경우는 과학과 상관없이 이해하는 반면, 과학적으로 연구되었고 적어도 어느 정도 존재가 증명된 직관의 기술 같은 것에 대해서는 과학을 토대로 이해한다. 이 장에서는 과학과 상관없는 종류의 직관을 먼저 살펴볼 텐데, 왜냐하면 솔직히 말해 그것이 더 재미있기 때문이다.

음악이 죽은 날, 그리고 직관이 무시된 날

1959년 2월 3일 록 스타 버디 홀리Buddy Holly, 빅 바퍼The Big Bopper(J. P. 리처드슨Richardson), 리치 밸런스Ritchie Valens는 장기간에 걸친 공연 여행 도중 아이오와에서 비행기 추락으로 사망했다.[1] 이 사건은 로큰롤 전통의 일부가 되었는데, 예컨대 돈 맥클린Don McLean의 고전적 명곡인 「아메리칸 파이American Pie」에서 '음악이 죽은 날'이라는 가사로 전해지고 있다. 그런데 이보다 덜 알려진 사실은, 꽤 기묘한 일들만 없었더라면 다른 세 명의 음악가가 바로 그 비행기를 탔을 것이라는 점이다.[2] 가수 겸 작곡가인 디온 디무치Dion DiMucci(그룹 '디온 앤 더 벨몬츠Dion and the Belmonts'의 멤버로 더 유명하다)는 수수료 36달러를 내기 싫어서 그 비행기를 타지 않았다. 로커빌리(로큰롤과 컨트리 음악을 혼합한 형태의 미국 음악 – 옮긴이) 연주자 토미 올섭Tommy Allsup도 그 비행기를 타려 했지만 동전 던지기에서 져서 리치 밸런스에게 기회를 양보했다. 그리고 가수 겸 작곡가인 웨일런 제닝스Waylon Jennings(당시 홀리의 베이스기타 연주자)는 독감에 걸려 골골대던 빅 바퍼에게 예의 바르게 비행기 좌석을 양보했다. 몇 년 후에 제닝스는 자서전에서 회고하길, 당시에 비행기 탑승 대신 차가운 버스 신세가 될 것을 예상하면서 버디 홀리에게 다음과 같이 농담을 던졌다고 한다.

"이 빌어먹을 비행기가 추락하면 아주 좋겠네!"

제닝스의 배웅 인사는 비극적인 현실이 되었다. 비행기는 이륙 후 얼마 지나지 않아 옥수수 밭으로 떨어졌고, 조종사와 세 명의 음악가는 명을 달리하고 말았다.

이 이야기에서 나의 관심을 가장 끈 것은, 기록에서 알 수 있듯이 사망한 세 명의 예술가(홀리, 빅 바퍼, 밸런스)가 제각기 자신의 사망에 대한 징조를 경험했지만, '이를 무시하고 결국 비행기를 탔다'는 점이다.[3] 그 뒷이야기는 모두 오싹하다. 설령 당신이 회의론자라도 그럴 것이다.

- **버디 홀리** : 버디의 미망인 마리아 엘레나 홀리Maria Elena Holly는 실제 사건이 일어나기 며칠 전에 비행기가 추락하는 악몽을 꾸었다고 한다. 마리아가 잠에서 깨어나 남편에게 그 꿈 이야기를 하자, 남편도 비슷하게 비행기가 농장에 추락해 자신이 죽는 꿈을 꾸었다고 말했다. 섬뜩한 이야기는 그것으로 끝이 아니다. 1958년에 조 믹Joe Meek이라는 프로듀서가 타로 카드를 뒤집은 적이 있는데, '버디 홀리'와 '죽는다'라는 단어가 나왔고, 연관된 날짜는 다름 아닌 2월 3일이었다고 한다. 믹은 홀리에게 편지로 경고했으며, 바로 그날에는 사인첩이 달린 벽돌 하나가(어느 팬이 던진 것으로 추정된다) 홀리의 의상실 창문을 깨고 날아들었다. 그래서 과연 그는 살아남았을까? 그렇기도 하고 그렇지 않기도 하다. 그는 1958년 2월 3일에 그의 머리를 향해 날아온 벽돌은 피할 수 있었지만, '1년 뒤 바로 그날'인 1959년 2월 3일에 일어난 치명적인 비행기 추락을 피하지는 못했다.
- **리치 밸런스** : 밸런스는 아직 10대였지만, 잘 알려진 대로 비행기 공포증이 있어서 결코 비행기를 타지 않겠다고 맹세한 바 있다. 그의 공포증은 할아버지가 비행기 추락으로 죽는 것을 직접 목격한 데서 비롯되었을 가능성이 농후하다.
- **빅 바퍼** : 디스크 마라톤Disc-A-Thon 이벤트에서 디스크자키 노릇을 하느라 3일을 뜬눈으로 지새운 바퍼는 심신이 완전히 지친 상태에서 환각을 보았다고 말했는데, 그중에는 자신의 죽음에 대한 환각도 있었다. 당시에 그는 다음과 같이 말했다고 한다. "저세상도 그렇게 나쁘지

않던데?"

만약 이 음악가들이 직관의 신호에 귀를 기울였다면 죽음을 피할 수 있었을까? 그에 대해 우리는 당연히 확실한 답을 알지 못한다. 그러나 그런 신호가 우리를 어느 정도 망설이게 만드는 것은 사실이다. 무언가 불가사의한 '신호'를 감지하면, 비행기를 타는 등의 행동을 하기 전에 적어도 다시 한 번 생각하게 될 것이다.

직관은 우리를 다른 세계로 이끌 수도 있다

직관적 신호가 언제나 사랑하는 가족의 죽음 또는 우리 자신의 죽음에 관한 것만은 아니다. 때때로 직관적 신호는 어떤 노래를 머릿속으로 떠올리면서 라디오를 켰는데 바로 그 노래가 흘러나오는 것처럼 시시콜콜한 것이기도 하다. 그리고 성공한 사람들 중에는 '적절한 때에 적절한 것'을 포착하고 이용하는 데 남다른 재주가 있는 것 같은 사람이 있다. 위대한 정신의 소유자는 그저 재능이나 이지력에 의지하는 것이 아니라 직관에 크게 의지한다. 겨우 열여섯 살 때 광선살을 추격하는 상상을 한 알베르트 아인슈타인이 그랬고 축음기를 발명한 토머스 에디슨Thomas Edison, 교류 전기 시스템을 개발한 니콜라 테슬라Nikola Tesla, 다음 신곡을 구상하며 시험 연주에 몰두한 비틀즈, 나아가 국가적으로 중대한 사회문제와 관심사에 거침없이 뛰어드는 오프라 윈프리 등도 그랬다.[4] 가장 빛나는 아이디어와 획기적인 생각은 이런 사람들이 자신의 기술과 경험, 재능과 이지력을 발휘해 문제와 씨름하는 중에 머릿속에 그냥 '떠올랐다'고 말하곤 한다.

그런 과정은 발명가나 창조적 예술가에게만 한정되지 않는다. 가장 성공한 사업가와 투자자도 처음에는 반직관적인 것처럼 보이지만 일단 실행하면 판세를 뒤바꿔놓을 만한 결정적인 섬광이 머릿속에서 번쩍이는 것을 놓치지 않는 타고난 능력을 가지고 있다. 외부인에게는 그런 사람의 업적이 인간의 능력을 한참 뛰어넘는 것처럼 보일 것이다. 투자자의 교육과 윤리를 위한 활동을 벌이는 CFA(공인재무분석가) 연구소에서는 현명한 투자 결정을 위해 직관을 사용하는 것을 적극 지지한다.[5] 그들은 그런 방식으로 어마어마한 결과를 낳은 두 거인으로 조지 소로스George Soros와 금융시장의 권위자 이매뉴얼 더만Emanuel Derman을 꼽는다. CFA의 블로그 '엔터프라이징 인베스터'에 「직관적 투자자The Intuitive Investor」라는 글을 올린 칼럼니스트 제이슨 보스Jason Voss는 돈 문제에서 육감이 얼마나 중요한지를 매우 설득력 있게 이야기한다.

'내 투자 경력을 통틀어 내가 공동 관리하는 기금의 실적을 향상시키려고 온갖 기발한 방법을 사용해봤지만, 직관보다 더 강력한 것은 없었다.'

늘 안전벨트를 매고, 화장실 휴지도 잊지 마라

내가 UCLA 대학 토론팀에 속해 있었을 때, 우리는 토너먼트에 참가하기 위해 자동차로 먼 길을 여행하곤 했다. 한번은 캘리포니아의 파소로블레스에서 토론 대결을 마치고 약 네 시간 떨어진 로스앤젤레스로 돌아가기 위해 우리 팀 졸업생이 기부한 낡아빠진 스테이션왜건에 올라

탔다. 나는 언제나 안전벨트를 매는 편이었지만, 그날은 스테이션왜건의 뒷줄 가운데 좌석에 앉았는데 안전벨트 끈이 좌석 틈에 끼어 꼼짝도 하지 않았다. 그래서 이번에는 벨트를 매지 않기로 했고, 자동차가 고속도로를 질주하는 동안 나는 안전벨트 없이 앉아 있었다. 그렇게 30분 정도 지났을 때 나는 왠지 모르게 무슨 수를 써서라도 안전벨트 끈을 빼내어 매야겠다는 충동을 느꼈다. 나는 그런 육감에 대해 별다른 생각 없이 겨우 안전벨트 끈을 빼내어 내 허리 둘레에 고정시킬 수 있었다. 그리고 30초도 지나지 않아, 타이어가 펑 하고 터지는 소리가 들렸다. 자동차는 통제 불능 상태가 되었고 고속도로를 벗어나 결국 도랑에 처박히고 말았다. 다행히 모두 안전벨트를 착용한 상태였고, 다친 사람은 한 명도 없었다. 만약 내가 안전벨트를 착용하지 않았다면, 적어도 나는 건조기 안에서 돌아다니는 동전처럼 자동차 안에서 나뒹굴었을 것이다. 최악의 경우에는 열린 창문으로 튕겨 나갔을지도 모르는 일이었다. 이것은 잠시 질문하기를 멈추고 내면의 목소리에 귀를 기울이는 높은 PI 덕분에 목숨을 건질 수도 있다는 것을 보여주는 예이다.

그런가 하면 나와 가까운 사람이 육감을 무시해 곤욕을 치르는 낮은 PI의 사례를 관찰한 적도 있다. 몇 년 전에 우리 가족은 케냐로 사파리 여행을 떠났는데, 그때 내 아내 셀리나는 왠지 모르게 화장실 휴지를 여행 가방에 넣어야 할 것 같은 느낌을 받았다. 그러나 아내는 그 예감을 무시했다. 우리는 미고리 공항에 도착해 통관 수속을 마친 후 탄자니아행 비행기로 갈아탈 예정이었다. 공항에 머무는 동안 딸아이가 볼일을 봐야 하는 상황이 생겼다. 그런데 그곳 화장실은 우리가 잘 아는 화장실과 크게 달랐다. 바닥에 자기로 된 구멍이 있고 그 위에 쪼그리고 앉는 식이었다. (그런 상황에서는 강력한 사두근을 지닌 사람이 유리하게 마련이다.)

그리고 어떻게 되었을까? 거기에는 화장실 휴지가 없었다! 불쌍한 내 딸에게 상황은 절망적인 것처럼 보였다. 슈퍼맨의 자식이 아닌 이상, 어린 여자아이가(또는 남자아이가) 크게 불어난 물을 가까스로 막고 있는 대형 댐처럼 엄청난 장의 압박을 버티기란 거의 불가능한 일이다. 다른 방도가 없었기 때문에, 내 딸은 화장실 휴지의 도움도 없이 볼일을 봐야만 했다. 이제 와서 되돌아보면, 만약 그때 아내가 화장실 휴지를 들고 갈까 하는 육감에 따랐다면 딸은 화장실을 나오면서 당혹감에 얼굴을 붉히진 않았을 것이다. 셀리나에게 직감은 있었지만, 안타깝게도 제때 옳은 결정을 내리는 PI는 없었던 셈이다.*

우리만의 '스파이더맨 감각' 살리기

왜 그런지 또는 어떻게 그런지 설명할 수는 없지만, 어쨌든 무슨 일이 조만간 일어날 거라고 제대로 예측한 적이 누구에게나 한두 번씩은 있을 것이다. 심지어 동물들도 불가해한 직관적 '초감각'을 지닌 것으로 알려졌으며, 우리가 상상도 못할 능력을 선보이곤 한다. 예컨대 나비나 그 밖의 몇몇 동물은 지구 자기장을 이용해 매년 똑같은 장소로 이동한다.[6] 많은 야생동물은 지진이나 화산 폭발의 신호가 있기도 훨씬 전에 안전한 곳으로 대피한다. 강력한 후각을 지닌 개는 암도 냄새로 알아낼 수 있다고 한다.[7] 만화책과 영화의 환상 세계에서 '동물적 직관'을 지닌 가장 유명한 슈퍼히어로로는 누가 뭐래도 스파이더맨일 것이다. 특별한 거미

---

* 내 아내 셀리나는 다른 수많은 상황에서 높은 PI를 증명하는 탁월한 능력을 보여준다. (부디 이 각주가 힘이 되어 이 책이 책장에 꽂히는 날 내가 소파로 쫓겨나는 일이 없길 바란다.)

에 물린 후 동물적인 감각으로 위험을 예기할 수 있게 된 슈퍼히어로로 말이다.

스파이더맨을 옆으로 제쳐두어도 우리는 과학을 토대로 직관의 세계를 탐구할 수 있다. 다시 말해 많은 연구를 바탕으로 우리는 어째서 몇몇 사람은 직관의 신호를 포착하는 재능을 타고난 듯한 반면 다른 사람들에겐 그런 능력이 전혀 없어 보이는지를 설명할 수 있다. 예컨대 주변의 친구나 친척들 중에 유난히 '불운'의 연속인 듯한 삶을 평생 동안 살아온 사람이 있을 것이다. 만약 당신이 지난 몇 년에 걸쳐 그 사람이 처했던 상황을 찬찬히 들여다볼 수 있다면, 그 사람이 만성적으로 지나치게 생각이 많은 사람이라는 결론에 도달할 것이다. 즉 온갖 선택 사항에 관해 끝없이 고민하면서 질질 끌고, 축구선수의 패스보다 더 자주 마음이 바뀌며, 그런 모든 쓸데없는 심사숙고 끝에 결국에는 잘못된 결정을 내리는 사람 말이다. 그런 사람에게는 아침에 무슨 스웨터를 입을지부터 배우자 선택, 자동차 구매, 입사 지원 같은 인생의 중요한 결정을 내리는 것까지 모든 것이 고민거리일 수 있다. 그리고 수많은 고민 끝에 선택한 배우자가 비열한 인간임이 드러날 때, 또는 자동차가 불량품이거나, 입사한 지 한 달 만에 회사가 망할 때 '불운'이 찾아온다.

그런 처참한 실패를 경험하는 사람들은 다른 사람보다 덜 똑똑해서 그런 것이 아니다. 오히려 그들은 신호를 탐지하지 못하고, 그것이 의미하는 바를 인식하지 못하며, 그것을 신뢰하지 못하거나 결행할 용기가 없는 것이다. 그리고 그 모든 고민 끝에 결국에는 치명적인 두 번째 추측을 하게 된다. 수많은 과학적 연구에 따르면 머릿속에 첫 번째로 떠오르는 직관적 느낌에 주목하지 못하고 과잉 분석을 하는 것이 옳은 결정을 내릴 확률을 크게 감소시킨다고 한다.[8]

그렇게 생각이 지나치게 많은 사람의 경우, 어쩌면 이미 주변에서 당신이나 그 밖의 친구 또는 친척이(어쩌면 심리상담사가) 소중한 조언을 해주었겠지만, 그래도 그 사람의 의사 결정 과정은 전혀 나아지지 않았을 것이다. 당신은 그 사람이 계속 기회를 놓치는 것을 보면서 화도 나고 좌절감도 느끼지만 어떻게 도와야 할지 막막할 것이다. 그 사람의 마음이 5분 뒤면 다시 바뀔 것을 아는데, 더 이상 어떻게 도울 수 있단 말인가? 그런 사람이 내면의 목소리에 귀를 기울이고 자신의 직관에 주목하도록 돕기 위해 나는 세 가지 제안을 하고 싶다. ①신뢰할 만한 마음챙김 강좌를 들어라. ②인생의 코치를 찾아라. ③그동안 직관의 실패 사례(또는 보통 '후회'라고도 부른다)를 모두 종이에 적은 다음 세 번씩 큰 소리로 읽어라. 그렇게 스스로 말하는 소리를 들으면 마음이 열려 다음에는 너무 늦기 전에 기회를 붙잡을 수 있을지도 모른다.

어떻게 할지도 모르면서 승리하기

직관 분야의 선구적 연구자인[9] 서던캘리포니아 대학의 포르투갈 신경과학자 안토니오 R. 다마시오Antonio R. Damasio 박사는 〈신경과학저널〉에 발표한 논문에서 우리의 육감이 정서적 기억을 통해 실제로 뇌와 연결되어 있다고 결론지었다. 그의 연구에 참여한 열여섯 명의 피험자는 네 팩의 카드와 2,000달러의 모조 지폐를 가지고 '도박'을 했다.[10] 이때 몇몇 카드는 50달러 또는 100달러의 가치를 지녔고, 다른 카드는 돈을 잃게 만들었다. 피험자들은 어느 팩의 카드로 도박을 할지 스스로 선택해야 했다. 그러나 그들은 네 팩의 승률이 서로 다르다는 사실을 알 도리가 없었다. 즉 둘은 좋은 팩이고 둘은 나쁜 팩이었는데, 나쁜 팩의 경우에는 배당금을 딸 확률이 더 낮았고 돈을 잃을 확률은 더 높았다. 그런데 연구 결과 정상적인 뇌 기능을 가진 것으로 평가된 피험자들은 이 도박 게임의 방법에 관해 의식적으로 별다른 이해가 없었는데도 어떻게 해야 게임에서 이기는지 알아냈다!

뉴사우스웨일스 대학의 과학자 갈란 루피탕토Galang Lufityanto, 크리스 돈킨Chris Donkin, 조엘 피어슨Joel Pearson은 직감과 뇌의 관계를 '비의식적 정서 정보nonconscious emotional information'의 관점에서 설명한다.[11] 2016년에 이 연구자들은 직관적 의사 결정 과정을 구체적으로 드러내기 위해 대학생들을 상대로 일련의 실험을 수행했다(만약 지구상에 대학생이 없다면 심리학 연구는 거의 존재하지도 않을 것이다). 눈이 오는 듯한 TV 정지 화면과 비슷하게 움직이는 시각 자극을 제시받은 피험자들은 이 시각 자극이 구름처럼 움직이는 방향(왼쪽 또는 오른쪽)을 맞혀야 했다. 수많은 점으로 구성된 구름이 움직이는 동안 다양한 사진이 그 위에 겹쳐져 제시되었는데, 그것은 피험자들에게 잠재의식적인 정서적 힌트를 제공하는 역할을 했다. 대다수의 경우, 이미지가 나타나면 점들의 운동 방향을 더 잘 판단했다. '이 연구에서 또 다른 흥미로운 결과는 시간이 지나면서 직관이 개선되었다는 사실이다'라고 피어슨은 말했다.

이 연구 결과는 학계에 큰 충격을 안겼으며, 그래서 일부 과학자들은 직관적 능력이 어느 정도 '측정 가능'하며 어쩌면 '학습도 가능'할 것이라고 믿게 되었다. 만약 정말로 직관을 측정하고 학습할 수 있다면, 예컨대 대학생들이 객관식 시험을 볼 때, 노름꾼이 카지노에서 노름을 할 때, 감독이 팀의 신입 선수를 선발할 때, 고용주가 창의적인 인재를 고용하려 할 때 엄청나게 큰 변화가 일어날 것이다.

말콤 글래드웰Malcolm Gladwell의 획기적인 책 『블링크Blink』에서는 TV 프로그램 「올 인 더 패밀리」를 예로 들어 직관의 힘을 증명한다.[12] 시청자 설문 조사 같은 전통적인 모든 지표에 따르면 이 프로그램은 완전히 실패작임이 틀림없었다. 그러나 각본가 노만 레어Norman Lear와 방송 네트워크 대표는 왠지 모르게 이 프로그램이 이제까지 TV 황금 시간대에 나간 적이 없는, 무언가 참신하고 흥미진진하며 혁명적인 소재를 다루고 있다는 확신에 차 있었다. 이 경우에 이 프로그램을 방송해야 한다는 레어와 방송사 대표의 직관 뒤에는 그들의 '전문 지식'이 있었다. '경험이 직관을 낳는다'는 말은 과학적으로도 타당하다. 말콤 글래드웰은 위작을 한눈에 알아보는 예술사학자, 서브가 더블폴트가 될 것임을 거의 언제나 예측하는 테니스 코치, 누가 결국 미국 대통령이 될지를 말해주는 미묘한 차이를 포착하는 비상한 능력을 지녔던 로비스트 등의 예를 든다. 그런 비상한 기술을 가진 사람들은 무슨 '심령 능력'을 가진 것이 아니라 '육감'을 낳는 그들의 전문 지식을 잠재의식적으로 사용하고 있는 것이다. 반면에 비틀즈에게 퇴짜를 놓았던 수많은 레코드 회사는 이와 달랐다. 그들은 프로듀서 조지 마틴George Martin 경이 쉽게 눈에 띄는 비틀즈의 유머와 매력 외에도 가공되지 않은 '무언가'를 비틀즈에게서 간파할 때까지 아무것도 할 수 없었다. 물론 마틴도 그 무언가가 무엇인지는 제대로 설명할 수 없었다.

직관에 시동 걸기

그렇다면 평범한 우리는 어떻게 육감을 활용하고 그것을 바탕으로 우리에게 이로운 결과를 이끌어낼 수 있을까? 어떻게 하면 우리가 새로운 스티브 잡스가 될 수 있을까? 어떻게 하면 비행기 탑승을 삼가야 한다는 신호를 놓치지 않을 수 있을까? 직관에 대한 우리의 PI가 낮은지, 아니면 높은지 어떻게 알 수 있을까?

핵심은 자신에게(또는 다른 사람에게) 문득 떠오르는 생각을(설령 그것이 엉뚱해 보이거나 자신의 취향에 맞지 않는 듯해도) '자각'하고 '인정'하는 것이다. 참신한 생각은 밤에 잠들 때 또는 잠에서 깨어나기 시작할 때 떠오르곤 한다. 이 찰나의 순간에 직관을 포착하고 그것을 평가하여 진정한 선택을 해야 한다. 생각해보라. 피카소가 입체파 화풍을 실험하기까지 과연 수개월간의 심사숙고 과정을 거쳤을까? 밥 딜런Bob Dylan이 1965년 7월에 전자 기타를 처음 시도하기 위해 다수의 의견을 수집했을까?

자신의 직감을 믿는 것은 때때로 동료 목소리의 미묘한 억양을 포착하거나 표정의 미세한 차이를 탐지하는 것처럼 지극히 미세한 부분을 토대로 대상을 지각할 수 있는 능력을 의미한다. 또한 불가사의하게 머리에 문득 떠오른 것을 낚아채는 것, 그리고 그것을 실현하기 위해 굳은 확신을 갖는 것을 의미한다. 혹시 당신은 당신 자신을 아인슈타인이나 테슬라와 같은 반열에 올려놓을지 몰라도, 직관의 길을 좇는 당신을 지켜보는 주변 동료나 친구 또는 가족이 그에 대해 이의를 제기할 수 있다는 점을 명심하기 바란다. 자신의 직감을 따르려면 때때로 반대 세력과 부정적 태도에 맞설 만한 강철 같은 심장이 요구된다.

일에 몰두하다가 '천재의 영감'이 문득 떠올랐다는 예술가, 과학자, 전문 경영인 등이 있는가 하면, 또 다른 사람들은 동네를 산책하다가, 커피 한잔을 마시다가, 러닝머신 위에서 기진맥진할 정도로 달리기를 하다가, 변기에 앉아 용을 쓰다가, 또는 애창곡을 듣다가 창조적 영감이 떠오르기도 한다. 아이러니하게도 뇌 구조가 특정한 방식으로 배선된 사람들 중에는 특정한 방해를 받아야만, 예컨대 자신의 작업과 전혀 상관없는 것을 할 때만 최고의 아이디어가 떠오르는 사람도 있다. 말년의 존 레논은 어린 아들 숀Sean이 그린 그림을 보면서 걸작 「다이아몬드와 함께 하늘에 있는 루시Lucy in the Sky with Diamonds」를 창작했으며(물론 루이스 캐럴Lewis Carroll의 약물과 작품이 이것과 어느 정도 연관되어 있다고 한다), 그 밖에도 몇몇 신문 헤드라인에 그의 눈과 상상력을 자극하는 일이 생기지 않았다면 「내 인생의 어느 날A Day in the Life」 같은 많은 노래가 세상에 나오지도 않았을 것이다.[13]

지금까지 우리는 우리를 조작하는 사회적 영향력, 이교 집단의 위험한 행동, 시간에 대한 잘못된 지각, 자신의 직관을 무시해서 생기는 위험 등과 같은 중요한 문제들을 하나씩 살펴보았다. 이제는 그 모든 것을 종합할 시간이다. 다음에 나오는 마지막 장에서 나는 당신의 지각지능을 평가하고 계발하는 데 도움이 될 간단한 테스트를 제시하려 한다.

제16장

PI 평가법

지각지능을 어떻게 향상시킬 것인가?

지금까지 살펴본 것처럼, 지각의 힘을 활용하면 더 의식적인 삶을 영위할 수 있다. 당신 앞에 놓인 실재를 똑바로 바라보고, 그럼으로써 궁극적으로는 더 나은 삶을 살 수 있다. 우리 모두가 이 영역에서 어느 정도라도 개선될 수 있으며, 이를 통해 우리의 삶에 더 많은 기쁨을 가져올 수 있다고 나는 믿는다.

앞에서 우리는 우리의 PI를 공격하는 각종 요인들을 꽤 포괄적으로 살펴보았는데, 요약하자면 다음과 같다.

1. 어떻게 우리의 마음가짐이 우리의 건강에 부정적인 영향을 미칠 수 있는가? : 심기증
2. 잠에서 깨어나는 순간 누군가의 공격을 받고 있다는 확신이 들 때 : 어두운 자각몽
3. 권력자의 자기애와 허풍 : 푸틴

4. 경기에 대한 애정이 지나친 스포츠 팬 : 챔피언 결정전의 승리(또는 패배) 후 공공연하게 또는 은밀하게 난동을 피우는 사람들

5. 평범한 것에서 기적을 보았다고 믿는 사람들 : 2만 8,000달러짜리 치즈 샌드위치

6. 상호성 판매 기법에 넘어가 애당초 살 생각이 없던 물건을 구매하는 소비자 : 자동차 대리점

7. 반드시 더 건강에 좋은 것도 아닌데 유기농 마크가 붙은 음식을 구매하는 소비자 : 후광 효과

8. 유명 인사의 추천에 휘둘려 구매를 결정하는 소비자 : 제이미 리 커티스

9. 정상적인 생물학적 충동을 가졌다는 이유로 타인을 단죄하고, 심지어 처벌하려는 태도 : 수음

10. 과도한 가격과 진귀한 물건을 탐하는 욕망에 넘어가는 고객 : 한 잔에 100달러짜리 사향커피

11. 잘못된 금전적 결정을 덩달아 내리는 행동 : 무리를 따르는 행동

12. 거짓된 사상에 현혹되는 추종자 : 이교 집단

13. 사익에 눈이 멀어 사실을 부정하기와 시간에 대한 상식 : 기후변화를 부정하는 태도

14. 직관의 신호를 놓쳐서 낭패를 보거나 목숨을 잃은 사람들 : 버디 홀리, 빅 바퍼, 리치 밸런스

이 목록에서 알 수 있듯이 낮은 지각지능은 수많은 방식으로 우리의 삶을 왜곡하고, 심지어 우리를 눈멀게 만들 수 있기 때문에 이 한 권의 책에서 그런 영향력의 가능한 모든 영역을 포괄하기란 사실상 불가능하다

(물론 후편에서 논의할 가능성은 언제나 존재한다).

이제 당신이 실재와 환상을 얼마나 잘 구별하는지, 그리고 PI의 척도에서 당신의 위치는 어디인지를 파악하는 데 도움이 되는 'PI 평가법'을 제시하고자 한다. 이것은 재미있을 뿐만 아니라 빠르고 쉽게 수행할 수 있도록 고안되었다. 만약 당신이 다음과 같은 상황에 실제로 처한다면 과연 어떻게 반응할지를 솔직하게, 가장 먼저 떠오르는 직감과 본능에 따라 답변하기 바란다. 그런 다음에 당신의 점수를 합산한 결과를 확인하게 되면(채점 방법은 뒤에 있다. 미리 엿보지 마라!) 올바른 결정 내리기, 자신의 창조적 에너지에 초점 맞추기, 본의 아니게 드러내는 편향을 확실하게 떨쳐버리기, 가짜를 묵살하기, 사기에 넘어가지 않기, 올바른 사람을 신뢰하기 등에 좀 더 유념하는 자신을 발견하게 될 것이다.

지각지능 평가

아래에 나오는 20개 문항에서 각각 하나의 답변에 동그라미로 표시하시오.

1. 커피숍에 앉아 커피를 즐기고 있는데, 아름다운 여성 또는 잘생긴 남성이 다가와 팸플릿을 건네면서 일명 '천재'로 불리는 그녀(또는 그)의 동료 학자가 진행하는 구역 모임에 참석하면 큰 행운을 얻을 것이라고 말한다. 당신의 반응은?

  A) 그 사람과 대화를 하고 팸플릿을 들여다보며, 호기심으로 그 모임에 참석한다.
  B) 그 사람에게 데이트를 신청한다.

C) "됐어요, 나는 그 종교를 믿지 않아요"라고 예의 바르게 말한다.

D) 당장 꺼지라고 외치면서 경찰을 부른다.

2. 당신이 응원하는 풋볼 팀이 드디어 20년 만에 처음으로 슈퍼볼에 진출했다. 그러나 연장전에서 어처구니없는 실수를 범해 그 중요한 경기를 놓치고 말았다. 당신의 반응은?

A) 3일 동안 흐느껴 울면서 커다란 민트 초콜릿 칩 아이스크림을 마구 먹는다.

B) 한밤중까지 친구와 술을 퍼마시고, 당신의 개를 발로 차며, 길가에 세워둔 자동차에 불을 지른다.

C) 당신의 팀 유니폼을 몇 개월 동안 옷장에 처박고 야구에 흥미를 갖기 시작한다.

D) 1,000달러를 들여 풋볼 결승전 셔츠와 기념품을 산다.

3. 당신이 지지하는 지역 정치인이 TV에 나와 연설을 하면서 식수 오염 보도는 전혀 사실무근이며 당신의 식수는 완전히 안전하다고 말한다. 그 뒤 집 안의 수도에서 물 한 잔을 받았는데, 수상한 냄새가 난다. 당신의 반응은?

A) 개의치 않고 물을 마신다.

B) 다시 생각해보니, 이상한 냄새가 난다는 괜한 상상 때문에 물을 쏟아버린 것 같다. 수도에서 물 한 잔을 다시 받아 꿀꺽꿀꺽 들이켠다.

C) 그 정치인에게 멍청이라고 욕하는 문자를 보내고, 다시는 당신을 뽑지 않을 것이라고 말한다.

D) 물을 쏟아버리고 물을 다시 마시기 전에 검사를 받는다.

4. 톰 행크스가 대형 생명보험회사의 홍보대사로 임명된다. 당신의 반응은?

A) 당신이 현재 지지하는 보험 정책을 내팽개치고 톰 행크스가 추천하는 정책을 지지한다.

B) 톰 행크스가 추천하는 보험회사의 주식이 급등할 것으로 예상해 거기에 투자한다.

C) 톰 행크스가 출연하는 영화에서 그가 제품을 광고하는 장면이 나온다고
   욕을 퍼붓는다.
D) 몇 시간 동안 구글에서 그 보험회사를 검색해 그 회사의 장점이 무엇인
   지, 어째서 톰 행크스 같은 유명 인사가 그 회사의 홍보대사가 되었는지
   등을 살펴본다.

5. 브뤼셀로 가는 비행기를 타기 전날 밤에 당신이 탄 비행기가 추락하는 꿈
을 꾼다. 잠에서 깨어나자 식은땀이 온몸에 흐른다. 당신의 배우자에게 악
몽을 이야기하려는 찰나에 그(또는 그녀)도 브뤼셀행 비행기 사고로 당신이
죽는 꿈을 꾸었다고 말한다. 당신의 반응은?

A) 다시는 비행기를 타지 않을 것이며 유럽행 여객선만 이용할 것이라고 맹
   세한다. 그리고 여객선 뱃머리에 올라가 팔을 활짝 편 채 "내가 이 세계의
   왕이다!"라고 외친다.
B) 다른 비행기 편을 예약한다.
C) 비행기에 탑승하기 전에 술을 진탕 마신다.
D) 친구와 가족 모두에게 어떻게 해야 할지 물어보고 다수의 의견을 따른다.

6. 당신이 난생처음으로 닭고기 파이를 요리한다. 김이 모락모락 나는 파이
를 오븐에서 꺼냈는데, 파이 껍질에 예수 그리스도를 꼭 닮은 얼굴 모습이
있는 것 같다. 파이를 본 가족과 친구들도 모두 당신이 기적의 파이를 구웠
다고 말한다. 당신의 반응은?

A) 파이를 맛있게 먹는다.
B) 휴대전화로 사진을 찍어 모든 소셜 미디어에 올린다.
C) 이베이에 경매로 내놓아 시작 가격으로 1만 달러를 부른다.
D) 바티칸 궁에 전화를 걸어 파이를 동결 처리한 뒤 튼튼한 유리 전시관에
   보관하도록 한다.

7. 침실에서 누가 당신의 목을 조르는 강렬한 악몽에서 깨어난다. 당신의 목

을 짓누르던 손길이 아직도 생생하다. 마음이 심란해 잠을 이루지 못하면서, 누가 방 안에 있는 것 같은 이상한 느낌이 든다. 당신의 반응은?

> A) 당신의 심령 경험에 관한 책을 써서 발표한다.
> B) 도둑이 침입한 흔적이 없는지 주위를 살피고, 수상한 것이 발견되면 경찰에 연락한다.
> C) 당신의 집에 누군가가 침입했다는 것을 이웃에게 경고하기 위해 지역 방송사에 전화를 건다.
> D) 곧바로 경찰을 부른다.

8. 페이스북 친구 한 명이 들어보지도 못한 잡지의 기사를 올렸는데, 채소를 너무 많이 먹어도, 특히 브로콜리를 너무 많이 먹으면 암에 걸릴 수 있다고 한다. 당신의 반응은?

> A) 냉장고에 있는 모든 채소를 버리고 다시는 녹색 음식을 먹지 않겠다고 맹세한다.
> B) 이 기사를 페이스북에 다시 올리고 다른 소셜 미디어로 퍼나른다.
> C) 이 기사를 헛소리로 치부하고 이 친구의 페이스북 게시물을 더 이상 팔로우하지 않는다.
> D) 그동안 평생에 걸쳐 얼마나 많은 채소를 먹었는지 생각해보니 갑자기 불안한 마음이 들어서 몇 시간 동안 구글을 검색해 채소 때문에 암에 걸려 사망한 사례를 찾아본다.

9. 술집에서 친구 대여섯 명과 즐거운 시간을 보내는 중이다. 밤이 깊어지자 한 친구가 여기는 사람이 없으니 길 건너편의 다른 술집으로 가자고 말한다. 거기는 사람이 더 많고 음악도 좋다고 한다. 두 친구가 그 말에 동의하면서 자리에서 일어선다. 남아 있는 세 친구는 "됐어. 여기 좋은데, 뭘"이라고 말한다. 당신은 두 집단 중 어디든 잘 어울릴 수 있다. 당신의 반응은?

> A) 지금 있는 술집을 나선다. 여기는 확실히 인기가 없어 보인다. 여기에 계

속 있으면, '낙오자'라는 딱지가 붙을 것 같다.

B) 결정을 내리기 전에 모두에게 기다리라고 말한 뒤, 스마트폰으로 두 술집의 온라인 리뷰를 비교한다.

C) 집으로 간다. 다른 술집으로 간 친구들 때문에 분위기가 깨졌다.

D) 지금 있는 곳에 머문다. 왜냐하면 여기서 즐거운 시간을 보내는 중이고 친구의 이야기 소리가 들리는 조용한 곳이 더 좋기 때문이다.

10. 앨 고어AI Gore가 하버드 과학팀의 대변인이 되었는데, 이 팀이 내린 결론에 따르면 기후변화가 지금까지 믿었던 것보다 20퍼센트 더 빠르게 진행 중이라고 한다. 당신의 반응은?

A) 하버드 대학을 졸업한 친구에게 전화해 하버드 동창회 기부를 그만두라고 말한다.

B) 휘발유나 전기와 관련된 모든 제품의 사용을 중지한다.

C) 연구 결과를 직접 찾아서 읽고 스스로 결론을 내린다.

D) 앨 고어에게 인터넷을 발명한 것을 축하한다고 편지를 쓴다.(고어는 한 인터뷰에서 인터넷을 발명했다고 주장한 것으로 와전되어 다양한 조롱과 풍자의 대상이 된 바 있다 - 옮긴이)

11. 늦은 밤에 공원을 산책하다가 당신을 공격하려는 듯한 수상한 사람을 발견한다. 당신의 반응은?

A) 휴대전화 조명등을 켜서 더 자세히 살펴본 뒤 잽싸게 달아난다.

B) 휴대전화로 그 사람의 사진을 찍어 인스타그램에 올린다.

C) 비명을 지르면서 그 사람에게 휴대전화를 던진다.

D) 가장 친한 친구에게 전화를 걸어 점점 다가오는 수상한 사람의 인상착의를 설명한다.

12. 당신이 강력한 조직의 우두머리인데 직원들과 함께 호숫가로 야유회를 왔다. 당신의 반응이 '아닌' 것은?

A) 역할극 게임을 조직한다.

B) 조직의 미래와 각자의 역할에 관해 토론한다.

C) 수상스키 같은 스포츠 활동을 기획해 당신이 운동도 잘한다는 것을 모두에게 보여준다.

D) 당신의 충견을 데려와 야외 활동에 참여시킨다.

13. 매주 열리는 예배 행사에 참석 중이다. 이 집단의 지도자가 설교 중에 다음과 같이 말한다. "빨간 머리를 한 사람들은 악마의 조종을 받는 사람들입니다. 그들의 사악함과 스스로 억제할 수 없는 세속적인 생각을 모두 물리쳐야 합니다." 대부분 금발 또는 갈색 머리인 신도들은 한 목소리로 "아멘!"하고 외친다. 당신의 반응은?

A) 머리를 빨갛게 염색하고 술집으로 향한다.

B) 가슴이 아플 정도로 크게 웃는다.

C) 흐느껴 울기 시작한 빨간 머리의 친구를 데리고 밖으로 나간다.

D) 빨간 머리를 한 사람이 다른 머리색을 한 사람보다 더 사악하지 않다는 것을 증명하는 연구 결과를 찾아내어 그 지도자에게 보낸다.

14. 회사에서 회의를 주재하던 사장이 화이트보드에 결론과 필요한 다음 조치를 적는다. 당신은 사장의 판단이 틀렸으며 다음 조치가 엉터리라고 생각한다. 당신이 질문하려는 순간, 사장은 이것이 회사의 공식적인 새 방향이라고 선언한다. 주위 사람들은 모두 고개를 끄덕이며 박수를 친다. 당신의 반응은?

A) 사장에게 야유를 퍼붓고 커피 잔을 뒤엎는다.

B) 다른 사람들처럼 박수를 친다.

C) 부루퉁한 표정으로 그냥 앉아 있는다.

D) 정중하게 박수를 친 다음에 그날 중으로 사장과 조용히 대화할 기회를 마련한다.

15. 다른 사람의 마음을 읽을 수 있다는 유명한 심리마술사의 쇼에 참석했다. 그가 관중 중에서 당신을 지목해 공연에 협조해달라고 부탁한다. 그는 당신에게 몇 가지 별난 질문을 던지더니 당신의 이름, 나이, 직업, 사는 곳을 정확히 알아맞힌다. 관중이 환호성을 보낸다. 당신의 반응은?

> A) 그가 어떻게 당신에 관해 별다른 정보도 없이 그렇게 많은 것을 말할 수 있는지 알아내려고 노력한다.
> B) 심리마술사가 속임수를 쓴 것이며 쇼를 하기 전에 당신 어머니와 연락을 취했을 것이라고 생각한다.
> C) 심리마술사가 초능력을 가졌다고 믿는다.
> D) 함께 쇼를 본 친구에게 심리마술사가 사기꾼이라고 말한다.

16. 수년간 당신이 가장 좋아한 배우인 조지 클루니가 TV에 나와 전 세계에서 멸종 위기에 처했다는 민달팽이 종을 구하기 위해 후원금을 내달라고 말한다. 민달팽이가 불충분하면 토양이 황폐해져서 식량 공급에 큰 차질이 빚어질 것이라고 그는 설명한다. 당신의 반응은?

> A) TV를 향해 욕설을 퍼붓는다.
> B) 곧바로 수표장을 펴서 민달팽이를 구하기 위해 100달러를 송금한다.
> C) 밖으로 나가 눈에 띄는 모든 민달팽이를 수집한 다음 사육을 시작한다.
> D) 채널을 돌려 드라마 「ER」(응급실에서 벌어지는 레지던트들의 이야기를 그린 미국 드라마 - 옮긴이)을 재방송하는 데가 없는지 찾는다.

17. 로스앤젤레스에서 유행을 선도하는 최고 술집에 앉아 있다. 일류 배우, 모델, 예술가, 작가, 프로듀서, 음악가, 그 밖에 유행의 첨단을 걷는 많은 사람이 눈에 띈다. 밀라 쿠니스Mila Kunis, 스칼렛 요한슨Scarlett Johansson, 데미 무어Demi Moore, 케이트 업튼Kate Upton, 메간 폭스Megan Fox 같은 유명인들의 대화를 어쩌다 듣게 되었다. 데미는 자신의 잔에 담긴 것이 요즘 가장 주목받는 위스커리 딩고라는 칵테일이라고 말한다. 이것은 한 잔에 150달러인데, 그

래도 전혀 비싼 것이 아니라고 한다. 왜냐하면 딩고(오스트레일리아의 들개 - 옮긴이)의 타액과 사막 두더지 수염이라는 두 가지 핵심 성분이 들어 있기 때문인데, 로스앤젤레스의 대다수 술집에서는 구경조차 할 수 없는 것이라고 한다. 그녀는 칵테일에 작은 소용돌이를 만들더니 입맛을 다시면서 "음~" 소리를 낸다. 밀라, 스칼렛, 케이트, 메간도 위스커리 딩고가 동나기 전에 한 잔씩 구하려고 카운터로 미친 듯이 질주한다. 당신의 반응은?

A) 칵테일 잔을 손에 든 데미의 모습을 한 장 찍어 모든 친구에게 전송하면서, 이것이 요즘 가장 잘나가는 위스커리 딩고라는 설명을 붙인다.
B) 잠시 기다리면서 혹시 어느 미녀가 먼저 토하는지 지켜본다.
C) 덩달아 거금 150달러를 들여 한 잔을 산다.
D) 휴대전화를 검색해 사전 제작된 300달러짜리 위스커리 딩고 믹스를 온라인으로 주문한다.

18. 교통국에서 한 시간째 줄을 서서 기다리고 있다. 15분 동안 줄에서 조금도 앞으로 나아가지 않았다. 당신의 반응은?

A) "여기에 영원히 서 있어야 할 것 같네요"라고 뒷사람에게 푸념을 늘어놓는다.
B) '여기서 1분을 더 기다리느니 위스커리 딩고를 한잔 마시고 싶네'라고 어머니에게 문자를 보낸다.
C) 교통국 부서장에게 서비스가 엉망이라고 불평을 늘어놓는다.
D) 휴대전화로 전자책을 읽는다.

19a. [남성용](여성은 '문항 19b'로 건너뛰기 바란다) 미용사로 일하는 아내가 당신을 보더니 새로 자란 턱수염이 너무 끔찍해 두드러기가 날 지경이라면서 당장 깎으라고 한다. 당신은 거울을 들여다본다. 한편으로는 아내 말이 맞다는 생각이 든다. 그러나 다른 한편으로는 아내가 잔소리할 거리가 없어 저런다는 생각이 든다. 당신의 반응은?

A) 이발소로 가서 턱수염을 반듯하게 다듬는다.

B) 남자라면 브루클린의 히피족처럼 턱수염이 휘날리게 놔둬야 한다고 혼자 다짐한다.

C) 당신 사무실의 가장 세련된 여성에게 의견을 물어, 그대로 따른다.

D) 당장 수염을 깎는다.

19b. [여성용](남성은 '문항 19a'로 족하다) 최근에 치아가 누렇게 변한 것 같아서 치아 미백제를 사용할까 고민 중이다. 치과 의사인 남편에게 의견을 묻는다. 남편은 당신의 입 안을 들여다보고 잠시 생각하더니 다음과 같이 말한다. "늘 그렇듯이 이가 완벽해 보이는데. 나라면 그냥 두겠어." 당신의 반응은?

A) 남편에게 듣기 좋은 소리만 지껄이는 거짓말쟁이라고 고함을 지른다.

B) 마침 옆집에 사는 친구이자 치과 의사인 제리의 의견을 다시 구한다.

C) 당장 밖으로 나가 약국에서 치아 미백제를 구입한다.

D) 남편에게 고맙다고 말한 뒤 구강 위생을 성실하게 관리한 당신 자신에게 흡족해하면서 커피를 한 잔 마신다.

20. 시간 왜곡 현상이 일어나 십자군 전쟁 시대로 돌아갔다고 상상해보라. 교황은 모두가 성지 회복에 나서야 한다고 명령조로 연설한다. 당신이 아는 모든 사람이 열광적으로 군대에 들어가 예루살렘으로 진군한다. 구역의 성직자는 당신이 당장 동참하지 않으면 감옥에 처넣을 것이라고 위협한다. 당신의 반응은?

A) 군대에 들어가 "기독교 병사들이여, 앞으로!"를 함께 외친다.

B) 침대 위에서 존 레논의 「평화에게 기회를 주세요Give Peace a Chance」를 부르며 저항한다.

C) 미치광이처럼 분장해 징집 면제를 받으려고 시도한다.

D) 붙잡혀 처벌받을 위험을 감수한 채 몰래 빠져나와 최대한 멀리 달아난다.

문항별로 최고의 PI를 드러내는 답변은 다음과 같다. 당신이 다음의 답변을 했을 때마다 1점을 가산하라.

1. C	11. A
2. C	12. C
3. D	13. C
4. B	14. D
5. B	15. A
6. A	16. D
7. B	17. B
8. C	18. D
9. D	19. D (남성용 '문항 19a'와 여성용 '문항 19b' 모두에 해당됨)
10. C	20. D

평점

- 17~20 = 높은 PI. 당신의 PI는 평균 이상이다!
- 11~16 = 평균적인 PI. 당신의 PI는 강력한 편이지만, 가끔 오판하여 궤도를 벗어나 질주할 때가 있다.
- 0~10 = 낮은 PI. 온라인으로 무언가를 주문하거나 이교 집단에 가입하지 않도록 주의해야 한다.

사고방식과 지각지능

당신의 점수가 어떻게 나왔건 한 가지는 확실하다. 이 테스트에는 '삶 속에서' 이런 상황을 겪을 때 경험하는 감정이 빠져 있다. 이 책 전체에 걸쳐 살펴보았듯이, 순간의 열정 속에서 실재를 인식하기란 언제나 결코 쉬운 일이 아니다. '우리의 삶이야말로 PI의 진정한 테스트'다. 모든 것에는 해석의 여지가 있다. 정확히 똑같은 이미지도 실재 세계에서는 무한히 다양한 의미를 지닐 수 있다. 보고, 느끼고, 듣고, 맛보고, 냄새 맡고, 만지는 우리의 감각에 대한 신뢰와 관련해 100퍼센트의 객관성 같은 것은 존재하지 않는다. 왜냐하면 우리가 경험한 것에 관해 잠시라도 생각할 필요가 있기 때문이다. 따라서 지각지능을 향상시키려면 당신의 직관, 비판적 사고력, 개인적 사고방식과 감정에 더 주의를 기울여야 한다. 이 네 가지는 모두 높은 PI를 촉진하는 유용한 요소이다. 나는 이것들의 함양을 돕기 위해, 이런 영역에 더욱 유념할 수 있도록 도와주는 일반 기법을 간략히 소개하고자 한다. 위 평가법의 어떤 문항이 어떤 사고 유형에 해당하는지를 번호로 표시했으므로, 당신에게 개선이 시급한 영역을 바로 찾아갈 수도 있을 것이다.

직관에 주목하여 PI 북돋우기 : 문항 3·4·5

나는 직관에 관해 세 문항(3·4·5)만 평가법에 포함시켰는데, 이를 통해서도 알 수 있듯이 만약 이 중 하나만 게을리해도 당신은 곤란한 상황에 처할 수 있다. 우리가 마지막 장에서 다룬 직관적 사고는 '실제 상황' 아래서 인식하고 해석하기가 가장 힘든 능력이다. 왜냐하면 다른 사람이 당신의 직관적인 결정에 대해 의문을 제기할 수 있기 때문이다. 나는 여기서 비행기 사고에 대한 경고 신호와 식수 오염에 대한 공포의 예를 사용했다. 이 두 경우에 직관은 수호천사처럼 작동하면서 당신에게 재난을 회피할 소중한 힌트를 제공한다. 당신의 수돗물에서 나는 메스꺼운 냄새에 주의를 기울인다면, 납이나 비소 같은 것을 섭취하는 끔찍한 실수로부터 당신을 보호할 수 있을 것이다.

물론 직관적인 신호는 제품 혁신, 회화, 노래, 소설 등에 대한 창의적인 아이디어를 제공하는 것 같은 긍정적인 효과를 낳을 수도 있다. 톰 행크스가 보험 광고인으로 등장하는 '문항 4'는 다음과 같은 직관적 사고에 관한 것이다. 만약 할리우드에서 가장 신뢰받는 스타인 톰 행크스가 어떤 회사나 제품을 적극 칭찬한다면, 그 회사의 주식이 오를 것이라는 확실한 징조인가? 그것은 논란이 될 수 있는 직관적 사고이며, 따라서 위험이 내포된 사고이기도 하다. 그러나 그것이 요점이다. 왜냐하면 위험이 내포된 만큼 성공했을 때 얻는 보상도 클 것이기 때문이다. 물론 유명 인사의 선전에 속아 넘어가지 않도록 비판적 사고를 동원할 수도 있다. 그러나 이 문항에 제시된 다른 세 가지 선택 사항은 분명히 낮은 PI를 보여준다.

순간적인 판단과 선택이 필요한 바로 그 시점에 당신의 머릿속에 떠오르는 생각을 적절히 활용할 줄 안다면 경우에 따라서는 당신의 생명을 구할 수도 있을 것이며, 당신의 경력이나 재무 상태에 더 나은 변화를 가져다주고, 나아가 평생의 반려자를 찾을 수도 있을 것이다. 직관적 사고에 대한 PI가 높은 사람들은 언제나 '옳은 추측'을 하는 것처럼 보인다. 그러나 그것은 사실과 다르다. 논리적인 선택이 불가능한 상황에 처했을 때, 그들은 '첫 번째로 떠오르는 직감적 본능'을 따른다. 당신이 그와 비슷한 상황에 처하게 된다면, 직접 시도해보라. 아마도 쓸데없는 온갖 심사숙고 끝에 어떤 것을 선택할 때보다 결코 더 나쁜 결과를 얻지 않을 것이며, 나아가 최선의 결정을 내렸을 확률이 더 높을 것이다.

비판적 사고에 주목하여 PI 북돋우기 : 문항 1·6·7·12·15·16

이 문항들은 의문의 정보가 사실이라고 말하는 당신의 마음과 감각에 대해 비판적으로 사고할 수 있는 능력을 테스트하기 위한 것이다. 이 경우 높은 PI를 보여주는 답변과 그에 대한 설명은 다음과 같다.

만약 커피숍에서 매력적인 사람이 당신에게 말을 걸면서 팸플릿을 보여준다면 그녀(또는 그)가 아무리 매력적이라도, 또는 아무리 호기심이 들더라도 그녀(또는 그)를 물리치는 것이 좋다. 이것은 매우 실제적인 상황일 수 있다. 왜냐하면 이교 집단은 다른 사람을 유혹하기 위해 매력적인 사람을 이용하는 경향이 있기 때문이다.

만약 당신이 구운 파이에서 예수 그리스도의 모습을 본다면, 식기 전에 먹는 것이 상책이다.

만약 누가 당신을 목 졸라 죽이는 꿈을 꾸다가 깨어났다면, 침입자의 흔적이 없는지 주변을 살펴보는 것이 공포를 더는 데 도움이 될 것이다. 그래서 수상한 흔적이 없으면, 어두운 자각몽 탓이려니 생각하라. 만약 수상한 흔적이 발견되면, 곧바로 경찰에 신고하라.

만약 당신이 회사 대표로서 야유회에 참석했다면, 당신이 삼가야 할 최악의 것은 직원들이 당신의 건장한 체격을 칭찬하고 당신의 자존심을 어루만져주기 위해 내키지도 않는 야외 활동을 하도록 강제하는 행동일 것이다.

만약 심리마술사가 놀라운 속임수를 사용해 당신에 관한 일들을 소상히 이야기한다면, 그가 어떻게 그렇게 했을까 알아내려 하는 것은 즐거운 일이 될 수 있다. 물론 그런 것에 관심을 두지 않을 수도 있다. 어쨌든 그것은 심리마술사를 미치광이 취급 하거나, 그가 초능력을 지녔다고 믿는 것같이 어리석고 극단적인 반응보다는 훨씬 낫다.

만약 조지 클루니가 민달팽이를 구하고자 한다면, 당장 그가 나서도 문제 될 것이 없다. 그러나 굳이 당신까지 나설 필요는 없다. 하필 클루니가 당신이 좋아하는 배우라면, 그저 드라마 「ER」 재방송을 보거나 그의 새로 나온 영화를 보라.

위 사례들에서 나는 그런 상황에서 어떻게 처신할지를 결정하기 위해 비판적으로 사고하는 능력을 테스트했다. 만약 당신이 높은 PI를 지니고 있다면, 당신의 뇌가 당신에게 확신시키려 드는 것에 대해 의문을 제기할 것이다. 비판적 사고란 결정을 잠시 멈추고 환상으로부터 거리를 두면서 진실에 접근하려고 노력하는 것을 의미한다. 설령 실재에 도달하기가 쉽지 않더라도, 비판적 사고를 통해 높은 PI를 획득하는 것은 불합리하고 해로운 것들 때문에 당신의 신망과 명성을 쉽사리 희생하지 않는 것을 의미한다. 그것은 결코 쉬운 일이 아닌데, 왜냐하면 관련된 감정이 (예컨대 공격당하는 꿈을 꾸었을 때의 공포심 등이) 강력하고 실재처럼 느껴지기 때문이다. 만약 당신이 그런 부분에서 지나치게 예민하다면, 상담이나 치료를 받는 것이 좋을 수도 있다.

개인적 사고에 주목하여 PI 북돋우기 : 문항 8·9·13·14·17·20

이 문항들은 다양한 상황에서 타인의 압력에 대한 저항력을 테스트하기 위해 고안된 것이다. 당신은 군중에 휩쓸리는가? 당신도 다른 사람들처럼 경기장을 굴러가는 축구공을 따라 이쪽에서 저쪽으로 시선이 쏠리고, 대다수가 참이라고 말하면 어리석은 견해도 쉽게 받아들이곤 하는가? 개인적 사고란 다수가 말하는 주장과 사실이 일치하지 않을 때 자신을 군중과 분리할 수 있는 능력을 의미한다. 때로는 직관적 사고와 비판적 사고가 개인적 사고와 결부될 수도 있는데, 그 때문에 잘못된 결과가 초래될 수도 있다. 예컨대 전자의 경우 집단의 직관적 사고 때문에 (예컨대 초자연적인 능력을 믿는 집단의 직관 때문에) 당신이 그들의 이교 집단에 가입하는 것이 정당화되지는 않을 것이다. 그리고 후자의 경우 '사실'로 포장된, 그러나 실제로는 사실에 반하는 유언비어를 어느 집단에서 소셜 미디어에 올리고 그에 대해 수많은 사람이 '좋아요' 버튼을 누르면, 당신도 그 무리에 휩쓸려 가짜 뉴스를 믿게 될지 모른다.

'문항 8'은 채소가 암을 유발한다는 터무니없는 기사를 게시한 사람에 관한 것이다. 내가 이런 문항을 만든 이유는 간단하다. 즉 이 예는 매우 과장되었지만, 근래에 내가 소셜 미디어에 반복해서 게시되는 것을 목격한 몇몇 미친 기사와 크게 다르지 않기 때문이다. 그렇게 볼 때 이 세상 어딘가에는 거의 모든 것을 믿을 만큼 잘 속아 넘어가는(또는 그런 노이로제가 있는) 사람이 정말로 적지 않은 듯하다. 이 문항에 대한 답변은 그렇게 분명하지 않은데, 솔직히 답변하기 위해 D('갑자기 불안한 마음이 들어서…… 채소 때문에 암에 걸려 사망한 사례를 찾아본다')를 선택한 사람도 있을 것이다. 정답 C('이 기사를 헛소리로 치부하고 이 친구의 페이스북 게시물을 더 이상 팔로우하지 않는다')는 높은 PI를 보여주는데, 왜냐하면 불합리한 주장에 눈길을 주지 않고 이미 신뢰를 잃은 사람의 향후 기사를 보느라 소중한 시간을 허비하지 않는 태도를 보여주기 때문이다. (인터넷 풍문을 검증하기 위해 믿을 만한 정보의 원천이 필요하다면 'Snopes.com'이 도움이 될 것이다.)

'문항 9'는 인기 있는 것(즉 손님이 더 많은 술집)을 선택하려는 압력에 의해 당신의 PI가 얼마나 조작될 수 있는지를 검사한다. 정답은 D인데, 왜냐하면 당신이 이미 이곳에서 즐거운 시간을 보내고 있다면, 그리고 남아 있는 친구들을 좋아하고 요란한 음악의 방해를 받지 않으면서 그들의 이야기를 계속 듣고자 한다면, 지금 있는 술집을 나갈 이유가 없기 때문이다. 답변 B('두 술집의 온라인 리뷰를 비교한다')는 그날 저녁에 외출하기 전이라면 의미가 있겠지만, 현재 상황에서 그러는 것은 적절하지 않다. 왜냐하면 당신이 심사숙고하느라 다른 사람들을 붙잡고 있을 뿐만 아니라,

그로 인해 불필요한 설왕설래와 이런저런 일을 야기할 수 있기 때문이다. (내 주위에도 그런 친구가 있는데, 정말 짜증난다.)

'문항 14'에서 나는 직장에서 흔히 볼 수 있는 비개인적인 사고를 폭로하고자 했다. 사장이 화이트보드에 무언가를 적었다고 해서 그것이 반드시 참은 아니다. (증거를 원한다면 미국과 영국의 직장 생활을 날카롭게 풍자한 드라마 「오피스The Office」를 아무 편이나 골라 보라.) 최악의 선택은 사장 마음대로 하게 놔두는 것, 군중을 따르는 것, 또는 당신 자신이나 사장을 당황스럽게 만드는 것이다. 반면에 최선의 선택은 커피 잔을 뒤엎지 않고 프로다운 자세를 유지하면서, 나중에 사장과 조용히 상의하는 것이다.

'문항 17'에 대해 개인적인 소감을 밝히자면, 만약 내 친구가 술집에서 밀라, 스칼렛, 데미, 케이트, 메간 등과 함께 있다면, 그들이 무엇을 손에 들고 있든(그것이 덩고의 침이든 무엇이든) 내 친구는 유혹에 넘어가 그것을 가지려 할 것이라고 생각한다. 두 번째 답변인 B는 높은 PI를 보여주는데, 왜냐하면 '잠시 기다리면서' 개인적 사고를 통해(그리고 비판적 사고를 통해) 집단의 압력에 저항할 수 있기 때문이다.

십자군 전쟁에 관한 '문항 20'에서는 시대의 요구를 거스르면서 투옥, 추방, 신체 상해 등을 포함하는 압력에 직면한 상황에서 군중과 거리를 두면서 개인적으로 사고할 수 있는 능력을 검사한다. 혹시 교황으로부터 병역 면제를 받을 수 있지 않을까 살펴보는 것도 유혹적이긴 하지만, 정답은 '달아나는' 것이다. 목숨을 건지기 위해 최대한 빨리 그곳을 벗어나는 것이 무의미한 전쟁에 휘말리는 것보다 당연히 낫다.

감정에 주목하여 PI 북돋우기 : 문항 2·10·11·18·19

마지막으로, 감정이 개입된 상황에서 우리는 궤도를 이탈하고 논리와 이성을 창밖으로 내던지곤 한다. 학계에 표준을 제시한 저작『EQ 감성지능 Emotional Intelligence』에서 대니얼 골먼 Daniel Goleman은 그것을 '동굴 뇌 cave brain'라고 부른다.[1] 그것은 압박이 매우 심한 상황에서 감정이 우리를 지배함으로써 원시적인 사고와 반응으로 되돌아가는 것을 의미한다.

'문항 2'는 자신이 응원하는 팀이 승리 또는 패배했을 때 퇴행 행동을 보이는 스포츠 팬들에 관한 것이다. 그들은 자신의 통제 범위에서 벗어나 있고 자신의 일상생활에 거의 영향을 미치지 않는 사태에 흥분해 과잉 반응을 보인다. 만약 당신이 경기 시즌도 아닌데 응원하는 풋볼 팀의 헬멧을 쓰고 잠을 청하는 성인이라면, 스포츠 채널로부터 어느 정도 격리 조치가 필요할 것이며, 어쩌면 상담이나 치료를 받아야 할지도 모른다.

'문항 10'은 감정과 함께 무르익어가는 사회적 또는 정치적 이슈에 관한 것이다. 당신이 진보 성향이든 보수 성향이든, 지구상에서 벌어지는 일은 당신과 무관하지 않다. 지구 대재앙의 소식을 전하는 사람이 민주당원인 앨 고어라는 점은 중요하지 않다. 신뢰할 만한 정보원(예컨대 하버드 대학)에서 밝혀진 과학적 사실이 우리의 환경에 관해 암울한 전망을 내놓으면, 당신은 그에 대해 주의를 기울일 필요가 있다.

'문항 11'에서, 많은 사람은 자신의 휴대전화를 가장 소중한 재산으로 여기기 때문에 함부로 내던지는 일은 거의 없다. 대신에 그것은 경우에 따라 적절한 도구가 될 수 있다. 공포심 같은 감정에 휩싸인 상황에서도 휴대전화로 빛을 비추어 사실과 거짓을 구별할 수 있다면, 당신은 높은 PI를 지니고 있는 것이다.

'문항 18'에서, 관료주의에 가로막혀 시간을 허비하고 있다는 느낌이 들 때는 정말로 돌아버리기 쉽다. 그런 상황에서 시간이 마냥 흘러가면, 우리는 모두 열을 받기 시작한다. 그럴 때 최선의 선택은 쫓겨날 걱정 없이 무사태평하게 일하는 교통국 공무원에게 비난을 퍼붓느니 독서를 하면서 시간을 보내는 것이다. 또는 퀴즈를 풀거나 함께 기다리는 사람들을 재미있게 그려보는 것도 좋다. 무엇이든 흥미를 끄는 것을 하면서 시간이 빨리 가도록 만들어라. 그런 상황에서는 전자기기를 사용해 당신의 시간 지각을 가속화하는 것이 현명할 것이다.

'문항 19a'(남성용)에서 나는 턱수염을 말쑥하게 다듬어 '당신이 옳다는 것을 증명하기'보다 수염을 깨끗이 밀어버리는 것이 어째서 좋은지에 관해 몇 가지 단서를 제공했다. 첫째로, 물론 당신의 아내가 턱수염 자체를 싫어하거나 또는 당신의 아내로서 당신에 관해 선입견이 있어서 편향된 태도를 보일 수도 있지만, 이 장면에서는 어쨌든 아내가 미용사이며, 따라서 사람의 외모에 관해 일반인이 모르는 무언가를 알고 있다고 가정할 수 있다. 둘째로, 이 문항에서 나는 턱수염에 관해 의문을 품고 있는 당신의 생각을 의도적으로 언급했다. 왜냐하면 그것은 당신이 아내의 비판에 대해 감정적으로 반응하고 있을 가능성을 내포하기 때문이다.

'문항 19b'(여성용)는 자기 지각이 언제나 가장 정확한 지각은 아니라는 것을 보여준다. 남편은 아내가 듣기 좋은 말을 하고 싶은 유혹을 느낄 수도 있다. 그런데 남편은 답변하기 전에 아내의 입 안을 들여다보는 수고를 했다. 게다가 그는 치과 의사이다. 정답은, 즉 감정에 휘둘리지 않는 답변은 아내가 남편의 칭찬에 감사를 표시하고 신경을 끄는 것이다. 제리(옆집의 치과 의사)에게 가서 또다시 의견을 구하는 것은(답변 B) 아주 모욕적일 것이며, 치아 미백제를 구입하는 것은(답변 C) 자제력 결핍을 보여준다. 치과 의사인 남편의 의견에도 불구하고 기어이 치아를 하얗게 만들고 싶다면, 적어도 남편에게 동의하지 않는다고 말하고 그의 전문적인 추천을 구하는 정도의 예의는 보이는 것이 좋을 것이다. (그리고 그것이 이 장면에서는 그냥 약국에 가서 미백제를 사는 것보다 더 효과적일 것이다.)

일부 사람들의 경우 스트레스를 심하게 받는 상황에서 감정을 억제하기란 아예 불가능할 수도 있다. 만약 당신이 만성적으로 그런 문제를 안고 있다면, 솔직히 말해 그것을 치료할 간단한 방법은 존재하지 않는다. 그러나 당신의 동굴 뇌가 당신의 더 나은 측면을 압도하고 당신의 지각지능 양동이가 텅 비어 있을 때는, '무슨 수를 써서라도 반응 자체를 삼가라'. 적어도 세 번 숨을 깊이 들이쉬어라. 또는 아예 다음 날까지 결정을 미루어라. 그러면 나중에 나에게 고마워할 것이다.

에필로그

PI
————
당신의 최종 지각

이제 지각지능에 관한 16개 장을 섭렵했고 자기평가까지 마친 상태에서(이제 당신은 이 분야에서 거의 전문가가 된 셈이다) 당신은 이 모든 지식을 가지고 무엇을 하려 하는가? 이제 당신은 트위터에 유명 인사가 언급한 제품을 구매하기 전에 한 번 더 생각할 것인가? 이제 당신은 러닝머신 위에서 땀을 흘리다가 문득 떠오른 놀라운 발명 아이디어를 메모하고, 나아가 그것이 실현 가능한지 시험해볼 것인가? 이제 당신은 구운 샌드위치 위에서 교황의 얼굴과 비슷한 것을 보아도, 그것을 2만 달러에 경매를 부치지 않겠다고 내게 약속할 수 있는가?

회의적인 태도와 논리와 감성지능은 우리가 경험하는 것의 진실을 탐지하고 올바르게 해석하는 데 가장 중요한 연합군이다. 특히 신호가 뒤죽박죽이고, 세계가 혼란스러우며, 우리의 감각에 결함이 있는 듯할 때는 더욱 그러하다.

그리고 우리의 여섯 번째 감각인 직관은 우리가 주파수를 제대로 맞추는 데 똑같이 소중한 역할을 한다. 당신은 꿈에서 특별한 숫자를 본 뒤 '직관'에 따라 행동함으로써 복권에 당첨되길 바라는가? 그러나 그것이 성공할 확률은 그리 높지 않을 것이다. 반면에 논리적으로 설명하기 어려운 묘한 느낌이 들 때, 그것을 탐구하고 그 육감에 따른 시도의 위험과 이익을 평가해서 손해 볼 일은 없을 것이다. 누가 알 것인가? 어쩌면 그것이 당신에게 아주 새로운 경력의 출발점이 될 수도 있고, 드디어 당신의 소설을 집필하게 되는 자극이 될 수도 있을 것이다. 다만 결정을 내리기까지 너무 오래 기다리지 마라. 시간이 얼마나 빨리 흘러갈 수 있는지는 제14장에서 충분히 보지 않았는가. 그리고 이 책을 읽느라 스마트폰을 옆으로 밀어둔 당신에게 찬사를 보내고 싶다. 왜냐하면 제14장에서 보았듯이, 전자기기에 의존하는 버릇이 우리의 시간 감각을 엉망으로 만들어놓을 수 있기 때문이다.

아울러, 다음 기회가 될 때까지, 지각지능 개념에 대한 당신의 생각, 그에 대한 당신의 개인적인 경험, 그 밖에 추가로 알고 싶은 모든 문의 사항을 내게 알려준다면 매우 고마울 것이다. 나의 연락처는 내 웹사이트 'www.PerceptualIntelligence.com'에서 찾아볼 수 있다. 또한 거기에서 내 강연 여행에 관한 정보도 찾아볼 수 있다.

지금은 지각지능에 오히려 반대되는 견해를 제시하면서 이 책을 마치고자 한다. 그것은 어째서 실재와 환상을 구별하는 것이 언제나 100퍼센트 필요한 것은 아닌지에 관한 것이다.

'당신의 눈은 실재 세계에 대한 당신의 증인이다. 그러나 상상력이 없다면 당신이 보는 것을 제대로 서술할 수 없을 것이다.'

| 감사의 말 |

의대생으로 산부인과 실습 기간 중에 나는 스무 명의 아기를 받았다. 그리고 이제 이 책으로 스물한 번째가 되었다. 지금 당신의 손에 안긴 이 건강한 복덩이는 분만실에서 나를 지원해준 팀의 노력이 없었다면 세상에 나오지 못했을 것이다.

신발 사이즈 순으로 언급하자면 다음과 같다.

내 에이전트 고든 워녹Gordon Warnock은 나를 믿었고, 이 책에 대한 내 아이디어를 믿었다. 당신은 하늘에서 내려와 익사 직전의 이 프로젝트를 구출한 슈퍼히어로였다. 나와 함께 이 범죄를 범한 공범인 게리 M. 크렙스Gary M. Krebs는 나의 사고방식과, 가장 중요하게는 나의 유머를 이해했다. 당신과 함께 일한 것은 무척 재미있는 경험이었다! 씨앗이 나무로 자라도록 보살핀 데이비드 네이어David Nayor에게 감사한다. 이 책이 아이디어에 불과했을 때부터 이 책에 대한 확고부동한 신념을 바탕으로 촉매 역할을 해준 조너선 프랭크스Jonathan Franks에게 감사한다. 처음부터 나를 지지해준 몬텔 윌리엄스는 내게 놀라운 영감의 원천이었다. 풍부한 경험을 바탕으로 언제나 내 이야기를 경청하고 소중한 조언을 해준 하비 제인 코왈Harvey-Jane Kowal에게 감사한다. 적진 뒤에서 은밀하게 나를 도와준 카렌 코즈톨닉Karen Kosztolnyik에게 감사한다. 이제 임무가 완료되었다! 자신의 통찰을 나와 공유한 팸 슈라이버에게 감사한다. 내게 전문 지식과 충격적인 경험을 알려준 마빈 갤퍼 박사에게 감사한다. 도파민과 중독에 대한 통찰을 전해준 매트 토링턴Matt Torrington 의학 박사에게 감사한다. 완전히 이 책 뒤에서 일하면서 지각을 실재로 탈바꿈시킨 뉴월드 라이브러리 출판사의 조지아 휴즈Georgia Hughes에게 감사한다. 이 책이 수많은 목마른 독자에게 도달하도록 헌신적인 지원을 아끼지 않은 뉴월드 라이브러리의 모니크 뮐렌캄프Monique Muhlenkamp, 먼로 매그루더Munro Magruder, 크리스틴 캐시먼Kristen Cashman, 그 외 모든 직원에게 진심으로 감사의 인사를 전한다. 예리한 칼날 같은 교열 작업으로 많은 원고 조각을 절단해 바닥에서 뒹굴게 만든 미미 쿠시Mimi Kusch에게도 감사해야 할까? 당연히 그렇다! 미미에게 감사를 전한다! 우리는 예술 연구를 통해 우리에게 올바른 방향을 제시한 리처드 폭스Richard Fox에게 큰 빚을 지고 있다. 이 책의 오디오북에서 내 목소리를 정말로 좋게 만들어준 블랙스톤 오디오 사에도 감사한다. (그리고 청취자를 위해 많은 '인물'과 더불어 낭독을 한 것도 내게는 큰 즐거움이었다.)

출판 작가로서의 경험을 바탕으로 상담과 조언을 해준 다트머스 의과대학 동창이자 친구인 존 케네디John Kennedy 의학 박사에게 큰 소리로 인사를 전한다. 내가 해낼 수 있다고 늘 격려를 아끼지 않은 저자이자 팬이자 격려자였던 보즈 헤이들리에게 커다란 감사를 전한다. 페루에서 일어난 제리의 이야기를 함께한 애나 자말로아에게 감사한다. 나를 지원해준 미국 올림픽위원회의 캐롤 그로스Carol Gross에게 감사한다. 우리가 여드름투성이의 열두 살일 때 캠프에서 알게 되어 수십 년간 내게 소중한 우정과 현명한 조언을 선사한 아리 갈퍼Ari Galper에게 진심으로 감사한다. 수년간 소중한 글쓰기 지원과 전략적 조언을 해준 댄 케네디Dan Kennedy에게 감사한다. 플리머스의 고성능 자동차 색상인 큐리어스 옐로가 어느 스웨덴 성인영화의 이름을 딴 것이라는 내 육감을 확인해준 수잔Susan과 놈 넬슨Norm Nelson, 지오프 스턴카드Geoff Stunkard, 밥 맥클러그Bob McClurg, 레온 페라이아Leon Perahia에게 커다란 감사를 전한다.

모든 면에서 내 편이 되어준 아내 셀리나에게 무슨 단어로 감사를 표해야 할지 모르겠다. 그러나 결혼 후 24년이 지난 이제 커다란 감사의 꽃다발을 아내에게 전하고 싶다. 수많은 금요일 저녁식사 시간에 '장미와 가시' 토론을 벌이면서 지난 1주일 동안의 좋은 일과 나쁜 일을 이야기했고 이 연속극에 관해(즉 책 출판에 관해) 관심 있게 들어주고 질문도 던졌던 두 쌍둥이 딸에게도 감사한다.

베벌리힐스의 내 개인 진료소에서 일하는 나의 두 번째 가족에게, 즉 배려심 많고 전문적이며 정말로 인내심 많고 헌신적인 직원들에게 감사한다. 그중 많은 이들은 10년 이상이나 나와 함께했다.

시계가 자정을 알리기 전에 셰익스피어에 관해 나를 도와준 오랜 친구 론 톰슨Ron Thomson에게 특별한 감사를 전한다. 우리의 우정이 변치 않길 바란다!

마지막으로, 이 도시의 도로를 정비하는 모든 근로자에게 감사를 표하고 싶다. 그들이 이 책과 관련되어 있지는 않지만, 아무도 그들에게 감사하지 않았으므로, 이 자리를 빌려 인사를 전한다. '나는 우리의 도로와 교차로를 안전하게 관리하는 주황색 유니폼의 담당 근로자들에게 감사한다. 아스팔트를 반들반들하게 정비해 출근길에 커피를 쏟지 않을 수 있었던 수백만 명의 운전자를 대신해 그들 모두에게 감사한다.'

인간 지각에 관한 전문가이자 원추각막증 치료, 레이저 시력 교정(라식), 건조성 각막염 치료 분야의 세계적 권위자인 브라이언 박서 와클러 의학 박사(일명 브라이언 박사)는 안과 수술 분야에서 헌신적인 경력을 밟아 왔다. 20년에 걸쳐 그는 임상과 학술 연구 분야에서 선구적인 경력을 쌓은 의사이다. 그의 광대한 전문 영역에는 인간의 사고방식과 마음의 작동 방식에 대한 연구도 포함된다.

그는 현재 베벌리힐스에 있는 박서 와클러 시각연구소의 책임자이자 로스앤젤레스의 저명한 시더스 사이나이 메디컬센터의 간부 의사이다.

브라이언 박사는 안과학과 안과 수술 분야에서 무수한 기여를 했으며 39회에 걸친 수상 경력을 가지고 있다. 그는 원추각막증 치료 분야에서 획기적인 비침습성 홀컴 C3-R 가교제와 인택스 삽입물을 개발한 것으로 유명하다. 그는 의료계 안팎에서 '원추각막증의 권위자'로 통하며, 이 주제에 관해 세 권의 책을 쓰기도 했다. 2010년에 브라이언 박사는 원추각막용 홀컴 C3-R 치료제를 발명한 공로를 인정받아, 이 치료를 받은 후 올림픽 금메달을 획득한 미국 봅슬레이 선수 스티븐 홀컴(치료제와 동명인)과 함께 줄스 스테인 추모상 Jules Stein Living Tribute Award 을 수상했다. 이 치료법 덕분에 수천 명의 원추각막증 환자가 고통스러운 침습성 각막 이식 수술을 면할 수 있었다. 원추각막증, 스티븐 홀컴 이야기, 홀컴 C3-R에 관한 것은 'www.KeratoconusInserts.com'에서 더 자세히 볼 수 있다. 또한 스티븐의 책 『이제 나는 볼 수 있다 : 실명에서 올림픽 금메달까지 내가 밟은 여행 But Now I See: My Journey from Blindness to Olympic Gold』(2012년)도 참조하기 바란다.

브라이언 박사는 안경이나 콘택트렌즈와 관련된 굴절이상(안구 형태 때문에 초점 맞추기가 곤란하여 생기는 근시, 원시, 난시, 노안 같은 시력 문제)의 치료 분야에서 혁신적인 리더로 인정받는다. 브라이언 박사는 가장 널리 행해지는 굴절 교정 수술인 라식에 관해 가장 인기 있는 보고서 중 하나를 쓰기도 했다. 라식에 관한 브라이언 박사의 연구는 업계 전반의 가이드라인 확립으로 이어져 라식이 의학계에서 가장 안전한 수술 중 하나로 꼽히게 되는 데 결정적인 기여를 했다. 브라이언 박사는 눈 흰자위의 갈색 점 또는 반점과 충혈의 치료법도 개발했다. 또한 그는 익상편, 결막황반, 안상악 갈청색모반을 치료하며 고난도의 백내장 수술에도 풍부한 경험을 가지고 있다. 그의 이런 모든 치료에 관한 것은 'www.BoxerWachler.com'에 더 자세히 나와 있다.

브라이언 박사는 84편의 의학 논문과 20개의 단행본에 글을 썼으며, 276회의 학술 발표를 했다. 그는 네 권의 책을 집필했으며, 건조성 각막염 치료에 관련된 두 건의 특허 승인을 보유한 발명가이기도 하다. 그는 새로운 기술을 평가하는 미국 식품의약국 FDA 임상 시험에 열다섯 차례 참여했으며, 전문 안과 의사로서 미국 안과학회 회원이고, 웹엠디 사의 의학 편집장을 비롯해 여러 조직에서 지도적인 역할을 맡고 있다. 그는 모든 주요 TV 방송에 출연하고 수많은 신문과 잡지에서 그에 관한 기사를 다루었다. 그의 미디어 활동에 관한 것들은 그의 IMDB(인터넷 영화 데이터베이스) 페이지를 참조하기 바란다.

브라이언 박사는 1993년에 결혼한 아내와 함께 로스앤젤레스에서 살고 있다. 흥미롭게도 그는 미국에서 여성의 혼전 성姓을 가진 몇 안 되는 남성 중 한 명이다. 결혼 당시 두 사람은 서로의 성을 합쳐 '박서 와클러'라는 성을 새로 만들었다. 그들에게는 큰 기쁨을 선사하는 10대 초반의 사랑스러운 쌍둥이 딸이 있다. 브라이언 박사는 대학 시절에 시작한 조정경기에 아직도 참가하고 있으며, 대학 토론팀에서 배운 기술을 동원해 아이패드 사용 시간 제한에 관해 딸들과 토론을 벌이곤 한다.

안과 의사인 저자는 이 책에서 세상을 보는 신체의 눈에 관해 이야기하는 대신에 세상을 이해하는 '마음의 눈'에 관해, 즉 지각에 관해 이야기한다. 어찌 보면 이것은 안과 의사의 직업 영역을 벗어나는 주제이지만, 세상을 보는 눈의 작용이 눈을 통해 들어온 시각 정보를 해석하는 뇌의 작용 없이는 완성될 수 없다는 점에서 자연스러운 것이기도 하다.

이 책의 제목이 단순히 '지각'이 아니라 '지각지능'인 까닭도 같은 맥락에서 이해할 수 있다. 왜냐하면 눈을 비롯해 여러 감각기관을 통해 들어온 감각 정보는 지각의 바탕이 될 뿐이며, 정작 우리에게 중요한 것은, 즉 우리의 생존과 번영에 중요한 것은 그러한 지각을 어떻게 해석하고 활용하느냐의 문제이기 때문이다. 우리는 우리의 생존과 번영에 기여하는 '현명한' 지각과 우리의 생존과 번영에 오히려 방해가 되는 '어리석은' 지각을 구별할 수 있는데, 저자가 말하는 '높은' 지각지능과 '낮은' 지각지능도 이와 같은 것이다.

저자는 지각지능Perceptual Intelligence, PI을 '환상과 실재를 구별하기 위해 우리의 경험을 해석하고 때로는 조작하는 방식'이라고 정의한다. 그리고 PI는 우리의 감각과 본능에 따라 좌우될 뿐만 아니라 우리의 감정과 기억에 따라서도 좌우된다고 말한다. 저자가 보기에 우리의 인생을 좌우하는 것은 우리가 살면서 겪는 이런저런 사건 자체라기보다 그 사건을 해석하는 우리의 시각이다. 왜냐하면 사건을 해석하는 시각에 따라 삶이 긍정적인 방향으로 바뀔 수도 있고 부정적인 방향으로 바뀔 수도 있기 때문이다. 이런 의미에서 우리의 미래를 결정하는 것은 사건 자체가 아니라 사건에 대한 우리의 지각과 대응 방식이다. 마찬가지로 우리의 PI를 높이기 위한 출발점은 '우리의 마음이 생각했던 것보다 유연하며 필요에 따라 조형되고 재가공될 수 있다는 사실을 인식하는 것이다'.

저자는 지각지능이 현명하게 또는 어리석게 사용되는 구체적인 사례들을 유머 넘치는 필체로 서술한다. 그중 대표적인 사례 몇 가지를 들자면 다음과 같다.

- 사향커피 한 잔에 100달러를 지불하는 사람들의 PI는 얼마나 높은가, 또는 낮은가?
- 뇌는 우리의 PI에 어떤 영향을 미치는가?
- 마음은 언제 우리를 치유하고, 언제 우리에게 해가 되는가?
- 우리는 왜 착각에 집착하는가?
- 사람들은 왜 가끔 한밤중에 외계인을 보는가?
- 어째서 몇몇 사람은 음식에서 예수의 상을 보는가?
- 유명 인사의 PI가 대중의 PI에 어떤 영향을 미치는가?
- 왜 몇몇 운동선수는 늘 승자이고 몇몇 선수는 늘 패자인가?

- PI가 낮으면 어떻게 이교 집단에 세뇌당할 수 있는가?
- 시간 지각의 왜곡은 어떻게 일어나는가?
- 언제 우리는 우리의 직감을 따라야 하는가?

저자에 따르면 지각지능은 측정 가능하고 나아가 학습 가능한 기술이다. 이 책의 마지막 장에서는 독자 스스로 자신의 PI 수준을 가늠해볼 수 있는 PI 평가법이 제시되어 있다. 이것은 크게 직관, 비판적 사고력, 개인적인 사고방식, 감정의 네 영역에서 PI 수준을 검사한다.

저자는 이 네 영역이 개인의 PI 수준을 좌우하는 핵심 요소라고 보면서 영역별로 PI를 향상하기 위한 간단한 방법들을 소개하고 있다. 그리고 그런 학습과 연습을 통해 자신의 PI를 높이면 삶의 중요한 순간에 더 현명한 결정을 내릴 수 있고, 자신의 에너지를 더욱 창조적으로 활용할 수 있으며, 온갖 편향과 가짜와 사기에 휘둘리지 않으며, 누구를 신뢰해야 하는지를 적절히 판단할 수 있을 것이라고 말한다. 이 약속이 실현된다면, 그 결과는 우리 모두가 꿈꾸는 더 행복하고 성공적인 삶이 될 것이다.

| 주 |

머리말

1 "Virgin Mary Seen in Tree Stump in Limerick," *Belfast Telegraph*, September 7, 2009.

2 C. Taylor, "How Many People Actually Manage to Have an Out of Body Experience?," June 14, 2014, Out-of-body-experience.info/how-many-people-had-an-obe.

3 National UFO Reporting Center, data from 2016, www.nuforc.org/webreports/ndxevent.html.

4 Maureen A. Duffy, "Charles Bonnet Syndrome: Why Am I Having These Visual Hallucinations?," *Vision Aware*, www.visionaware.org/info/your-eye-condition/guide-to-eye-conditions/charles-bonnet-syndrome/125.

5 Siri Carpenter, "Everyday Fantasia: The World of Synesthesia," *The American Psychological Association Journal* 32, no. 3 (March 2001), www.apa.org/monitor/mar01/synesthesia.aspx.

6 "Evolution of the Insect Eye," University of Minnesota Duluth newsletter, www.d.umn.edu/~olse0176/Evolution/insects.html.

7 Thomas J. Lisney et al., "Behavioural Assessment of Flicker Fusion Frequency in Chicken *Gallus gallus domesticus*," *Science Direct* 51, no. 12 (June 2011), www.sciencedirect.com/science/article/pii/S0042698911001519.

8 L. Michael Hall and Bob G. Bodenhamer, *The User's Manual for the Brain*, vol. 2 (New York: Crown, 2003).

제1장 지각의 자리

1 Evan Katz, "Am I Dreaming? The Matrix and Perceptions of Consciousness," January 18, 2013, Philfilmrhodes.blogspot.com/2013/01/am-i-dreaming-

matrix-and-perceptions-of_18.html.

2   Paul Martin, "Interview with Andrew Mason," *MatrixFans.net*, February 13, 2012,
    www.matrixfans.net/interview-with-andrew-mason-executive-producer-
    from-the-matrix-1999/#sthash.A7gmGxph.dpbs.

3   Sam Harris, "The Self Is an Illusion," YouTube video, September 16, 2014, www.
    youtube.com/watch?v=fajfkO_X0l0.

4   *Merriam-Webster's Learner's Dictionary*, s.v. "Perception," accessed May 18,
    2017, www.learnersdictionary.com/definition/perception.

5   Thomas Reid, *An Inquiry into the Human Mind: On the Principles of Common
    Sense* (Charleston, SC: Nabu, 2010), reproduction of the original text.

6   Jim Baggott, "Quantum Theory: If a Tree Falls in the Forest....," *OUPblog*, Oxford
    University Press blog, February 14, 2011, Blog.oup.com/2011/02/quantum.

7   "Receptors," *CNS Clinic*, www.humanneurophysiology.com/receptors.htm.

8   Sally Robertson, "What Does the Thalamus Do?," *News Medical Life Sciences*,
    www.news-medical.net/health/What-does-the-Thalamus-do.aspx.

9   "Neocortex (Brain)," *Science Daily*, www.sciencedaily.com/terms/neocortex.
    htm.

10 Bahar Gholipour, "Made Up Purely by the Brain," *Brain Decoder*,
    Braindecoder.com/post/up-to-90-of-your-perception-could-be-made-
    up-purely-by-the-brain-1104633927.

11 Emily Caldwell, "Scientist: Most Complete Human Brain Model to Date Is a
    'Game Changer,'" Ohio State University news release, August 18, 2015, news.
    osu.edu/news/2015/08/18/human-brain-model.

12 Emily Underwood, "More Than $100 Million in New BRAIN Funds," *Science*,
    October 2, 2015, www.sciencemag.org/news/2015/10/more-100-million-new-
    brain-funds.

13 James Gorman, "Learning How Little We Know about the Brain, *New York
    Times*, November 10, 2014, www.nytimes.com/2014/11/11/science/learning-
    how-little-we-know-about-the-brain.html.

14 Rebecca Tan, "9 Unanswered Questions about the Human Brain," *South
    China Morning Post*, May 9, 2016, www.scmp.com/lifestyle/health-beauty/
    article/1941658/9-unanswered-questions-about-human-brain.

제2장 물질 위의(또는 아래의) 정신

1   Salynn Boyles, "86 Billion Spent on Back, Neck Pain," *WebMD*, February 12,
    2008, www.webmd.com/back-pain/news/20080212/86-billion-spent-on-
    back-neck-pain.

2   National Multiple Sclerosis Fact Sheet, www.nationalmssociety.org/

NationalMSSociety/media/MSNationalFiles/Brochures/Brochure-Just-the-Facts.pdf.

3 Brian Krans, "Famous Faces of MS," *Healthline*, February 8, 2017, www.healthline.com/health-slideshow/famous-people-with-ms.

4 Lisa Stein, "Living with Cancer: Kris Carr's Story," *Scientific American*, July 16, 2008, www.scientificamerican.com/article/living-with-cancer-kris-carr.

5 Kris Carr, *Crazy Sexy Cancer Tips* (Guilford, CT: Skirt!, 2007).

6 "Don't Worry, Be Healthy," *Johns Hopkins Medicine*, press release, July 9, 2013, www.hopkinsmedicine.org/news/media/releases/dont_worry_be_healthy.

7 Jessica Carretani, "The Contagion of Happiness," *Harvard Medicine*, hms.harvard.edu/news/harvard-medicine/contagion-happiness.

8 "Jon Kabat-Zinn, PhD," *The Connection*, theconnection.tv/jon-kabat-zinn-ph-d.

9 Daniel J. Siegel, Mindsight: *The New Science of Personal Transformation* (New York: Bantam, 2010).

10 Susha Cheriyedath, "What Is a Phantom Limb?," www.news-medical.net/health/What-is-a-Phantom-Limb.aspx.

11 "Hypochondriasis," *Cleveland Clinic*, my.clevelandclinic.org/health/articles/hypochondriasis.

12 Brian Dillon, "The Pain of Fame," *Wall Street Journal*, January 16, 2010, www.wsj.com/articles/SB10001424052748704281204575003570232360564.

13 Chris Weller, "Dr. Google Breeds Hypochondria by Scaring People into Thinking the Worst," *Medical Daily*, May 7, 2015, www.medicaldaily.com/dr-google-breeds-hypochondria-scaring-people-thinking-worst-332316.

14 "CDC Recommends Mothers Stop Breastfeeding to Boost Vaccine Efficacy?," Snopes.com, January 21, 2015, www.snopes.com/medical/disease/cdcbreastfeeding.asp.

제3장 보이는 것이 모두 실재는 아니다

1 "The Top 10 Mentalists," *Mentalist Central*, January 9, 2015, www.mentalismcentral.com/top-10-mentalist.

2 Ingo Swann website, www.ingoswann.com.

3 Central Intelligence Agency website, https://www.cia.gov/library/readingroom/document/cia-rdp96-00787r000200130005-3.

4 Central Intelligence Agency website, https://www.cia.gov/library/readingroom/document/cia-rdp79-00999a000300030027-0.

5 Adam Higginbotham, "The Unbelievable Skepticism of the Amazing Randi," *New York Times Magazine*, November 7, 2014, www.nytimes.com/2014/11/09/

magazine/the-unbelievable-skepticism-of-the-amazing-randi.html.

6   Dean Gualco, *The Great People of Our Time* (Bloomington, IN: iUniverse, 2008).

7   Carl Sagan, *The Demon-Haunted World: Science as a Candle in the Dark* (New York: Random House, 1997).

8   "Sleep Paralysis," *WebMD*, www.webmd.com/sleep-disorders/guide/sleep-paralysis#1.

9   Rebecca Turner, "Are Alien Abductions Real — or Dark Lucid Dreams?," www.world-of-lucid-dreaming.com/are-alien-abductions-real.html.

10 Jake Rossen, "The Dark Side of Lucid Dreaming," Van Winkle's, September 25, 2016, https://vanwinkles.com/lucid-dreamings-dark-side.

11 Pablo Picasso, "Statement to Marius De Zayas," 1923, www.learn.columbia.edu/monographs/picmon/pdf/art_hum_reading_49.pdf.

12 Esther Inglis-Arkell, "Why Certain Color Combinations Drive Your Eyeballs Crazy," *Gizmodo*, January 13, 2013, io9.gizmodo.com/5974960/why-certain-color-combinations-drive-your-eyeballs-crazy.

13 Chuck Close website, chuckclose.com.

14 Stephen Sondheim and James Lapine, *Sunday in the Park with George*, book version (Applause Theatre & Cinema Books, 2000).

15 Arthur Lubow, "Edvard Munch: Beyond the Scream," *Smithsonian*, March 2006, www.smithsonianmag.com/arts-culture/edvard-munch-beyond-the-scream-111810150.

16 "Van Gogh's Mental and Physical Health," *Van Gogh Gallery*, www.vangoghgallery.com/misc/mental.html.

17 Plato, *Phaedo* (New York: Oxford University Press, 2009).

18 Karen Brakke, "Ponzo," *Online Psychological Laboratory*, opl.apa.org/Experiments/About/AboutPonzo.aspx.

19 Marc Abrahams, "Experiments Show We Quickly Adjust to Seeing Everything Upside-Down," *Guardian*, November 12, 2012, www.theguardian.com/education/2012/nov/12/improbable-research-seeing-upside-down.

20 Amanda Enayati, "The Power of Perceptions: Imagining the Reality You Want," *CNN*, April 14, 2012, www.cnn.com/2012/04/11/health/enayati-power-perceptions-imagination.

제4장 유체 이탈 또는 땅속에서

1   Woody Allen, "Conversations with Helmholtz," *Getting Even* (New York: Vintage, 1978).

2   Raymond Moody Jr., *Life after Life: The Bestselling Original Investigation That Revealed "Near-Death Experiences"* (San Francisco: HarperOne, 2015).

3   Mario Beauregard and Denyse O'Leary, *The Spiritual Brain: A Neuroscientist's Case for the Existence of the Soul* (San Francisco: HarperOne, 2008).

4   Mary Neal, *To Heaven and Back: A Doctor's Extraordinary Account of Her Death, Heaven, Angels, and Life Again* (Colorado Springs, CO: WaterBrook, 2012).

5   Jeffrey Long, with Paul Perry, *Evidence of the Afterlife: The Science of Near-Death Experiences* (San Francisco: HarperOne, 2011).

6   Near Death Experience Research Foundation (NDERF) website, www.nderf. org.

7   Tara MacIsaac, "How Common Are Near-Death Experiences?: NDEs by the Numbers," *Epoch Times*, June 23, 2014, www.theepochtimes.com/n3/757401-how-common-are-near-death-experiences-ndes-by-the-numbers.

8   See Sam Harris, *Waking Up: A Guide to Sprituality Without Religion* (New York: Simon & Schuster, 2014).

9   Todd Burpo and Lynn Vincent, *Heaven Is for Real: A Little Boy's Astounding Story of His Trip to Heaven and Back* (Nashville, TN: Thomas Nelson, 2010).

10 Eben Alexander, *Proof of Heaven: A Neurosurgeon's Journey into the Afterlife* (New York: Simon & Schuster, 2012).

11 "Special Report: When Is Your Patient Dead?," *Medscape*, www.medscape. com/viewcollection/32925.

12 Rob Stein, "Brains of Dying Rats Yield Clues about Near-Death Experiences," on *All Things Considered*, NPR, August 12, 2013, www.npr.org/sections/health-shots/2013/08/12/211324316/brains-of-dying-rats-yield-clues-about-near-death-experiences.

13 Shantell Kirkendoll, "Study: Near-Death Brain Signaling Accelerates Demise of Heart," *University Record*, University of Michigan newsletter, April 10, 2015, record.umich.edu/articles.

14 Francis Grace, "The Science of Near-Death Experiences," *CBS News*, April 18, 2006, www.cbsnews.com/news/the-science-of-near-death-experiences.

15 Elisabeth Kübler-Ross website, www.ekrfoundation.org.

16 *Near Death Experiences of the Hollywood Rich and Famous*, website, www.near-death.com/experiences/rich-and-famous.html.

17 Bill Clinton, "How Clinton Recovered from Surgery," *ABC News*, October 28, 2004, abcnews.go.com/Primetime/clinton-recovered-surgery/story?id=207370.

18 G. M. Woerlee, "The Denture Man NDE," *Near Death Experiences*, www. neardth.com/denture-man.php#lommel.

19 Andra M. Smith and Claude Messier, "Voluntary Out-of-Body Experience: An fMRI Study," *Frontiers in Human Neuroscience*, February 10, 2014, journal. frontiersin.org/article/10.3389/fnhum.2014.00070/full.

20　*Psychology Dictionary*, s.v. "What Is Kinesthetic Imagery?," psychologydictionary.org/kinesthetic-imagery.

21　David Robson, "Blindsight: The Strangest Form of Consciousness," *BBC Future*, September 28, 2015, www.bbc.com/future/story/20150925-blindsight-the-strangest-form-of-consciousness.

22　Ken Paller and Satoru Suzuki, "Consciousness," report, Northwestern University, faculty.wcas.northwestern.edu/~paller/Consciousness.pdf.

23　Graham P. Collins, "Blindsight: Seeing without Knowing It," *Scientific American*, blog, April 22, 2010, blogs.scientificamerican.com/observations/blindsight-seeing-without-knowing-it.

제5장 허영심 게임

1　Neil Tweedie, "The Dark Side of Vladimir Putin's Winter Olympic Games," *Telegraph*, February 1, 2014, www.telegraph.co.uk/sport/othersports/winter-olympics/10610000/The-dark-side-of-Vladimir-Putins-Winter-Olympic-Games.html.

2　Ilan Berman, "Putin's Olympic Corruption," *USA Today*, February 20, 2014, www.usatoday.com/story/opinion/2014/02/20/putin-olympics-sochi-corruption-russia-column/5655815.

3　"Vladimir Putin's Tough Guy Act Is Just 'Shtick' Says Barack Obama," *Telegraph*, February 7, 2014, www.telegraph.co.uk/news/worldnews/barackobama/10623452/Vladimir-Putins-tough-guy-act-just-a-shtick-says-Barack-Obama.html.

4　"Russia: Punk Band Arrested after Protesting Putin," *Freemuse*, Freemuse.org/archives/1914.

5　Rebecca Perring, "Vladimir Putin 'Wants' to Reinstate Russia's Royal Family and Bring Back the Tsars," *Express*, June 24, 2015, www.express.co.uk/news/world/586470/Russia-royal-family-Vladimir-Putin-reinstate-Tsar-Nicholas-Second-Romanov.

6　Emily Shugerman, "Putin Points at Journalists and Asks Trump 'Are These the Ones Hurting You?' during Press Conference," *Independent*, July 7, 2017, www.independent.co.uk/news/world-0/us-politics/trump-putin-press-journalists-meeting-russia-president-points-which-ones-insulting-you-a7830046.html.

7　Will Stewart, "A $51 Billion 'Ghetto': Extraordinary Images Show Vladimir Putin's Sochi Olympic Park Lying Desolate and Abandoned One Year after Most Expensive Games in History," *Daily Mail*, February 6, 2015, www.dailymail.co.uk/news/article-2941216/Extraordinary-images-Vladimir-Putins-Sochi-Olympic-park-lying-desolate-abandoned.html.

8   Joyce Chen, "The Russian Olympic Doping Scandal Explained: 5 Things to
    Know," *Us*, May 13, 2016, www.usmagazine.com/celebrity-news/news/the-
    russian-olympic-doping-scandal-explained-5-things-to-know-w206469.

9   Jeremy Quittner, "Patriot's Owner Robert Kraft Still Wants Putin to Give Back
    His Super Bowl Ring," *Fortune*, February 6, 2017, fortune.com/2017/02/06/
    patriots-owner-kraft-putin-ring.

10 Ian H. Robertson, "The Danger That Lurks inside Putin's Brain," *Psychology
    Today*, blog, May 17, 2014, www.psychologytoday.com/blog/the-winner-
    effect/201403/the-danger-lurks-inside-vladimir-putins-brain.

11 "Vladimir Putin's Macho Stunts," *The Economist*, May 26, 2015, www.economist.
    com/node/21652100.

12 David Zurawick, "Bill Clinton's Sax Solo on 'Arsenio' Still Resonates
    Memorable Moments," *Baltimore Sun*, December 27, 1992, http://articles.
    baltimoresun.com/1992-12-27/features/1992362178_1_clinton-arsenio-hall-
    hall-show.

제6장 몸으로 들이대기

1   "Physical Activity Reduces Stress," Anxiety and Depression Association of
    America, online forum, www.adaa.org/understanding-anxiety/related-
    illnesses/other-related-conditions/stress/physical-activity-reduces-st.

2   Kristin Domonell, "Why Endorphins (and Exercise) Make You Happy," *CNN*,
    January 13, 2015, www.cnn.com/2016/01/13/health/endorphins-exercise-
    cause-happiness.

3   Susan Scutti, "Brain Facts to Know and Share: Men Have a Lower Percentage
    of Gray Matter Than Women," *Medical Daily*, July 10, 2014, www.medicaldaily.
    com/brain-facts-know-and-share-men-have-lower-percentage-gray-
    matter-women-292530.

4   Arthur F. Kramer, "Enhancing Brain and Cognitive Function of Older Adults
    through Fitness Training," *Journal of Molecular Neuroscience* 20, no. 3 (February
    2003), www.researchgate.net/publication/9087834_Enhancing_Brain_and_
    Cognitive_Function_of_Older_Adults_Through_Fitness_Training.

5   Christol Koch, "Looks Can Deceive: Why Perception and Reality Don't Always
    Match Up," *Scientific American*, July 1, 2010, www.scientificamerican.com/
    article/looks-can-deceive.

6   AJ Adams, "Seeing Is Believing: The Power of Visualization," *Psychology Today*,
    December 3, 2009, www.psychologytoday.com/blog/flourish/200912/seeing-
    is-believing-the-power-visualization.

7   Pam Shriver, interview with the author, November 17, 2016.

8   Bernard Malamud, *The Natural* (1952; repr., New York: Farrar, Straus and Giroux, 2003).

9   George Mumford, *The Mindful Athlete: Secrets to Pure Performance* (Berkeley, CA: Parallax Press, 2016).

10   William DeYonker, "Right on Cue," YouTube video, www.youtube.com/watch?v=FCNDCBE2lsE.

11   Sara Angle, "Olympic Beach Volleyball Player Kerri Walsh Jennings' Body Confidence Tips," *Shape*, March 11, 2015, www.shape.com/blogs/fit-famous/olympic-beach-volleyball-player-kerri-walsh-jennings-body-confidence-tips.

12   "Pam Shriver," International Tennis Hall of Fame website, www.tennisfame.com/hall-of-famers/inductees/pam-shriver.

13   "1927: The Yankee Juggernaut," *This Great Game*, www.thisgreatgame.com/1927-baseball-history.html.

14   Geno Auriemma website, www.genoauriemma.com/geno/quotes.

15   Larry Stone, "Think the UConn Women Are Too Good? Quit Whining and Beat 'Em," *Seattle Times*, March 29, 2016, www.seattletimes.com/sports/uw-husky-basketball/think-the-uconn-women-are-too-good-quit-whining-and-beat-em.

16   "How Bad (and Lovable) Were the 1962 Mets?," *Jugs Sports*, jugssports.com/how-bad-and-lovable-were-the-1962-mets.

17   "Broadway Joe," YouTube video, July 3, 2007, www.youtube.com/watch?v=Gc65NC44dSk.

18   "We Cheer for Clothes," *Seinfeld*, YouTube video, April 9, 2006, www.youtube.com/watch?v=we-L7w1K5Zo.

19   "Murder of Soccer Player after Own-Goal 20 Years Ago Still Resonates in Colombia," *Fox News*, July 2, 2014, www.foxnews.com/world/2014/07/02/murder-soccer-player-after-own-goal-20-years-ago-still-resonates-in-colombia.html.

제7장 완전한 지각

1   Hannah Parry, "You Won't Brie-Leave It: New York Restaurant Creates World's Most Expensive Grilled Cheese Sandwich for $214," *Daily Mail*, June 10, 2015, www.dailymail.co.uk/news/article-3118362/You-won-t-brie-leave-New-York-restaurant-create-world-s-expensive-grilled-cheese-sandwich-214.html.

2   "'Virgin Mary Grilled Cheese' Sells for $28,000," *NBC News*, November 23, 2004,

www.nbcnews.com/id/6511148/ns/us_news-weird_news/t/virgin-mary-grilled-cheese-sells/#.WJz0gbYrK1s.

3   "Britney Spears' Pregnancy Test Sells," *CNN*, May 12, 2005, money.cnn.com/2005/05/12/news/newsmakers/britney_pregnancytest.

4   Francis Bacon, "The Plan of the Instauratio Magna," www.bartleby.com/39/21.html.

5   "Virgin Mary Seen in Tree Stump in Limerick," *Belfast Telegraph*, September 7, 2009, www.belfasttelegraph.co.uk/news/virgin-mary-seen-in-tree-stump-in-limerick-28486957.html.

6   "In a Twist of Fate — Holy Pretzel Sells for $10,600," *PR Newswire*, June 2, 2005, www.prnewswire.com/news-releases/in-a-twist-of-fate---holy-pretzel-sells-for-10600-54497527.html.

7   "Apparition of Our Lady of Coogee Beach," *Catholic News*, January 31, 2003, cathnews.acu.edu.au/301/166.php.

8   J. H. Crone, *Our Lady of the Fence Post* (Perth, Aus: UWA Publishing, 2003).

9   "Catholics Flock to Garage Door to See Image of Virgin Mary," YouTube video, August 31, 2007, www.youtube.com/watch?v=5jZld8Zg1aA.

10 "Jesus on a Door," *Penn & Teller: Bullshit!*, YouTube video, September 3, 2014, www.youtube.com/watch?v=ofCGV_zBEVo.

11 Bill Dusty, "Virgin Mary Apparition at Mercy Hospital," YouTube video, October 6, 2008, www.youtube.com/watch?v=L_g1YpkhvCA.

12 Christopher Cihlar, *The Grilled Cheese Madonna and 99 Other of the Weirdest, Wackiest, Most Famous eBay Auctions Ever* (New York: Broadway, 2006).

13 Joe Kovacs, "Jesus Appears in Shower, Worth $2,000," *WND*, June 25, 2005, www.wnd.com/2005/06/31018.

14 "Image of Jesus on Dog's Butt God's Second Appearance?," *Patheos*, November 16, 2011, www.patheos.com/blogs/heavenlycreatures/2011/11/image-of-jesus-on-dogs-butt-gods-second-appearance.

15 "Holy Grilled Cheese Sandwich! What Is Pareidolia?," *The Conversation*, theconversation.com/holy-grilled-cheese-sandwich-what-is-pareidolia-14170.

16 "The 'Paul Is Dead' Myth," *The Beatles Bible*, www.beatlesbible.com/features/paul-is-dead.

17 Sarah Begley, "Loch Ness Monster Probably a Catfish, Says Man Who's Been Watching for 24 Years," *Time*, July 17, 2015, time.com/3962382/loch-ness-monster-catfish.

18 Naomi Greenaway, "What Do You See in These Photos?" *Daily Mail*, October 20, 2015, www.dailymail.co.uk/femail/article-3280816/What-photos-s-faces-suffer-facial-pareidolia.html.

19　Maureen A. Duffy, "Charles Bonnet Syndrome: Why Am I Having These Visual Hallucinations?," www.visionaware.org/info/your-eye-condition/guide-to-eye-conditions/charles-bonnet-syndrome/125.

20　V. S. Ramachandran and Sandra Blakeslee, *Phantoms in the Brain: Probing the Mysteries of the Human Mind* (New York: William Morrow, 1999).

21　James Thurber, "The Secret Life of Walter Mitty," *The Thurber Carnival* (1945; repr., New York: Harper-Collins, 2013).

22　Carl Sagan, *Cosmos* (New York: Ballantine, 2013).

제8장 감각적인 것의 마력

1　Cicero, *Selected Works* (New York: Penguin, 1980).

2　Robert B. Cialdini, *Influence: The Psychology of Persuasion*, rev. ed. (New York: Harper Business, 2006), 140.

3　The Basics of Philosophy, website, www.philosophybasics.com/branch_altruism.html.

4　Bjorn Carey, "Stanford Psychologists Show That Altruism Is Not Simply Innate," *Stanford Report*, December 18, 2014, news.stanford.edu/pr/2014/pr-altruism-triggers-innate-121814.html.

5　"New Vision on Amygdala after Study on Testosterone and Fear," *Science Daily*, June 12, 2015, www.sciencedaily.com/releases/2015/06/150612143027.htm.

6　Erno J. Hermans et al., "A Single Administration of Testosterone Reduces Fear-Potentiated Startle in Humans," *Biological Psychiatry* 59, no. 9 (June 2006): 872-74, www.researchgate.net/publication/7316503_A_Single_Administration_of_Testosterone_Reduces_Fear-Potentiated_Startle_in_Humans.

7　William Congreve, *The Mourning Bride* (London: Dodo Press, 2008).

8　Darren Boyle, "I Didn't Know She Cut It Off: Penis Attack Victim John Bobbitt Reveals the Horror of Being Assaulted by His Wife in Notorious Crime," *Daily Mail*, November 24, 2016, www.dailymail.co.uk/news/article-3968154/I-didn-t-know-cut-Penis-attack-victim-John-Bobbitt-reveals-horror-assaulted-wife-notorious-crime.html.

제9장 스타의 시간

1　"The Best Celebrities You'd Ever Buy Stuff From," *Ranker*, www.ranker.com/list/the-best-celebrity-tv-spokespeople-of-all-time/josh-heller.

2　Dina Fine Maron, "Sorry, Jenny McCarthy: Vaccines Aren't as Dangerous as You Think," *Salon*, January 11, 2017, www.salon.com/2017/01/11/sorry-jennymccarthy-vaccines-arent-as-dangerous-as-you-think_partner.

3 Laura Case, "How Much Do Celebrities Get Paid to Tweet?" *Wet Paint*, July 20, 2016, www.wetpaint.com/how-much-do-celebrities-get-paid-to-tweet-663232.

4 Kim Kardashian West, *Kim Kardashian Selfish* (New York: Universe, 2015).

제10장 성의 지각지능

1 "2014 Survey: How Many Christians Do You Think Watch Porn?," *Digital Journal*, press release, August 14, 2014, www.digitaljournal.com/pr/2123093.

2 "30 Percent of Global Web Traffic Is Porn–Study," Indo-Asian News Service, June 5, 2012, http://gadgets.ndtv.com/internet/news/30-percent-of-global-web-traffic-is-porn-study-223878.

3 "Study Finds That 1 Out of 3 Women Watch Porn at Least Once a Week," Women in the World feature, *New York Times*, October 22, 2015, nytlive.nytimes.com/womenintheworld/2015/10/22/study-finds-that-1-out-of-3-women-watch-porn-at-least-once-a-week.

4 Toby Meyjes, "Up Pompeii! Erotic Paintings Reveal Sex Lives of Ancient Romans," *Metro*, December 8, 2016, metro.co.uk/2016/12/08/up-pompeii-erotic-paintings-reveal-sex-lives-of-ancient-romans-6308999.

5 Indra Sinha, *The Love Teachings of Kama Sutra* (New York: Marlow, 1997).

6 Marissa Fessenden, "Medieval Chastity Belts Are a Myth," *Smithsonian*, August 20, 2015, www.smithsonianmag.com/smart-news/medieval-chastity-belts-are-myth-180956341.

7 Radhika Sanghani, "Chastity Belts: The Odd Truth about 'Locking Up' Women's Genitalia," *Telegraph*, January 18, 2016, www.telegraph.co.uk/women/sex/chastity-belts-the-odd-truth-about-locking-up-womens-genitalia.

8 Marc Garnick, "Does Frequent Ejaculation Help Ward Off Prostate Cancer?," *Prostate Knowledge*, Harvard Medical School publication, www.harvardprostateknowledge.org/does-frequent-ejaculation-help-ward-off-prostate-cancer.

9 "Rev Morton Hill, 68, Pornography Opponent," *Chicago Tribune*, obituary, November 7, 1985.

10 Richard N. Ostling, "Jerry Falwell's Crusade," *Time*, June 24, 2001, content.time.com/time/magazine/article/0,9171,142305,00.html.

11 Philip Roth, *Portnoy's Complaint* (1969; repr., New York: Vintage, 1994).

12 "Pornography Statistics: 2015 Report," Covenant Eyes, www.covenanteyes.com/pornstats/.

13 Mark Twain, *Mark Twain on Masturbation: Some Thoughts on the Science of Onanism* (CreateSpace, 2009).

14 "Infidelity Statistics," *Infidelity Facts*, website, www.infidelityfacts.com/infidelity-statistics.html.

15 Box Office Mojo website, www.boxofficemojo.com/movies/?id=unfaithful.htm.

16 Chris Spargo, "How Rock Hudson Kept His Gay Life Secret...," *Daily Mail*, April 15, 2015, www.dailymail.co.uk/news/article-3040119/Secret-gay-life-Rock-Hudson-revealed-man-called-one-true-love-describes-pair-hid-relationship-protect-image-Hollywood-star.html.

17 Claude J. Summers, ed., *The Queer Encyclopedia of Film and Television* (San Francisco: Cleis, 2015).

18 Scotty Bowers, *Full Service: My Adventures in Hollywood and the Secret Sex Lives of the Stars* (New York: Grove, 2012); Boze Hadleigh, In or Out: Gay and Straight Celebrities Talk about Themselves and Each Other (Fort Lee, NJ: Barricade, 2000).

19 The Official Site of Oscar Wilde, website, www.cmgww.com/historic/wilde.

20 "100 Actors Who Are Actually Gay or Bisexual," *IMDb*, www.imdb.com/list/ls072706884.

21 Buzz Bissinger, "Caitlyn Jenner: The Full Story," *Vanity Fair*, July 25, 2015, www.vanityfair.com/hollywood/2015/06/caitlyn-jenner-bruce-cover-annie-leibovitz.

22 Emmanuel Anati, "The Way of Life Recorded in the Rock Art of Valcomonica," *Adoranten 2008*, www.rockartscandinavia.com/images/articles/a8marretta.pdf.

23 "Bestiality Is Much, Much More Common Than You Think," February 20, 2015, *Health24*, website, www.health24.com/sex/sexual-diversity/bestiality-is-much-much-more-common-than-you-think-20150218.

24 "Denmark Passes Law to Ban Bestiality," *Newsbeat*, BBC publication, April 22, 2015, www.bbc.co.uk/newsbeat/article/32411241/denmark-passes-law-to-ban-bestiality.

25 Robert Emmett Murphy Jr., "Bestiality Is Legal in the Same States That Ban Same-Sex Marriage," *All Things Crime*, blog, July 16, 2013, allthingscrimeblog.com/2013/07/16/bestiality-is-legal-in-the-same-states-that-ban-same-sex-marriage.

제11장 가져야 하는 것

1 "All About Kopi Luwak — The Most Expensive Coffee in the World!," www.most-expensive.coffee.

2 "Civet Coffee: Why It's Time to Cut the Crap, *The Guardian*, September 13, 2013, www.theguardian.com/lifeandstyle/wordofmouth/2013/sep/13/civet-coffee-cut-the-crap.

3 Rachael Bale, "The Disturbing Secret behind the World's Most Expensive Coffee," *National Geographic*, April 29, 2016, news.nationalgeographic.com/2016/04/160429-kopi-luwak-captive-civet-coffee-Indonesia.

4 Stephanie Buck, "The Weird, Rabid History of the Cabbage Patch Craze," *Timeline*, December 14, 2016, timeline.com/cabbage-patch-craze-867ce8d076c#.20hk9bbh6.

5 Larry Getlen, "How the Beanie Baby Craze Was Concocted — Then Crashed," *New York Post*, February 22, 2015, nypost.com/2015/02/22/how-the-beanie-baby-craze-was-concocted-then-crashed.

6 Erin McCarthy, "16 Amazing Facts about Sea Monkeys," *Mental Floss*, mentalfloss.com/article/56755/16-amazing-facts-about-sea-monkeys.

7 "A Fortune from Sea Monkeys and X-Ray Spex: Harold von Braunhut, Novelty Gift Entrepreneur, 1926-2003," *Sidney Morning Herald*, obituary, www.smh.com.au/articles/2004/01/01/1072908849191.html.

8 Kara Kovalchik, "11 Shameless Comic Book Ads That Cost Us Our Allowance," *Mental Floss*, mentalfloss.com/article/30420/11-shameless-comic-book-ads-cost-us-our-allowance-money.

9 Catherine Greenman, "A Singing Fish Gets a Personal Touch," *New York Times*, January 11, 2001, www.nytimes.com/2001/01/11/technology/a-singing-fish-gets-a-personal-touch.html.

제12장 당신은 케냐의 누와 다른가?

1 Robert B. Cialdini, *Influence: The Psychology of Persuasion*, rev. ed. (New York: Harper Business, 2006), 171-72.

2 Young Eun Huh, Joachim Vosgerau, and Carey K. Morewedge, "Social Defaults: Observed Choices Become Choice Defaults," *Journal of Consumer Research* 41, no. 3 (October 2014), www.jstor.org/stable/10.1086/677315?origin=JSTOR-pdf&seq=1#page_scan_tab_contents.

3 "Woodstock 1969," *Woodstock Story*, www.woodstockstory.com/woodstock1969.html.

4 Daniel Kreps, "19 Worst Things about Woodstock '99," *Rolling Stone*, July 31, 2014, www.rollingstone.com/music/news/19-worst-things-about-woodstock-99-20140731.

5 "Sly Stone's Speech at Woodstock," YouTube video, October 6, 2008, www.youtube.com/watch?v=lUr5rzQZkVg.

6 Jane Ganahl, "Woodstock '99: The Day the Music Died," *SFGate*, July 28, 1999, www.sfgate.com/style/article/Woodstock-99-The-day-the-music-died-3073934.php.

7 "11 Celebrities Who Got Scammed by Bernie Madoff and Lost Millions," *Fox Business*, February 2, 2016, www.foxbusiness.com/features/2016/02/02/11-celebrities-who-got-scammed-by-bernie-madoff-and-lost-millions.html.

8 Robert Lenzner, "Bernie Madoff 's $50 Billion Ponzi Scheme," *Forbes*, December 12, 2008, www.forbes.com/2008/12/12/madoff-ponzi-hedge-pf-ii-in_rl_1212croesus_inl.html.

9 Robert B. Cialdini, *Influence: The Psychology of Persuasion*, rev. ed. (New York: Harper Business, 2006), chap. 4.

10 Will Heilpern, "18 False Advertising Scandals That Cost Some Brands Millions," *Business Insider*, March 31, 2016, www.businessinsider.com/false-advertising-scandals-2016-3/#vw-falsely-advertised-environmentally-friendly-diesel-cars-1.

11 "The Too Good to Be True Product Hall of Fame," *Time*, October 6, 2011, business.time.com/2011/10/11/14-products-with-notoriously-misleading-advertising-claims/slide/splenda.

12 Elaine Watson, "Kashi Agrees to Pay up to $3.99M to Settle 'All Natural' Lawsuit; Campbell Soup under Fire over Prego Labels," *Food Navigator*, William Reed newsletter, June 15, 2015, www.foodnavigator-usa.com/Regulation/Kashi-agrees-to-pay-up-to-3.99m-to-settle-all-natural-lawsuit.

13 Czarina Ong, "Tom Hanks Is the Most Trusted Celebrity While NBC's Brian Williams Took a Nosedive in Ratings," *Christian Today*, February 12, 2015, www.christiantoday.com/article/tom.hanks.is.the.most.trusted.celebrity.while.nbcs.brian.williams.took.a.nosedive.in.trust.ratings/47947.htm.

14 Noreen O'Leary, "Dannon Settles False Ad Suit for $35 Mil," *Adweek*, September 18, 2009, www.adweek.com/brand-marketing/dannon-settles-false-ad-suit-35-mil-106416.

제13장 광신

1 "San Francisco Protestors Stage a 'Vomit In,'" *SFGate*, www.sfgate.com/news/article/San-Francisco-protesters-stage-a-vomit-in-2627438.php.

2 Elizabeth Burchard and Judith L. Carlone, *The Cult Next Door: A True Story of a Suburban Manhattan New Age Cult* (San Mateo, CA: Ace Academics, 2011).

3 "Pope Urban II Orders First Crusade," *History*, www.history.com/this-day-in-history/pope-urban-ii-orders-first-crusade.

4 "How Many People Died in the Crusades?," *Reference*, www.reference.com/

history/many-people-died-crusades-4483019b5f8684c5.

5 "Sudan Referendum: Key Dates in Recent History," *Telegraph*, January 8, 2011, www.telegraph.co.uk/news/worldnews/africaandindianocean/sudan/8246617/Sudan-referendum-key-dates-in-recent-history.html.

6 Drew DeSilver and David Masci, "World Muslim Population More Widespread Than You Might Think," *Fact Tank*, Pew Research Center publication, January 31, 2017.

7 Dr. Marvin Galper, interview with the author, December 11, 2016.

8 Andy Cush, "A Comprehensive List of Every Celebrity Connected to Scientology," *Gawker*, April 2, 2015, gawker.com/a-comprehensive-updated-list-of-every-celebrity-linked-1694554276.

9 Jason Guerrasio, "The Chilling Story of How Scientology Founder L. Ron Hubbard Rose to Power," *Business Insider*, March 31, 2015, www.businessinsider.com/l-ron-hubbard-history-sci-fi-writer-to-scientology-founder-2015-3.

10 L. Ron Hubbard, *Dianetics: The Modern Science of Mental Health* (1950; repr., Commerce, CA: Bridge Publications, 2007).

11 "What Is Scientology and Who Was L. Ron Hubbard?," *Telegraph*, October 6, 2016, www.telegraph.co.uk/news/0/what-is-scientology-and-who-was-l-ron-hubbard.

12 Norman Vincent Peale, *The Power of Positive Thinking* (1952; repr., Important Books, 2013).

13 "Jonestown," *History*, www.history.com/topics/jonestown.

14 Michael Zennie, "New Age Followers Still Waiting for Aliens to Beam Them Up 15 Years after Heaven's Gate Cult Suicides Left 39 People Dead," *Daily Mail*, March 26, 2012, www.dailymail.co.uk/news/article-2120869/Heavens-Gate-cult-committed-mass-suicide-15-years-ago.html.

제14장 시간의 주관적 경험

1 "Humans Perceive Time Somewhere between Reality and Our Expectations," University of Birmingham website, July 14, 2016, www.birmingham.ac.uk/news/latest/2016/07/humans-perceive-time-somewhere-in-between-reality-and-our-expectations.aspx.

2 Cheyenne MacDonald, "Take the Test That Reveals How You Perceive Time," *Daily Mail*, July 13, 2016, www.dailymail.co.uk/sciencetech/article-3688988/Is-perception-time-wrong-Study-finds-humans-perceive-time-expectation-reality.html.

3 Penelope Leach, "Why Is My Toddler So Impatient?," *Baby Centre*, Babycentre.

com, www.babycentre.co.uk/x539875/why-is-my-toddler-so-impatient.

4   Emilie Reas, "Small Animals Live in a Slow-Motion World," *Scientific American*, July 1, 2014, www.scientificamerican.com/article/small-animals-live-in-a-slow-motion-world.

5   Animal Planet, *It's Me or the Dog*, see "Dogs with Separation Anxiety, Ask Victoria Stilwell," www.animalplanet.com/tv-shows/its-me-or-dog/training-tips/separation-anxiety.

6   "Life Expectancy in the USA, 1900-98," u.demog.berkeley.edu/~andrew/1918/figure2.html.

7   "The World Factbook," CIA publication, www.cia.gov/library/publications/the-world-factbook/rankorder/2102rank.html.

8   Stacy Liberatore, "Can You Believe It's Already Christmas? Technology Is SPEEDING UP Our Perception of Time, Researchers Say," *Daily Mail*, November 19, 2015, www.dailymail.co.uk/sciencetech/article-3325763/Can-t-believe-s-Christmas-Technology-SPEEDING-perception-time-claims-study.html.

제15장 육감의 메시지

1   Greil Marcus, "Ritchie Valens, J. P. 'The Big Bopper' Richardson, and Buddy Holly," *Rolling Stone*, June 28, 1969, www.rollingstone.com/music/news/ritchie-valens-j-p-the-big-bopper-richardson-and-buddy-holly-19690628.

2   Dave Lifton, "The Story of Rock's First Tragedy: Buddy Holly, Ritchie Valens and the Big Bopper Killed in Plane Crash," Ultimate Classic Rock, website, February 3, 2016, ultimateclassicrock.com/buddy-holly-richie-valens-big-bopper-killed-in-plane-crash.

3   R. Gary Patterson, *Take a Walk on the Dark Side: Rock and Roll Myths, Legends, and Curses* (New York: Touchstone, 2004), chap. 2.

4   "Thomas Edison, Genius Inventor, Dies at 84," *New York Daily News*, October 17, 2015 (originally published October 19, 1931), www.nydailynews.com/news/national/thomas-edison-genius-celebrated-funeral-1931-article-1.2389894; Biography, s.v. "Nikola Tesla," accessed May 21, 2017, www.biography.com/people/nikola-tesla-9504443.

5   Jason Voss, "The Intuitive Investor: A Simple Model of Intuition," *Enterprising Investor*, blog for CFA Institute, blogs.cfainstitute.org/investor/2014/07/22/the-intuitive-investor-a-simple-model-of-intuition.

6   Tricia Edgar, "Animal Magnetism: How the Magnetic Field Influences Animal Migration," *Decoded Science*, November 30, 2014, www.decodedscience.org/animal-magnetism-magnetic-field-influences-animal-navigation/50745.

7   Elizabeth Cohen and John Bonifield, "Meet the Dogs Who Can Sniff Out Cancer Better Than Some Lab Tests," *Vital Signs*, CNN publication, February 3, 2016, www.cnn.com/2015/11/20/health/cancer-smelling-dogs.

8   Leonardo Vintini, "Intuition: The Sense That Defies the Physical," *Epoch Times*, January 19, 2009, www.theepochtimes.com/n3/1526638-intuition-dr-alan-pegna-tsunami-ronald-rensink-ancient-culture.

9   Robert Lee Hotz, "A Pioneer in the Private Life of the Brain," *Wall Street Journal*, February 11, 2011, www.wsj.com/articles/SB10001424052748704364004576132262901047364.

10   Antoine Bechara, Hanna Damasio, Antonio R. Damasio, Gregory P. Lee, et al., "Different Contributions of the Human Amygdala and Ventromedial Prefrontal Cortex to Decision-Making," *Journal of Neuroscience*, July 1, 1999, www.jneurosci.org/content/jneuro/19/13/5473.full.pdf.

11   "Intuition — It's More Than a Feeling," *APS*, publication for the Association for Psychological Science, April 21, 2016, www.psychologicalscience.org/news/minds-business/intuition-its-more-than-a-feeling.html#.WJ8N9rYrKb8.

12   Malcolm Gladwell, *Blink: The Power of Thinking without Thinking* (New York: Little, Brown, 2005), 174-75.

13   "Seven Things You Didn't Know About 'Lucy in the Sky with Diamonds,'" *OUPblog*, Oxford University Press blog, July 9, 2013, blog.oup.com/2013/07/lucy-in-the-sky-with-diamonds-facts.

제16장 PI 평가법

1   Daniel Goleman, *Emotional Intelligence: Why It Can Matter More Than IQ* (New York: Bantam, 2005).

지각지능

초판 1쇄 인쇄 | 2019년 1월 10일
초판 1쇄 발행 | 2019년 1월 16일

지은이 | 브라이언 박서 와클러
옮긴이 | 최호영
펴낸이 | 박남숙

펴낸곳 | 소소의책
출판등록 | 2017년 5월 10일 제2017-000117호
주소 | 03961 서울특별시 마포구 방울내로9길 24 301호(망원동)
전화 | 02-324-7488
팩스 | 02-324-7489
이메일 | sosopub@sosokorea.com

ISBN 979-11-88941-15-5 03180
책값은 뒤표지에 있습니다.

이 도서의 국립중앙도서관 출판예정도서목록(CIP)은 서지정보유통지원시스템 홈페이지(http://seoji.nl.go.kr)와
국가자료공동목록시스템(http://www.nl.go.kr/kolisnet)에서 이용하실 수 있습니다. (CIP제어번호 : CIP2018041059)